网店运营推广

主　审　梁　妮
主　编　林家驹
副主编　刘　云　尹　青　李紫薇
　　　　刘　英　黄柏材　张学青

北京理工大学出版社
BEIJING INSTITUTE OF TECHNOLOGY PRESS

内 容 简 介

本书对网店开设的整个流程以及科学有效的运营方法进行了全面、细致、深入的讲解，共包含网上开店概述、申请淘宝店铺、货源选择、上架商品、网店装修、网店推广引流、SEO 优化、SEM 推广、数据分析、客户服务十个项目，从理论到实践详细剖析讲解网店运营推广的全过程。每个项目均有知识目标、技能目标、素质目标、建议学时、知识导图、项目导言、学习目标、情境导入、内容讲解、实训任务、重难点总结、练习题等栏目，以帮助读者从项目中学习网店运营推广的基本知识、技能，并理解当前网店运营推广过程中面临的重难点，能够使学习者立足网店运营视角，重新审视网店运营全过程的新技术、新技能。本书对网店运营推广管理、实践过程具有理论上的指导性和方向上的可操作性，是一本理论与实践紧密结合的教材。

本书既可作为高等院校电子商务、跨境电子商务、网络营销与直播电商、移动商务、市场营销等相关专业的教材，还可作为电子商务相关从业者和社会人士的参考用书。

版权专有　侵权必究

图书在版编目(CIP)数据

网店运营推广 / 林家驹主编． --北京：北京理工大学出版社，2024.1

ISBN 978-7-5763-2989-6

Ⅰ.①网… Ⅱ.①林… Ⅲ.①网店-商业经营 Ⅳ.①F713.365.2

中国国家版本馆 CIP 数据核字(2023)第 201410 号

责任编辑：王俊洁		**文案编辑**：王俊洁	
责任校对：周瑞红		**责任印制**：施胜娟	

出版发行 /	北京理工大学出版社有限责任公司
社　　址 /	北京市丰台区四合庄路 6 号
邮　　编 /	100070
电　　话 /	(010)68914026（教材售后服务热线）
	(010)68944437（课件资源服务热线）
网　　址 /	http://www.bitpress.com.cn
版 印 次 /	2024 年 1 月第 1 版第 1 次印刷
印　　刷 /	三河市天利华印刷装订有限公司
开　　本 /	787 mm×1092 mm　1/16
印　　张 /	16
字　　数 /	353 千字
定　　价 /	82.00 元

图书出现印装质量问题，请拨打售后服务热线，负责调换

前　　言

电子商务是 21 世纪发展的焦点之一，随着网络技术、移动通信技术的不断发展，电子商务以其高效、便利、快捷等特点在全球范围内快速发展，成为全球经济中不可或缺的重要因素。同样的，电子商务也成为中国经济持续健康发展的重要因素之一。

作为一种新型的经济增长点，我国政府十分重视电子商务的发展，通过一系列政策引导和支持推动中国电子商务行业的发展，党的二十大指出，要坚持把发展经济的着力点放在实体经济上，推进新型工业化，加快建设网络强国、数字中国。网络强国、数字中国是数字时代推进中国式现代化的重要引擎，是构筑国家竞争新优势的有力支撑。以电子商务作为把手，加快数字中国建设，对全面建设社会主义现代化国家、全面推进中华民族伟大复兴具有重要意义和深远影响。

网店运营推广是电子商务中非常重要的组成部分，与电子商务运营的好坏有直接关系，网店运营推广理念不正确、设计不合理、方法不恰当、操作不规范，会阻碍电子商务运营的可持续发展。由此可见，加强对网店运营推广的理解与运用是现代电子商务领域研究的重点之一。

本书以网店运营推广为中心，全面介绍了网店运营推广的全过程，包含网上开店概述、申请淘宝店铺、货源选择、上架商品、网店装修、网店推广引流、SEO 优化、SEM 推广、数据分析、客户服务十个项目。从理论到实践，详细剖析讲解了网店运营推广的全过程。

全书内容分为十个项目，每个项目均有知识目标、技能目标、素质目标、建议学时、知识导图、项目导言、学习目标、情境导入、内容讲解、实训任务、重难点总结、练习题等栏目，以帮助读者学习网店运营推广的基本知识、技能，并理解当前网店运营推广过程中面临的重难点。本书对网店运营推广的管理、实践过程具有理论上的指导性和方向上的可操作性，是一本理论与实践紧密结合的教材。

本书的顺利完成是编写团队分工合作、共同努力的结果。本书由梁妮教授担任主审、由林家驹担任主编，全面负责全书基本内容、框架体系的设计以及统稿工作。各项目具体的分工如下（以项目先后为序）：李紫薇负责项目一、二、三、四，黄柏材负责项目五，尹青负责项目六、七，刘云负责项目八、九，刘英负责项目十，广西电子商务协会会长张学青参与教材、案例等编审工作。另外，在编写的过程中，我们参阅和借鉴了大量相关论文和书籍，还用了一些已发表的案例，在此谨向相关作者表示感谢。

编　者

目　录

项目一　网上开店概述 (001)
　　【知识目标】 (001)
　　【技能目标】 (001)
　　【素质目标】 (001)
　　【建议学时】 (001)
　　【知识导图】 (001)
　　【项目导言】 (002)
　任务一　常见的网上开店和移动运营 (002)
　　【学习目标】 (002)
　　【建议学时】 (002)
　　【情境导入】融一融 (002)
　　【内容讲解】学一学 (002)
　　　一、常见的网上开店方式 (002)
　　　二、常见的电子商务类型 (004)
　　　三、常见的网上开店平台 (005)
　　　四、淘宝中的店铺类型 (007)
　　　五、淘宝店铺的移动运营 (008)
　　【实训任务】做一做 (009)
　　【重难点总结】答一答 (009)
　　【练习题】 (009)

项目二　申请淘宝店铺 (010)
　　【知识目标】 (010)
　　【技能目标】 (010)
　　【素质目标】 (010)
　　【建议学时】 (010)
　　【知识导图】 (010)
　　【项目导言】 (010)
　任务一　申请淘宝店铺 (011)
　　【学习目标】 (011)
　　【建议学时】 (011)

【情境导入】融一融 ………………………………………………… (011)
【内容讲解】学一学 ………………………………………………… (011)
　一、分析店铺定位的含义 …………………………………………… (011)
　二、分析店铺定位包括的内容 ……………………………………… (011)
【实训任务】做一做 ………………………………………………… (012)
【重难点总结】答一答 ……………………………………………… (019)
【练习题】 …………………………………………………………… (019)

项目三　货源选择 ……………………………………………………… (020)
【知识目标】 ………………………………………………………… (020)
【技能目标】 ………………………………………………………… (020)
【素质目标】 ………………………………………………………… (020)
【建议学时】 ………………………………………………………… (020)
【知识导图】 ………………………………………………………… (020)
【项目导言】 ………………………………………………………… (021)

任务一　选择合适的商品 ……………………………………………… (021)
【学习目标】 ………………………………………………………… (021)
【建议学时】 ………………………………………………………… (021)
【情境导入】融一融 ………………………………………………… (021)
【内容讲解】学一学 ………………………………………………… (021)
　一、选择合适的商品 ………………………………………………… (021)
　二、选品前的市场分析 ……………………………………………… (022)
　三、选品前的行业分析 ……………………………………………… (023)
　四、选品前的消费者分析 …………………………………………… (024)
　五、选择商品 ………………………………………………………… (025)
【实训任务】做一做 ………………………………………………… (026)
【重难点总结】答一答 ……………………………………………… (026)

任务二　网上商品的进货渠道 ………………………………………… (027)
【学习目标】 ………………………………………………………… (027)
【建议学时】 ………………………………………………………… (027)
【情境导入】融一融 ………………………………………………… (027)
【内容讲解】学一学 ………………………………………………… (027)
　一、进货渠道 ………………………………………………………… (027)
　二、进货要领 ………………………………………………………… (030)
【实训任务】做一做 ………………………………………………… (031)
【重难点总结】答一答 ……………………………………………… (031)
【练习题】 …………………………………………………………… (031)

项目四　上架商品 ……………………………………………………… (032)
【知识目标】 ………………………………………………………… (032)
【技能目标】 ………………………………………………………… (032)

【素质目标】 ………………………………………………………… (032)
　　【建议学时】 ………………………………………………………… (032)
　　【知识导图】 ………………………………………………………… (032)
任务一　上架商品 ……………………………………………………… (033)
　　【学习目标】 ………………………………………………………… (033)
　　【建议学时】 ………………………………………………………… (033)
　　【情境导入】融一融 ………………………………………………… (033)
　　【内容讲解】学一学 ………………………………………………… (033)
　　【实训任务】做一做 ………………………………………………… (039)
　　【重难点总结】答一答 ……………………………………………… (039)
　　【练习题】 …………………………………………………………… (039)

项目五　网店装修 ………………………………………………………… (040)
　　【知识目标】 ………………………………………………………… (040)
　　【技能目标】 ………………………………………………………… (040)
　　【素质目标】 ………………………………………………………… (040)
　　【建议学时】 ………………………………………………………… (040)
　　【知识导图】 ………………………………………………………… (040)
　　【项目导言】 ………………………………………………………… (041)
任务一　店铺首页设计 ………………………………………………… (041)
　　【学习目标】 ………………………………………………………… (041)
　　【建议学时】 ………………………………………………………… (041)
　　【情境导入】融一融 ………………………………………………… (041)
　　【内容讲解】学一学 ………………………………………………… (043)
　　一、店铺装修的图片尺寸要求 ……………………………………… (043)
　　二、店铺模块排版 …………………………………………………… (043)
　　三、店铺首页装修调性与风格 ……………………………………… (044)
　　【思政任务】想一想 ………………………………………………… (045)
　　【实训任务】做一做 ………………………………………………… (046)
　　一、手机店铺装修 …………………………………………………… (046)
　　二、电脑（PC）端店铺装修 ………………………………………… (049)
　　【重难点总结】答一答 ……………………………………………… (053)
任务二　店铺图片管理与布局 ………………………………………… (053)
　　【学习目标】 ………………………………………………………… (053)
　　【建议学时】 ………………………………………………………… (053)
　　【情境导入】融一融 ………………………………………………… (054)
　　【内容讲解】学一学 ………………………………………………… (054)
　　一、图片空间功能 …………………………………………………… (054)
　　二、图片空间授权店铺 ……………………………………………… (055)
　　【思政任务】想一想 ………………………………………………… (055)

　　　　　【实训任务】做一做 …………………………………………………… (056)
　　　　　一、登录图片空间 …………………………………………………… (056)
　　　　　二、图片空间管理 …………………………………………………… (057)
　　　　　【重难点总结】答一答 …………………………………………………… (061)
　　任务三　店铺详情页设计 …………………………………………………… (061)
　　　　　【学习目标】 …………………………………………………………… (061)
　　　　　【建议学时】 …………………………………………………………… (061)
　　　　　【情境导入】融一融 …………………………………………………… (061)
　　　　　【内容讲解】学一学 …………………………………………………… (061)
　　　　　一、装修店铺详情页的必要性 …………………………………………… (061)
　　　　　二、布局店铺详情页 …………………………………………………… (063)
　　　　　【思政任务】想一想 …………………………………………………… (065)
　　　　　【实训任务】做一做 …………………………………………………… (066)
　　　　　【重难点总结】答一答 …………………………………………………… (069)
　　任务四　商品主图视频 …………………………………………………… (070)
　　　　　【学习目标】 …………………………………………………………… (070)
　　　　　【建议学时】 …………………………………………………………… (071)
　　　　　【情境导入】融一融 …………………………………………………… (071)
　　　　　【内容讲解】学一学 …………………………………………………… (072)
　　　　　一、主图视频的作用 …………………………………………………… (072)
　　　　　二、主图视频的内容 …………………………………………………… (072)
　　　　　三、主图视频的要求 …………………………………………………… (073)
　　　　　四、制作主图视频的方法 ……………………………………………… (073)
　　　　　【思政任务】想一想 …………………………………………………… (073)
　　　　　【实训任务】做一做 …………………………………………………… (074)
　　　　　【重难点总结】答一答 …………………………………………………… (077)

项目六　网店推广引流 …………………………………………………… (078)

　　　　　【知识目标】 …………………………………………………………… (078)
　　　　　【技能目标】 …………………………………………………………… (078)
　　　　　【素质目标】 …………………………………………………………… (078)
　　　　　【建议学时】 …………………………………………………………… (078)
　　　　　【知识导图】 …………………………………………………………… (078)
　　　　　【项目导言】 …………………………………………………………… (079)
　　任务一　网店推广引流概述 …………………………………………………… (079)
　　　　　【学习目标】 …………………………………………………………… (079)
　　　　　【建议学时】 …………………………………………………………… (079)
　　　　　【情境导入】融一融 …………………………………………………… (079)
　　　　　【内容讲解】学一学 …………………………………………………… (081)
　　　　　一、网店推广引流的概念 ……………………………………………… (081)

二、网店推广引流的分类 …………………………………………… (081)
　　三、网店推广引流的方式 …………………………………………… (082)
　　【思政任务】想一想 ………………………………………………… (085)
　　【实训任务】做一做 ………………………………………………… (086)
　　【重难点总结】答一答 ……………………………………………… (086)
任务二　SEO、SEM、信息流推广 ………………………………………… (087)
　　【学习目标】 ………………………………………………………… (087)
　　【建议学时】 ………………………………………………………… (087)
　　【情境导入】融一融 ………………………………………………… (087)
　　【内容讲解】学一学 ………………………………………………… (087)
　　一、搜索引擎与互联网广告 ………………………………………… (088)
　　二、SEO 与 SEM …………………………………………………… (088)
　　三、信息流推广 ……………………………………………………… (090)
　　【思政任务】想一想 ………………………………………………… (091)
　　【实训任务】做一做 ………………………………………………… (091)
　　【重难点总结】答一答 ……………………………………………… (092)
任务三　活动推广 …………………………………………………………… (092)
　　【学习目标】 ………………………………………………………… (092)
　　【建议学时】 ………………………………………………………… (092)
　　【情境导入】融一融 ………………………………………………… (092)
　　【内容讲解】学一学 ………………………………………………… (093)
　　一、店铺内活动 ……………………………………………………… (094)
　　二、平台活动 ………………………………………………………… (094)
　　三、平台活动参与条件与规则 ……………………………………… (097)
　　【思政任务】想一想 ………………………………………………… (098)
　　【实训任务】做一做 ………………………………………………… (098)
　　【重难点总结】答一答 ……………………………………………… (099)
任务四　付费推广 …………………………………………………………… (099)
　　【学习目标】 ………………………………………………………… (099)
　　【建议学时】 ………………………………………………………… (099)
　　【情境导入】融一融 ………………………………………………… (100)
　　【内容讲解】学一学 ………………………………………………… (100)
　　一、付费推广平台 …………………………………………………… (100)
　　二、付费推广方式 …………………………………………………… (104)
　　【思政任务】想一想 ………………………………………………… (110)
　　【实训任务】做一做 ………………………………………………… (110)
　　【重难点总结】答一答 ……………………………………………… (111)
　　【练习题】 …………………………………………………………… (112)

项目七　SEO 优化 ·· (113)

【知识目标】 ·· (113)
【技能目标】 ·· (113)
【素质目标】 ·· (113)
【建议学时】 ·· (113)
【知识导图】 ·· (113)
【项目导言】 ·· (114)

任务一　认识 SEO ·· (114)

【学习目标】 ·· (114)
【建议学时】 ·· (114)
【情境导入】融一融 ·· (114)
【内容讲解】学一学 ·· (116)
一、SEO 的概念 ·· (116)
二、搜索引擎的发展历程 ·· (116)
三、搜索引擎的工作原理 ·· (117)
四、搜索排名的影响因素 ·· (121)
五、网店运营中的搜索引擎优化 ·· (122)
六、淘宝搜索排名作弊行为 ·· (123)
【思政任务】想一想 ·· (125)
【实训任务】做一做 ·· (126)
【重难点总结】答一答 ·· (129)

任务二　关键词 ·· (129)

【学习目标】 ·· (129)
【建议学时】 ·· (130)
【情境导入】融一融 ·· (130)
【内容讲解】学一学 ·· (133)
一、关键词的概念 ·· (133)
二、关键词的分类 ·· (133)
三、提取商品关键词、制作商品关键词表格 ·· (139)
四、关键词对于自然搜索排名的影响 ·· (141)
【思政任务】想一想 ·· (141)
【实训任务】做一做 ·· (142)
【重难点总结】答一答 ·· (144)

任务三　商品信息 SEO 优化 ·· (144)

【学习目标】 ·· (144)
【建议学时】 ·· (144)
【情境导入】融一融 ·· (144)
【内容讲解】学一学 ·· (145)
一、商品标题 ·· (145)
二、撰写商品标题 ·· (146)

三、优化商品标题 ……………………………………………………（148）
　　四、上架商品 ……………………………………………………（149）
　　【思政任务】想一想 ……………………………………………………（153）
　　【实训任务】做一做 ……………………………………………………（154）
　　【重难点总结】答一答 ……………………………………………………（154）
　　【练习题】 ……………………………………………………（154）

项目八　SEM 推广 ……………………………………………………（156）

　　【知识目标】 ……………………………………………………（156）
　　【技能目标】 ……………………………………………………（156）
　　【素质目标】 ……………………………………………………（156）
　　【建议学时】 ……………………………………………………（156）
　　【知识导图】 ……………………………………………………（156）
　　【项目导言】 ……………………………………………………（157）

任务一　认识 SEM ……………………………………………………（157）
　　【学习目标】 ……………………………………………………（157）
　　【建议学时】 ……………………………………………………（157）
　　【情境导入】融一融 ……………………………………………………（157）
　　【内容讲解】学一学 ……………………………………………………（158）
　　一、SEM 的概念 ……………………………………………………（158）
　　二、SEM 的流程 ……………………………………………………（159）
　　三、SEM 的层次 ……………………………………………………（161）
　　四、SEM 的优点 ……………………………………………………（162）
　　五、SEM 的模式 ……………………………………………………（162）
　　六、SEM 的作用 ……………………………………………………（163）
　　七、SEM 与 SEO 的区别 ……………………………………………………（164）
　　【思政任务】想一想 ……………………………………………………（164）
　　【实训任务】做一做 ……………………………………………………（165）
　　【重难点总结】答一答 ……………………………………………………（165）

任务二　竞价排名 ……………………………………………………（165）
　　【学习目标】 ……………………………………………………（165）
　　【建议学时】 ……………………………………………………（165）
　　【情境导入】融一融 ……………………………………………………（165）
　　【内容讲解】学一学 ……………………………………………………（166）
　　一、竞价排名的概念 ……………………………………………………（166）
　　二、竞价排名的作用 ……………………………………………………（167）
　　三、竞价排名的优点 ……………………………………………………（167）
　　四、竞价排名的原理 ……………………………………………………（167）
　　五、竞价排名的展示 ……………………………………………………（169）
　　【思政任务】想一想 ……………………………………………………（172）

　　　　【实训任务】做一做 ·· (172)
　　任务三　SEM 推广 ·· (172)
　　　　【学习目标】 ·· (172)
　　　　【建议学时】 ·· (173)
　　　　【情境导入】融一融 ·· (173)
　　　　【内容讲解】学一学 ·· (173)
　　　　　一、SEM 推广的流程 ·· (173)
　　　　　二、SEM 推广的方式 ·· (173)
　　　　　三、SEM 推广的策略 ·· (174)
　　　　【思政任务】想一想 ·· (178)
　　　　【实训任务】做一做 ·· (178)
　　　　【重难点总结】答一答 ·· (178)
　　　　【练习题】 ·· (179)

项目九　数据分析 ··· (180)

　　【知识目标】 ·· (180)
　　【技能目标】 ·· (180)
　　【素质目标】 ·· (180)
　　【建议学时】 ·· (180)
　　【知识导图】 ·· (180)
　　【项目导言】 ·· (181)
　　任务一　商品经营现状分析 ·· (181)
　　　　【学习目标】 ·· (181)
　　　　【建议学时】 ·· (181)
　　　　【情境导入】融一融 ·· (181)
　　　　【内容讲解】学一学 ·· (181)
　　　　【思政任务】想一想 ·· (184)
　　　　【实训任务】做一做 ·· (184)
　　　　【重难点总结】答一答 ·· (185)
　　任务二　基本流量数据分析 ·· (185)
　　　　【学习目标】 ·· (185)
　　　　【建议学时】 ·· (185)
　　　　【情境导入】融一融 ·· (186)
　　　　【内容讲解】学一学 ·· (186)
　　　　　一、基本流量数据指标 ·· (186)
　　　　　二、基本流量分析 ·· (187)
　　　　【思政任务】想一想 ·· (191)
　　　　【实训任务】做一做 ·· (191)
　　　　【重难点总结】答一答 ·· (192)
　　任务三　基本运营数据分析 ·· (192)

【学习目标】 …………………………………………………………………… (192)
【建议学时】 …………………………………………………………………… (192)
【情境导入】融一融 …………………………………………………………… (192)
【内容讲解】学一学 …………………………………………………………… (192)
　一、基本运营数据指标 ………………………………………………………… (192)
　二、运营数据分析 ……………………………………………………………… (194)
【思政任务】想一想 …………………………………………………………… (198)
【实训任务】做一做 …………………………………………………………… (198)
【重难点总结】答一答 ………………………………………………………… (199)
【练习题】 ……………………………………………………………………… (199)

项目十　客户服务 ……………………………………………………………… (201)

【知识目标】 …………………………………………………………………… (201)
【技能目标】 …………………………………………………………………… (201)
【素质目标】 …………………………………………………………………… (201)
【建议学时】 …………………………………………………………………… (201)
【知识导图】 …………………………………………………………………… (202)
【项目导言】 …………………………………………………………………… (202)

任务一　客服的专业性 …………………………………………………………… (202)
　【学习目标】 ………………………………………………………………… (202)
　【建议学时】 ………………………………………………………………… (202)
　【情境导入】融一融 ………………………………………………………… (202)
　【内容讲解】学一学 ………………………………………………………… (203)
　　一、产品专业知识 ………………………………………………………… (203)
　　二、网站交易规则 ………………………………………………………… (205)
　　三、付款知识 ……………………………………………………………… (205)
　　四、物流知识 ……………………………………………………………… (205)
　【思政任务】想一想 ………………………………………………………… (206)
　【实训任务】做一做 ………………………………………………………… (207)
　【重难点总结】答一答 ……………………………………………………… (208)

任务二　客服标准化流程 ………………………………………………………… (209)
　【学习目标】 ………………………………………………………………… (209)
　【建议学时】 ………………………………………………………………… (209)
　【情境导入】融一融 ………………………………………………………… (209)
　【内容讲解】学一学 ………………………………………………………… (209)
　　一、售前服务 ……………………………………………………………… (209)
　　二、售中服务 ……………………………………………………………… (211)
　　三、售后服务 ……………………………………………………………… (211)
　【思政任务】想一想 ………………………………………………………… (215)
　【实训任务】做一做 ………………………………………………………… (215)

　　　　　【重难点总结】答一答 …………………………………………… (215)
　任务三　客服沟通技巧 …………………………………………………… (216)
　　　　　【学习目标】 ………………………………………………………… (216)
　　　　　【建议学时】 ………………………………………………………… (216)
　　　　　【情境导入】融一融 ………………………………………………… (216)
　　　　　【内容讲解】学一学 ………………………………………………… (216)
　　　　　　一、谦和的服务态度 ……………………………………………… (216)
　　　　　　二、良好的沟通能力 ……………………………………………… (218)
　　　　　【思政任务】想一想 ………………………………………………… (220)
　　　　　【实训任务】做一做 ………………………………………………… (221)
　　　　　【重难点总结】答一答 ……………………………………………… (221)
　任务四　客服激励与考核 ………………………………………………… (221)
　　　　　【学习目标】 ………………………………………………………… (221)
　　　　　【建议学时】 ………………………………………………………… (221)
　　　　　【情境导入】融一融 ………………………………………………… (221)
　　　　　【内容讲解】学一学 ………………………………………………… (222)
　　　　　　一、客服人员的素质 ……………………………………………… (222)
　　　　　　二、激励客服人员的方法 ………………………………………… (223)
　　　　　　三、客服人员绩效考核方式 ……………………………………… (224)
　　　　　【思政任务】想一想 ………………………………………………… (230)
　　　　　【实训任务】做一做 ………………………………………………… (231)
　　　　　【重难点总结】答一答 ……………………………………………… (232)
　任务五　客户关系管理 …………………………………………………… (232)
　　　　　【学习目标】 ………………………………………………………… (232)
　　　　　【建议学时】 ………………………………………………………… (232)
　　　　　【情境导入】融一融 ………………………………………………… (233)
　　　　　【内容讲解】学一学 ………………………………………………… (233)
　　　　　　一、维护客户关系 ………………………………………………… (233)
　　　　　　二、搭建客户互动平台 …………………………………………… (234)
　　　　　　三、区分客户等级 ………………………………………………… (234)
　　　　　　四、记录客户信息 ………………………………………………… (235)
　　　　　【思政任务】想一想 ………………………………………………… (235)
　　　　　【实训任务】做一做 ………………………………………………… (236)
　　　　　【重难点总结】答一答 ……………………………………………… (237)
　　　　　【练习题】 …………………………………………………………… (237)

参考文献 ………………………………………………………………………… (239)

项目一

网上开店概述

【知识目标】

1. 了解常见的网上开店的方式和平台；
2. 了解网上开店的店铺类型和移动运营。

【技能目标】

1. 能简述几种网上开店的平台；
2. 会使用移动端查询店铺信息。

【素质目标】

1. 树立学习目标；
2. 养成积极探索的习惯；
3. 善于观察身边的事物。

【建议学时】

2学时。

【知识导图】

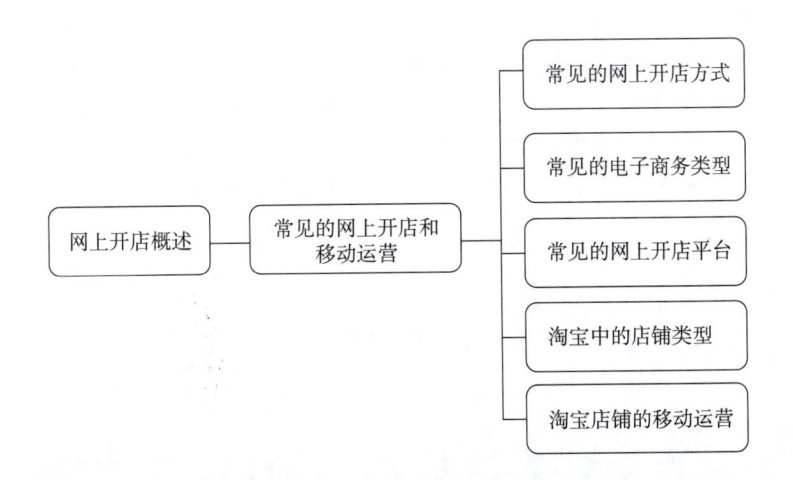

```
网上开店概述 ── 常见的网上开店和移动运营 ┬── 常见的网上开店方式
                                    ├── 常见的电子商务类型
                                    ├── 常见的网上开店平台
                                    ├── 淘宝中的店铺类型
                                    └── 淘宝店铺的移动运营
```

【项目导言】

党的二十大要求，坚定不移全面把握中国式现代化本质要求，始终以习近平新时代中国特色社会主义思想指引我国数字经济发展实践。在选择店铺类型的过程中，要紧跟时势，树立正确的发展观，创建有价值、有意义，能够促进经济发展的网上店铺。

任务一　常见的网上开店和移动运营

【学习目标】

1. 了解常见的网上开店的方式和平台；
2. 了解网上开店的店铺类型；
3. 掌握移动运营的重要性。

【建议学时】

2学时。

国内电商发展历程

移动商务的发展

【情境导入】

融一融

案例：

小峰大学毕业想要和朋友们合伙开一家网上店铺，但是网上平台太多，店铺类型也是各种各样。那么小峰如何在众多平台中选择合适自己的呢？

同学们学习完这个案件得到了什么启示？

点评：

网上购物是一种十分方便快捷的购物模式，随着电子信息技术的逐渐发展和普及，网上购物的范围和方式也在不断地丰富和完善。网上开店是基于网上购物这个大时代背景而快速发展起来的活动，具有成本低、方式灵活等特点，经营得当，可为经营者带来非常可观的利润。通过本任务的学习，要求学生掌握网上开店的基本概念、网上开店平台和网上开店流程等知识，对网上开店有一个基本的了解和认识。

【内容讲解】

学一学

一、常见的网上开店方式

网上开店是指通过互联网建立虚拟商店，并利用该商店出售商品或服务的一种销售方式。它是一种诞生于互联网大发展背景下的新型销售方式。在网上店铺中，消费者无法直接接触商品，只能通过商家图片、商品描述、买家评论等对商品进行了解。确认购买后，再由商家通过邮寄等方式将商品寄给消费者。网上开店的方式主要有两种：一种是自助式开店，即借助网上商店平台，依附于该平台开设店铺；另一种是创建独立网站，即商家自己申请域名，设计自己的网站。

1. 自助式开店

自助式开店是指通过提供网上商店服务的平台进行自助开店，这样的平台包括淘宝网、拼多多等 C2C 网站，天猫商城、京东商城、当当网等 B2C 网站。自助式开店类似于在商城中租用一个柜台出售商品，其方式比较简单。提供这类服务的平台大都提供了自助开店服务，一般只需支付给平台相应的费用，即可简单快捷地建立自己的店铺。

自助式开店是一种非常主流的开店方式，其优势是可以借助这些网上商店平台的人气。图 1-1-1 所示为入驻淘宝商城的页面。

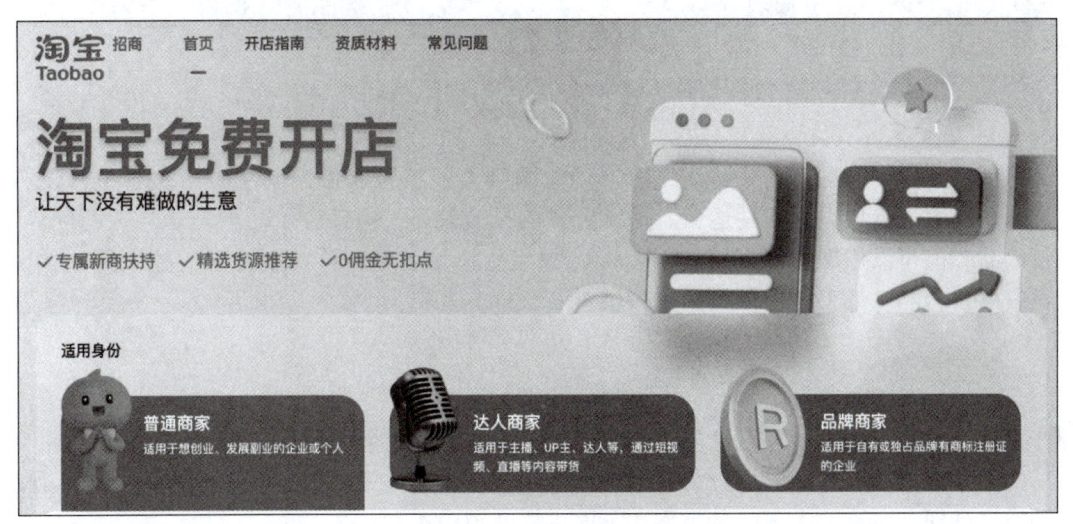

图 1-1-1 入驻淘宝商城的页面

现在有很多网上商城平台，不同平台对入驻商家的要求不同。例如，淘宝网对商家入驻的要求较低，个人或企业都可入驻；而天猫商城、京东商城等平台，则对入驻要求较高，一般是高品质商家才可入驻，且入驻时需提供企业基本信息并缴纳一定的保证金。

2. 创建独立网站

创建独立网站是指网店经营者根据自己商品的经营情况，自行设计或委托专人制作网站。独立网站一般都有一个独立域名，不依附其他的大型购物商城，经营者自主经营。建立独立网站需要完成域名注册、空间租用、网页设计、程序开发、网站推广、服务器维护等工作，由于是自主设计，所以可以体现出独特的设计风格，这一点与会受限于商城模板的自助式开店不同，图 1-1-2 所示为独立网站。

创建独立网站的经营推广比自助式开店更加困难，需要有一定的运作团队来维护网站的运作。同时，由于这类网站不挂靠其他商城，虽然不需要缴纳保证金，但网站推广及维护的成本较高，而且新建的独立网站比较难取得消费者的信任。

图 1-1-2 独立网站

3. 创建独立网站和自助式开店结合

创建独立网站和自助式开店结合，即将两种方式结合起来，既在大型商城中开设店铺，又建立自己独立的网站运营。这种方式的投入较高，但集合了两种开店方式的优势，新的品牌也可以依靠大型商城的人气慢慢积累品牌知名度，再发展自己的独立网站。现在很多知名品牌都采用这种模式进行销售。

二、常见的电子商务类型

根据电子商务平台经营性质的不同，可将电子商务划分为不同的类型。例如按照交易的主体，可将电子商务划分为 B2B、B2C、C2C、O2O、B2G、C2G 6 种类型，其中前 3 种类型是现在主流的电子商务类型。下面主要介绍前 4 种：

1. B2B

B2B（Business - to - Business）是一种企业对企业的电子商务类型。B2B 电子商务是以企业为主体，通过互联网，企业与企业之间对产品、信息、服务等进行沟通和交易，如阿里巴巴就是 B2B 电子商务中的典型代表。

2. B2C

B2C（Business - to - Customer）是一种企业对消费者的电子商务类型，即企业直接面向消费者销售产品和服务的商业零售模式。B2C 电子商务一般以网络零售业为主，主要借助于互联网开展在线销售活动，如京东商城、当当网就属于 B2C 电子商务类型。

3. C2C

C2C（Customer - to - Customer）是一种个人对个人的电子商务类型。C2C 电子商务平台一般会为交易的双方提供网上在线交易平台，卖方将商品信息提供给交易平台，由交易平台展示商品，买方可选择需要的商品竞价，如淘宝网、拼多多等就属于 C2C 模式。

4. O2O

O2O 即 Online to Offline，是指将线下的商务机会与互联网结合，让互联网成为线下交易的平台。O2O 是现在非常常见的一种电子商务模式，比如团购、网上订票等本地生活服务就是非常典型的 O2O 电子商务类型。

三、常见的网上开店平台

现在常见的网上开店平台非常多，部分平台已经积累了相当高的人气，选择一个好平台，对于自己店铺的推广非常有利。因此，对网上商店的经营者而言，首先需要对主流的网上开店平台有一个基本的了解和认识。

经营者需根据实际需要来选择网上开店平台，如个人用户适合在淘宝网、拼多多等 C2C 平台开设店铺；商家、企业等既可以选择 C2C 平台，也可使用京东商城、天猫商城等 B2C 平台。

1. 淘宝网

淘宝网（以下简称淘宝）由阿里巴巴集团在 2003 年 5 月创立，是非常大的一个网购零售平台。自创建后，随着规模的不断扩大和用户数量的快速增加，淘宝网逐渐由原来的 C2C 网络集市变成了集 C2C、团购、分销、拍卖等多种电子商务模式于一体的综合性零售商圈。

淘宝网为淘宝会员打造了非常全面和完善的网上交易平台，操作比较简单，非常适合想要开设网络店铺的个人卖家。图 1-1-3 所示为淘宝网首页。

图 1-1-3 淘宝网首页

2. 天猫商城

天猫商城（以下简称天猫）原名淘宝商城，是一个综合性购物网站。天猫商城是淘宝网打造的 B2C 电子商务网站，整合了众多品牌商和生产商，为消费者提供 100% 品质保证、7 天无理由退货以及购物积分返现等优质服务，其中天猫国际还为国内消费者直供海外原装进口商品。图 1-1-4 所示为天猫商城首页。

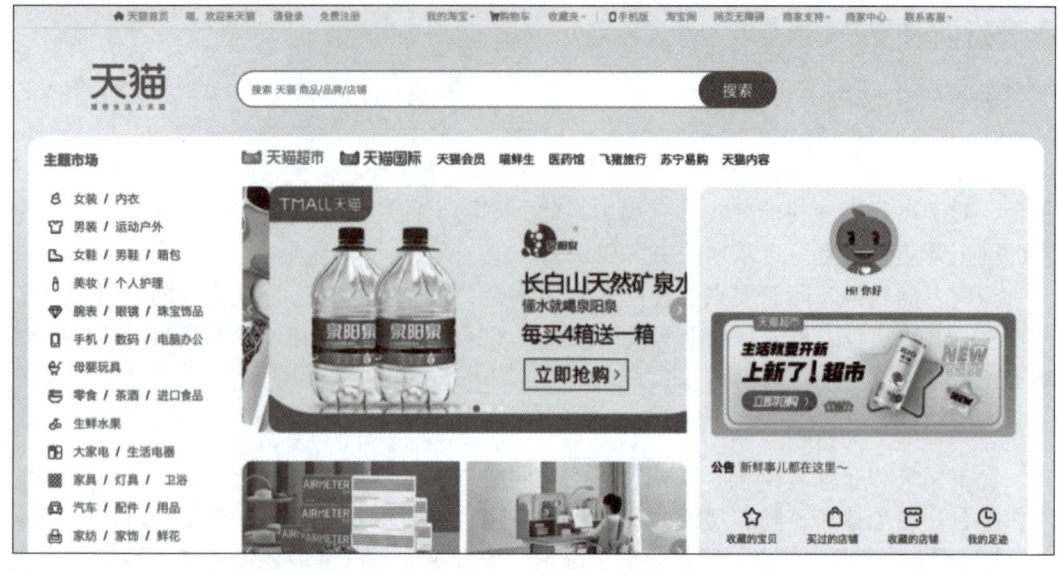

图 1-1-4　天猫商城首页

3. 京东商城

京东集团是中国最大的自营式电商企业，京东集团旗下设有京东商城（以下简称京东）、京东金融、京东智能、O2O 及海外事业部，其售后服务、物流配送等方面的软、硬件设施和服务条件都比较完善。京东商城与天猫商城一样，是 B2C 类型的电子商务网站，入驻京东商城必须具备基本的条件。图 1-1-5 所示为京东商城首页。

图 1-1-5　京东商城首页

4. 其他开店平台

与淘宝、天猫、京东等电子商务网站类似的平台还有很多，如拼多多、当当网、苏宁易购、国美在线等。

1）拼多多

拼多多成立于2015年9月，是国内移动互联网的主流电子商务平台，是专注于C2M（从消费者到生产者）拼团购物的第三方社交电商平台，用户通过发起和朋友、家人、邻居等的拼团，可以以更低的价格，拼团购买优质商品。2021年全年，拼多多年成交额（GMV）为24 410亿元。

2）当当网

当当网是知名的综合性网上购物商城，由国内著名出版机构科文公司、美国老虎基金、美国国际数据集团、卢森堡剑桥集团、亚洲创业投资基金共同投资成立。当当网早期主要出售书籍，后逐渐扩展至销售图书、音像、美妆、家居、母婴、服装和3C[①]数码等几十个大类。在物流方面，当当网在全国600个城市实现了"111全天达"，在1 200多个区县实现了次日达，条件十分完善。

3）苏宁易购

苏宁易购是苏宁云商集团股份有限公司旗下的B2C网上购物平台，覆盖了传统家电、3C电器、日用百货等众多品类，目前位居中国B2C市场份额前三强之列。

4）国美在线

国美在线原为国美电器网上商城，2012年12月初，国美电器整合旗下国美电器网上商城和库巴网两大电商平台，实现后台统一管理和资源共享，更名为国美在线，发展成为一个面向B2C业务的跨品类综合性电商购物网站。

四、淘宝中的店铺类型

淘宝和天猫都是阿里巴巴旗下的网站，但是两者的店铺经营方式却差异很大，按照商家经营性质、收费标准、入驻标准的不同，可将店铺划分为集市店铺和商城店铺。下面分别对淘宝和天猫的经营模式进行介绍：

1. 集市店铺

集市店铺一般称为C店（Customer），淘宝中的店铺均为C店。C店是淘宝中的主体经营模式，收取费用较少，门槛较低，无论是公司经营还是个人经营，只需要进行相关的身份认证，就可以创建自己的店铺。由于C店经营和销售的成本控制具有较大的自由性，因此前往C店开设店铺的个人或公司非常多，竞争十分激烈。

C店的信用等级可以划分为红心、钻石、蓝皇冠、金皇冠4个，淘宝会员在淘宝中每成功交易一次，就可以对交易对象做一次信用评价。评价分为"好评""中评""差评"3类，每种评价对应一个信用积分，"好评"加一分，"中评"不加分，"差评"扣一分。其信用度分为20个级别，卖家信用越高，越容易在店铺运营中占据有利条件。

2. 商城店铺

天猫商城是由淘宝网打造的在线B2C购物平台，其店铺是商城店铺，相对于集市店

[①] 3C是计算机、通信和消费电子产品三类电子产品的简称。

铺而言，质量更有保证，但投入也相对较高。天猫商城的入驻流程大致分为提交申请、审核、完善店铺信息和开店 4 个阶段。天猫商城只接受合法登记的企业用户入驻，不接受个体工商户、非中国大陆企业入驻，在入驻之前还需提供天猫要求的所有相关文件。

天猫商城的店铺类型主要分为旗舰店、专卖店和专营店 3 类。

1）旗舰店

旗舰店是商家以自有品牌（商标为 R 或 TM 状态），或由权利人独占性授权，入驻天猫开设的店铺。

2）专卖店

专卖店是商家持他人品牌（商标为 R 或 TM 状态）授权文件在天猫开设的店铺。

3）专营店

专营店是经营天猫同一经营大类下两个及以上他人或自有品牌（商标为 R 或 TM 状态）商品的店铺。一个招商大类下专营店只能申请一家。

在天猫商城中，不同类目的商品其入驻要求也不一样，想要入驻天猫的商家都需仔细阅读相关规定和资费说明。

五、淘宝店铺的移动运营

淘宝的移动运营是指利用手机、掌上电脑等移动终端进行营销的电子商务模式。为了满足不同用户的消费需求，淘宝提供了两种主要的端口服务：当消费者通过计算机访问淘宝网站进行消费时，使用的是淘宝 PC 端①服务；而当消费者通过安装在手机、平板电脑等移动设备上的淘宝应用访问淘宝网站并进行消费时，则使用的是淘宝移动端服务。淘宝网创建之初，主要以 PC 端服务为重心，但近几年，随着用户、市场、网络环境的不断变化，不管是淘宝消费者还是运营者，都逐渐将阵地转移到淘宝移动端上。

1. 移动电商的发展趋势

电子商务从诞生到现在，商业模式一直在不断地发生着变化，其中，移动化就是最显著的变化之一。不仅淘宝、天猫、京东等电子商务网站纷纷开发了自己的移动端服务，很多直接立足于移动端的电子商务应用也陆续出现。

电子商务营销模式的移动化并不是毫无根据的，智能手机、掌上电脑等移动终端的普及和发展，不仅方便了人们的生活，也为电子商务的营销模式拓展了更广阔的空间。移动互联网技术的发展和移动设备的普及，让移动终端成为用户连接互联网的主要工具。据统计，2017 年我国网民规模已达到 7.51 亿，其中手机网民规模达 7.24 亿，占比达 96.3%，成为网络用户的主力军。此外，移动支付的发展使移动购物更加安全便捷，而移动设备具有方便携带的特点，也方便了用户随时随地连接网络进行消费。在众多因素的综合影响下，传统电商行业的主要载体 PC 端逐渐被移动端所超越，移动电商的便利性更能满足消费者的消费需求，为消费者提供更优质的服务。

2. 淘宝移动运营的重要性

淘宝移动端构建于移动设备之上，在移动设备上安装淘宝应用即可使用淘宝移动端

---

① PC 端是指网络世界里可以连接到电脑主机的那个端口，是基于电脑的界面体系，与移动端相对。

提供的服务，如手机淘宝。手机淘宝是淘宝官方出品的手机应用软件，它将旗下的天猫、聚划算、淘宝商城等整合为一体，具有购物比价、便民充值、淘宝团购、折扣优惠、类目浏览、宝贝筛选、宝贝浏览、宝贝详情、分享惊喜等功能。

淘宝移动端是淘宝平台中用户流量非常大的一个端口。2017年"双11"购物狂欢节，在阿里巴巴的总销售额中，移动端支付占比超过90%，也就是说，至少90%的淘宝用户是通过淘宝移动端进行支付消费的。所以，对于淘宝商家而言，淘宝移动端是不可放弃的主要营销阵地。

【实训任务】

做一做

选择一个自己感兴趣的网上开店平台。

【重难点总结】

答一答

重点总结：常见的网上开店平台。
难点总结：常见的电子商务类型之间的区别。

【练习题】

一、选择题

1. C2C（Customer-to-Customer）是一种（　　）的电子商务类型。
   A. 个人对个人　　B. 企业对客户　　C. 企业对企业　　D. 线下与线上
2. 集市店铺中，每种评价对应一个信用积分，"好评"（　　）。
   A. 加两分　　B. 加一分　　C. 不加分　　D. 加三分
3. （多选）按照交易的不同主体，可将电子商务划分为（　　）。
   A. B2B　　B. B2C　　C. C2C　　D. O2O
   E. B2G　　F. C2G
4. （多选）常见的网上开店方式是（　　）。
   A. 自助式开店　　　　　　　　B. 创建独立网站
   C. 自助式开店和创建独立网站相结合　D. 租用网站
5. （多选）C店的信用等级可以划分为（　　）。
   A. 红心　　B. 钻石　　C. 蓝皇冠　　D. 金皇冠

二、判断题

1. B2B（Business-to-Business）是一种企业对客户的电子商务类型。　　（　　）
2. 京东商城、当当网属于B2C电子商务类型。　　　　　　　　　　　（　　）

三、简答题

1. 简述常见的电子商务类型。
2. 简述淘宝移动运营的重要性以及未来发展趋势。

项目二
申请淘宝店铺

🔖【知识目标】

掌握分析店铺定位的方法；
了解网页开店的步骤。

📖【技能目标】

会使用淘宝网页版新开店铺。

📰【素质目标】

树立学习目标；
养成积极动手的习惯。

🕐【建议学时】

2 学时。

📙【知识导图】

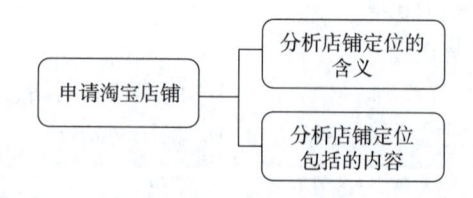

```
                    ┌── 分析店铺定位的含义
申请淘宝店铺 ───────┤
                    └── 分析店铺定位包括的内容
```

〰️【项目导言】

在申请淘宝店铺的过程中要坚定不移贯彻落实党的二十大作出的重要战略部署，大力发展数字经济。同学们在申请淘宝店铺的时候应将促进经济发展作为开店目标，为国家经济发展添砖加瓦。

任务一　申请淘宝店铺

【学习目标】

1. 掌握分析店铺定位的方法；
2. 了解网页开店的步骤。

【建议学时】

2 学时。

淘宝开店教程

【情境导入】

融一融

案例：

小峰大学毕业想和朋友合伙开一家网上店铺，但是他们不清楚如何分析店铺定位，也不知道如何开店。那么，小峰应该如何建立自己的店铺呢？

同学们学习完这个案件得到了什么启示？

点评：

为了能够更好地经营店铺，淘宝网店经营者在开店前应该先做好开店准备，包括分析店铺定位、准备开店资料等。完成了前期的准备工作之后，即可申请成为淘宝卖家。申请淘宝店铺一般需要对支付宝和淘宝进行实名认证，然后等待淘宝官方审核，审核通过即可创建自己的店铺。

【内容讲解】

学一学

一、分析店铺定位的含义

分析店铺定位是指对店铺所要经营的产品类型、产品用户群体、产品市场环境等因素进行分析，让经营者尽可能地熟悉当前行业行情，从而制定出更有效的店铺发展策略。

二、分析店铺定位包括的内容

1. 选择产品类型

网上店铺选择产品类型主要有两种方式，即选择自己熟悉的行业产品或选择自己不熟悉的领域从头做起。如果选择前者，显而易见，在店铺发展上会更加有利。如果选择后者，则经营者在开店时需要提前了解所选择的产品，包括行业环境、市场需求、买家特征和竞争对手等，然后为店铺作出准确定位。

2. 预测市场前景

预测市场前景通常是指通过各种手段获取该行业的大量信息，包括当前的社会热点、人们的生活方式以及经营者的商业行为等。通过数据分析，可以对该行业在未来一段时间内的发展趋势、供求变化进行预测，让经营者了解未来市场环境的变化情况，理性分析"朝阳"行业和"夕阳"行业，提前作出考量，抓住商机，更好地组织货源、扩展业务，顺应市场需求，从而提高经济效益。

3. 进行市场定位

市场定位是分析网店中比较重要的一个步骤，分析市场不仅需对行业市场进行分析，还需对自己的产品进行分析。一般来说，分析产品主要包括分析产品或店铺的优点和特色，了解自己的优势，选择最利于自己发展的产品定位，然后将优势作为推广重点，为店铺发展打好基础。同时，还需对竞争对手进行分析，了解竞争对手的优点、产品信息、数量、分布、营销策略等，然后根据分析结果制定出适合自己产品成长的策略，即选择参与竞争与其共享市场，还是选择避开竞争对手，单独开辟自己的市场。

4. 分析用户群体

用户群体是网店定位中非常重要的一个因素，产品必须拥有较稳定的用户群体，才能有更大的发展空间。另外，不同的用户具有不同的消费观念和消费行为，分析消费群体可以帮助经营者更好地进行产品定位。

5. 确定店铺形象

确定了行业、产品等内容后，还需对店铺的形象进行合理规划。好的店铺形象可以突出自己的优势，让自己从竞争对手中脱颖而出。在树立店铺形象时，需对商品风格与店铺风格的统一性进行考虑，同时应该选择正确的经营策略，在产品质量和服务质量上打造出自己的特色。

【实训任务】

做一做

自助式开店是一种非常主流的开店方式，类似于在商城中租用一个柜台出售商品，其方式比较简单，比较适合没有经验却想要尝试开店的个人卖家。淘宝网是中国深受欢迎的网购零售平台，拥有近5亿的注册用户数，每天有超过6 000万的固定访客，同时每天在线商品数已经超过了8亿件，平均每分钟售出4.8万件商品，其得天独厚的条件非常适合个人卖家入驻。

申请店铺的步骤如下：

（1）打开淘宝网页版首页，如图2-1-1所示。

图 2-1-1　淘宝网页版

（2）点击首页右方的"开店"选项，如图 2-1-2 所示。

图 2-1-2　"开店"选项

（3）打开"开店"选项之后会跳转到"淘宝免费开店"页面，如图 2-1-3 所示。

（4）在"淘宝免费开店"页面下方可查看普通商家入驻流程，普通商家入驻流程包括准备材料、申请开店、完成认证以及店铺上线，如图 2-1-4 所示。

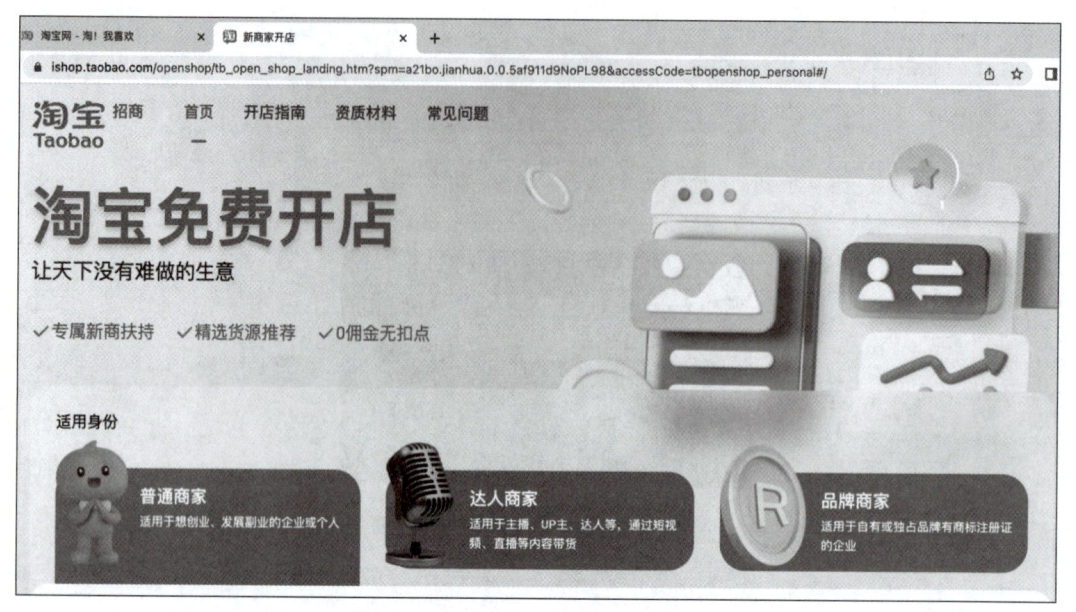

图 2-1-3 "淘宝免费开店"页面

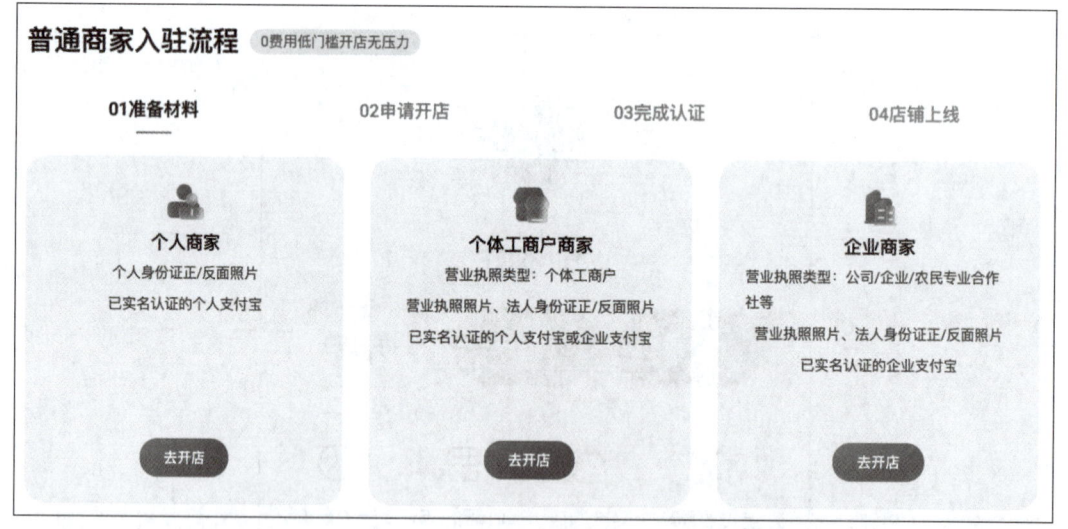

图 2-1-4 普通商家入驻流程

(5) 单击个人商家"去开店"按钮，跳出个人开店需要填写的信息。包括店铺名称、手机号码以及短信验证码，如图 2-1-5 所示。

(6) 在"个人开店"页面中输入未被注册的店铺名称、正确的手机号以及验证码，并勾选相应的选项，点击"0 元开店"，如图 2-1-6 所示。

(7) 根据页面跳转直接进行支付宝认证，点击第二步"完善认证信息"，如图 2-1-7 所示。

(8) 点击"完善认证信息"之后，阅读《淘宝网开店认证授权说明》并点击"同意授权，去填写"，如图 2-1-8 所示。

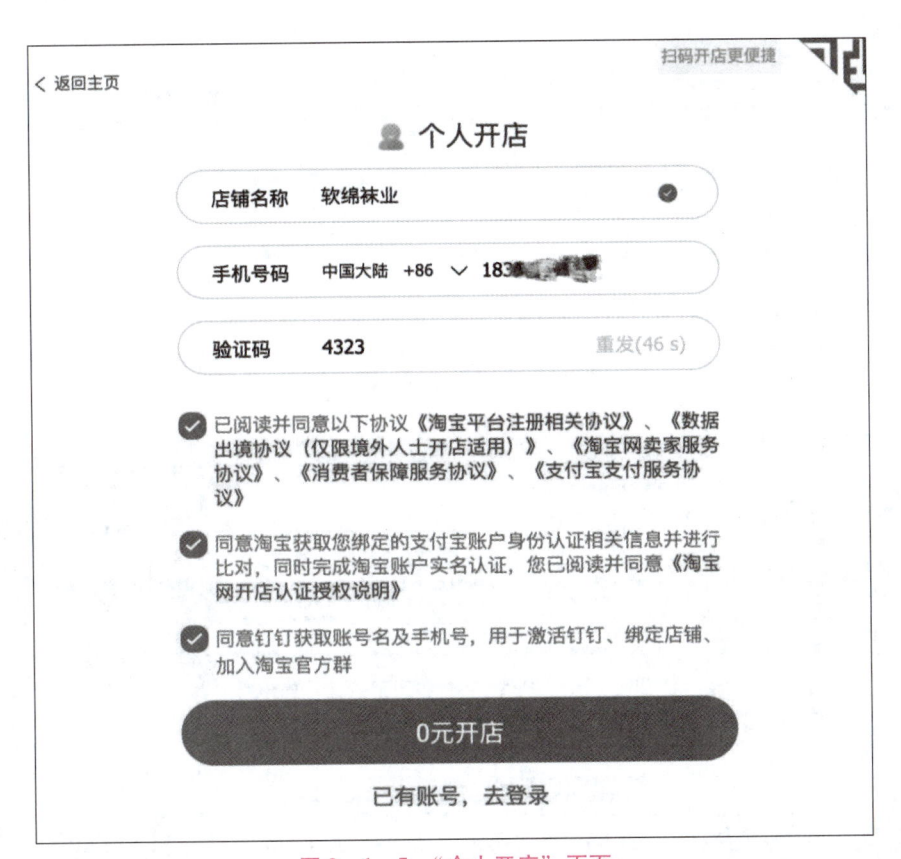

图 2-1-5 "个人开店"页面

图 2-1-6 "0 元开店"页面

图 2-1-7　完善认证信息

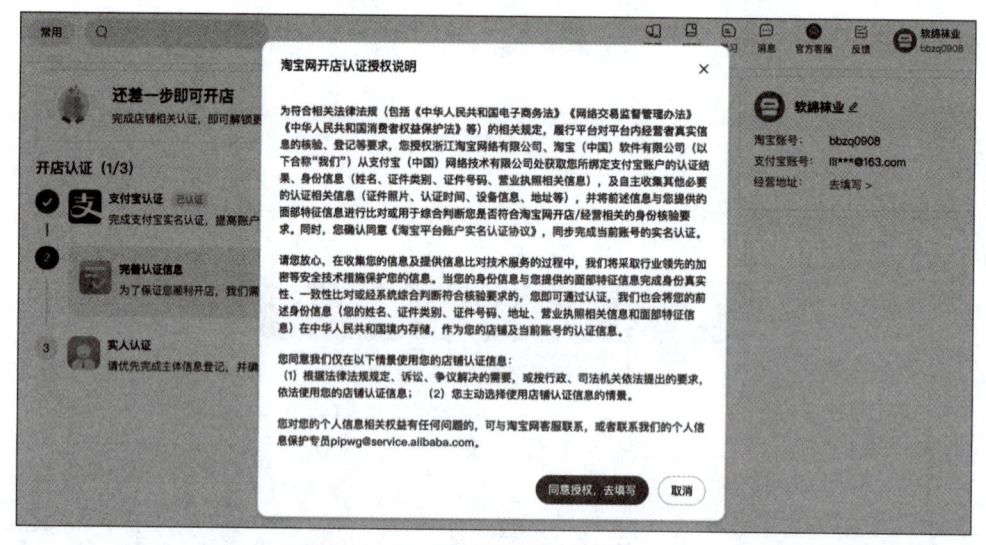

图 2-1-8　淘宝网开店认证授权说明

（9）在"信息采集"页面分别点击"上传人像面"和"上传国徽面"，上传个人证件图（身份证）正反面。提交成功后，系统根据个人证件图信息自动填写经营地址，如图 2-1-9 所示。

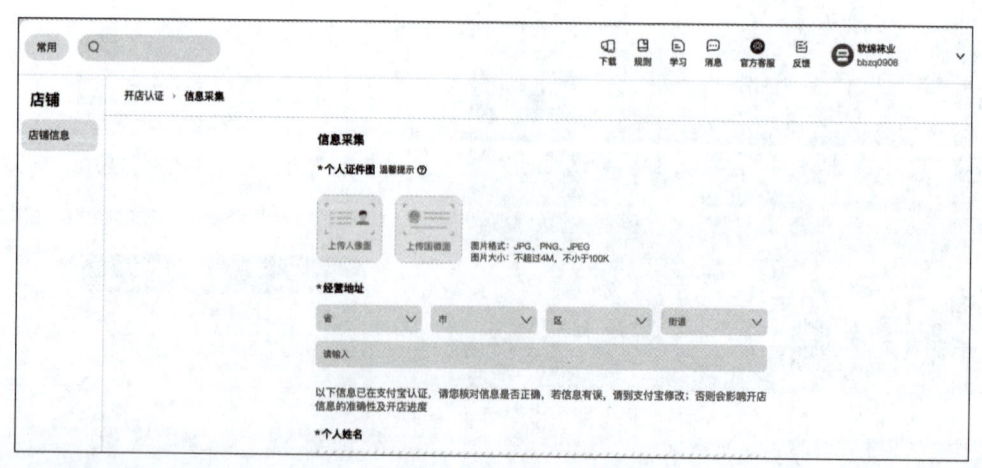

图 2-1-9　信息采集

（10）在"信息采集"页面下拉显示个人身份信息，核对信息是否正确，如图 2-1-10 所示。

图 2-1-10　核对信息

（11）点击第三步"实人认证"，要求使用手机淘宝或千牛扫一扫。建议使用手机淘宝扫描二维码的方式进行认证，认证速度更快，如图 2-1-11 所示。

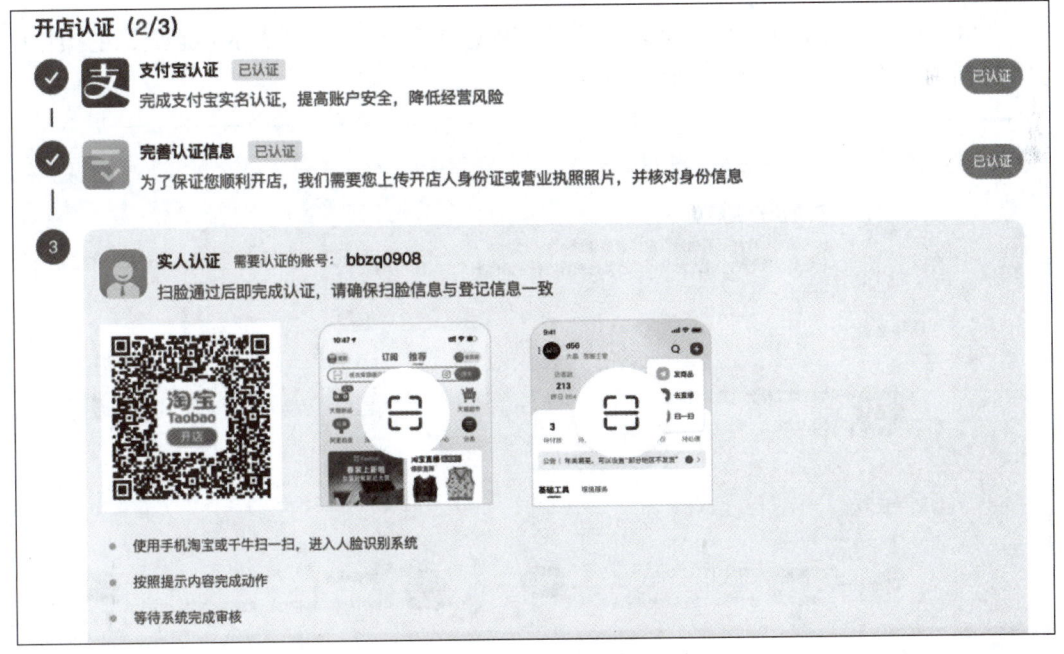

图 2-1-11　实人认证

（12）打开手机淘宝，点击"签到"下面的扫描键，对准淘宝网页版二维码进行扫描，如图 2-1-12 所示。

（13）根据手机页面提示进行摄像头下的实人认证，直到认证通过，如图 2-1-13 所示。

图 2-1-12　手机淘宝首页

图 2-1-13　实人认证

（14）以上步骤完成以后，页面显示"恭喜您开店成功"，则表示开通店铺的操作已经成功完成，如图 2-1-14 所示。

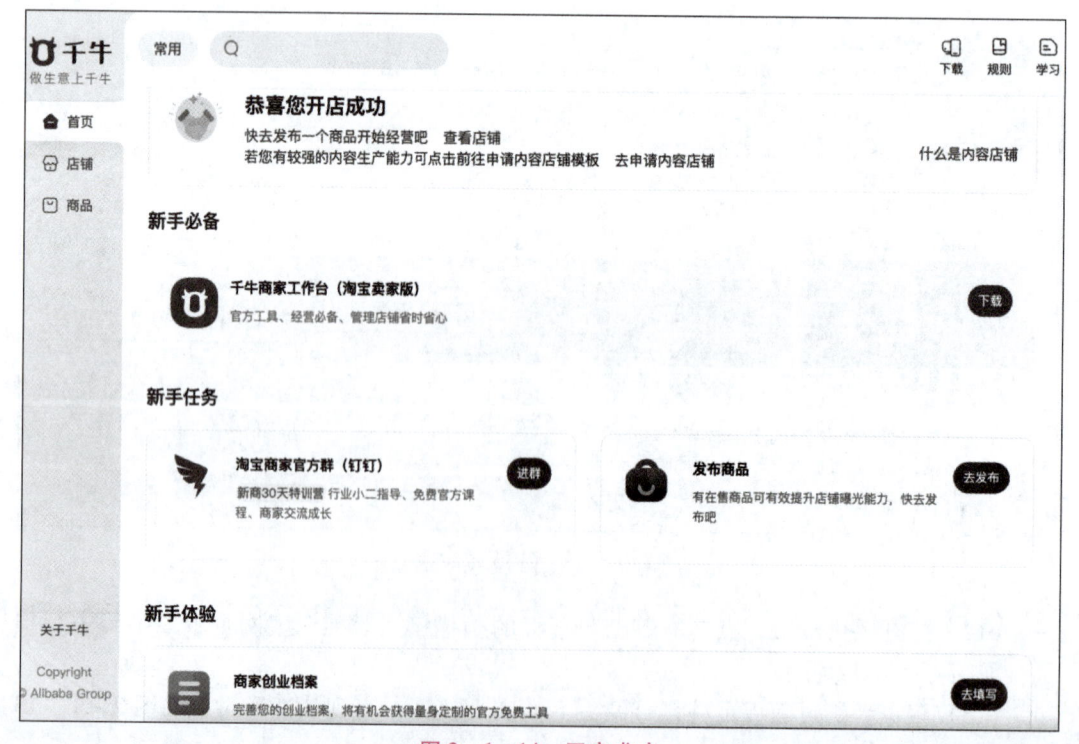

图 2-1-14　开店成功

【重难点总结】

答一答

重点总结：使用淘宝网页版新开店铺。

难点总结：在新开店铺之前，需要进行市场分析，确定店铺定位。在选择店铺名称的时候，也要考虑到之后经营的方向和产品用户群体。

【练习题】

一、选择题（多选）

1. 分析店铺定位，主要包括（　　　）。

   A. 选择产品类型　　　　　　　B. 预测市场前景

   C. 进行市场定位　　　　　　　D. 分析用户群体

   E. 确定店铺形象

2. 普通商家入驻淘宝免费开店的流程包括（　　　）。

   A. 准备材料　　　　　　　　　B. 申请开店

   C. 完成认证　　　　　　　　　D. 店铺上线

二、判断题

1. 如果想在淘宝开店，必须付费。（　　）

2. 个人商家在淘宝开店的"信息采集"过程中必须上传个人证件图。（　　）

三、简答题

1. 可以从哪些方面分析店铺定位？

2. 简述网页开店的步骤。

项目三
货源选择

【知识目标】

1. 了解选择合适商品的方法；
2. 掌握选品前的行业分析和消费者分析方法；
3. 了解网上商品的进货渠道。

【技能目标】

1. 能进行选品前的行业分析和消费者分析；
2. 会选择商品。

【素质目标】

1. 树立学习目标；
2. 养成全面分析事物的习惯。

【建议学时】

4 学时。

【知识导图】

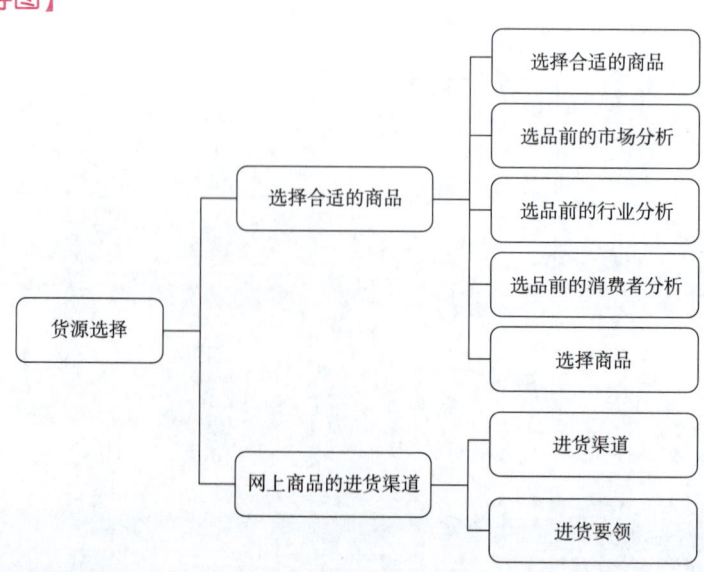

```
                            ┌── 选择合适的商品
                            ├── 选品前的市场分析
            ┌── 选择合适的商品 ──┼── 选品前的行业分析
            │               ├── 选品前的消费者分析
货源选择 ──┤               └── 选择商品
            │
            └── 网上商品的进货渠道 ──┬── 进货渠道
                                └── 进货要领
```

【项目导言】

全面建设社会主义现代化国家，必须坚持中国特色社会主义文化发展道路，增强文化自信，围绕举旗帜、聚民心、育新人、兴文化、展形象建设社会主义文化强国，发展面向现代化、面向世界、面向未来的，民族的科学的大众的社会主义文化，激发全民族的文化创新创造活力，增强实现中华民族伟大复兴的精神力量。因此，同学们在选择货源时，应该考虑到商品的价值和作用，选择发展面向现代化、面向世界、面向未来的商品。

任务一 选择合适的商品

【学习目标】

1. 了解选择合适商品的方法；
2. 掌握选品前的行业分析和消费者分析方法。

【建议学时】

2学时。

选择货源

【情境导入】

融一融

案例：

小峰已经和朋友们合伙开了一家网上店铺，但是不知道应该出售什么类型的商品，也不了解哪种行业比较受到消费者的欢迎。那么小峰如何在众多商品中选择合适自己店铺的呢？

同学们学习完这个案件得到什么启示？

点评：

与经营实体店一样，在经营网店之前，也需要先选择和确定商品，并对店铺的客户群、商品等进行定位，清晰合适的定位可以提高网店的竞争力。本章主要介绍选择商品、网上商品进货渠道、进货技巧，以及发布商品和修改信息等知识。通过本章的学习，读者能够熟悉网店商品的选择、进货、发布与信息修改方法。

【内容讲解】

学一学

一、选择合适的商品

选择合适的商品是网上开店非常重要的一个步骤。对于卖家而言，选择合适的商品不仅需选择适合在网上销售的商品，还需选择自己熟悉且感兴趣的商品。网上商品的促销很多时候会采取"价格战"，选择合适的产品可以更好地控制成本，运营起来也更加得心应手。

二、选品前的市场分析

近几年,中国电子商务市场的发展呈现大幅度上升趋势。

电子商务的快速发展在零售端不断驱动消费格局的重建,用户网络购物的消费习惯已逐步形成。近年来,中国电子商务交易规模持续扩大,稳居全球网络零售市场首位。根据国家统计局资料显示,我国电商交易规模由2016年的26.1万亿元增长至2020年的37.21万亿元,复合年均增长率为8.9%。中商产业研究院预测,2022年我国电子商务交易规模将达42.93万亿元。如图3-1-1所示。未来随着移动互联网普及程度进一步加强,以及电商物流体系下沉覆盖范围进一步扩宽,电子商务市场规模有望继续保持增长趋势。

图3-1-1 2016—2022年中国电商交易规模预测趋势图

网络购物是电子商务的一个重要分支,其作为数字经济新业态的典型代表,网络购物交易规模继续保持较快增长,成为推动消费扩容的重要力量。2022年,网上零售额达13.8万亿元,同比增长5.40%。虽然增速已经趋近于平缓向下,但交易规模还是稳健上升,如图3-1-2所示。从用户规模上看,2022年网络购物用户规模达8.45亿人,网民使用率达79.2%。

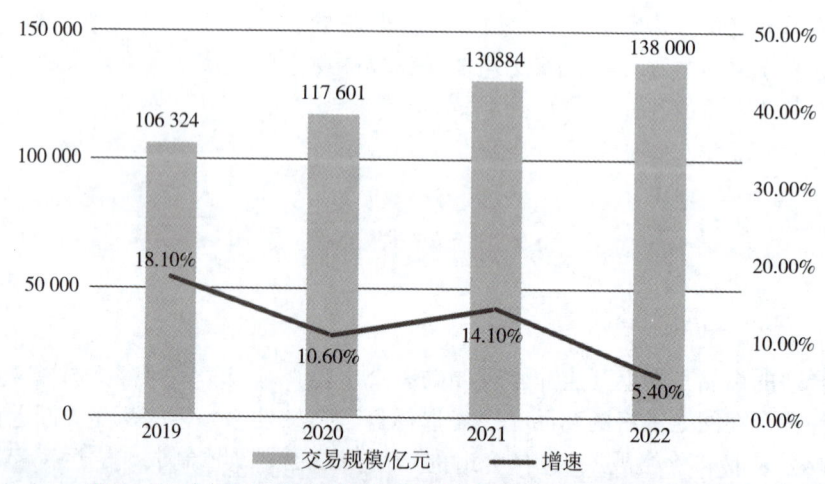

图3-1-2 2019—2022年中国网络购物市场交易规模统计情况

2022年，我国网络零售市场总体稳步增长，全国网上零售额13.79万亿元，同比增长4%。其中，实物商品网上零售额11.96万亿元，同比增长6.2%，占社会消费品零售总额的比重为27.2%。

通常来说，B2C市场和C2C市场的商品销量表现并不一样，比如大家电类目，B2C的市场表现就会更好，而3C数码配件类目的市场则相差不大。根据2023年6月21日，天猫618发布"全周期"（5月31日—6月20日）品牌商家成交金额排行榜和人气排行榜来看，美妆、服饰、运动户外、手机、家电、家装、家居、食品、生鲜、汽车等类目的销量表现都不错。表3-1-1所示为淘宝天猫2023年"618"销量前十的类目。

表3-1-1 淘宝天猫2023年"618"销量前十的类目

排名	类目	排名	类目
1	美妆	6	家装
2	服饰	7	家居
3	户外运动	8	食品
4	手机	9	生鲜
5	家电	10	汽车

网络购物市场的商品销售额和销量排名并不是固定不变的，时间、环境、消费观念、流行趋势、热门话题等都会对网上销售的产品产生影响。因此，商品选择得好，并不一定就能保证销量好，在商品选择的基础上，提高竞争力才是成功营销的关键。

三、选品前的行业分析

选择具有良好市场和竞争力的产品是网店成功的关键。近几年，随着网上商店的快速增加，商店类型也越来越多样化，盲目地选择商品非常不利于网店的后续发展。一般来说，选择网店商品之前，首先需要对所选择的行业行情进行定位和分析，然后根据分析结果选择合适的商品。

分析行业行情，就是对某行业的热门程度、发展前景、竞争力、市场等进行分析。通过正确分析一个行业的前景，卖家可以对店铺的发展方向、发展水平等进行预测和规划。

行业的热门程度常常与总销售额关系密切。以淘宝网商品的销售情况为例，女装作为热门行业，不论是销售额、成交量、关注度、还是搜索量都比较大，而五金电子类商品的总销售额、成交量、关注度、搜索量则低于女装。但是女装作为热门类目，由于竞争对手多，同类型产品多，因此竞争激烈程度也会远远高于五金电子类目。如图3-1-3所示的商品同为女袜类目，但两者的销售量却存在很大差异。

从原则上来说，行业的选择主要有两个方向：一个是卖家熟悉的行业；一个是卖家喜欢的行业。但不管选择哪个方向，时刻关注行业信息、行业发展，时刻留意行业最新消息、最新热点、最新产品、最新厂家和最新趋势，都是非常必要的。此外，分析市场也包括分析竞争对手，关注同行业动向也有利于及时调整网店的发展方向和战略。

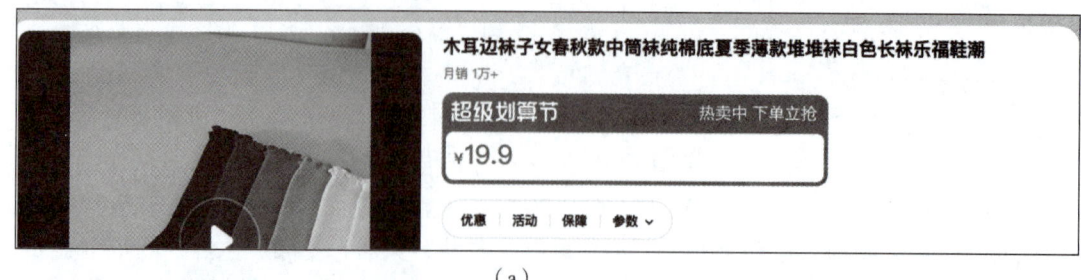

（a）

（b）

图 3-1-3　同类女袜的不同销售量

需要注意的是，电子商务网站的商品非常丰富，同一种类的商品成千上万，不能以某一类商品的销量来衡量其发展前景。在电子商务环境中，选择热门类目并不代表肯定可以成功，选择冷门类目也不代表没有发展前景。与线下市场一样，有计划地规划和实现目标，不断增强自身竞争力才是关键所在。因此，分析行业行情必须全面，卖家在作出选择商品的决策时，也需要有一定的市场敏感度，谨慎决策究竟是选择热门行业的商品参与竞争，还是选择非热门行业的商品来打造自己的特色。

四、选品前的消费者分析

网上商店基于互联网开设，因此在选择网上商品时，有必要对互联网用户进行分析。在整个电子商务的大背景下，年轻消费者正在逐步成为消费主力军。根据阿里妈妈对网络消费者消费数据的解读，发现"90后"正在逐渐成为中国消费市场的中坚力量，他们的消费观念在很大程度上影响未来网络购物的走向。

我国网络消费者的总体性别占比目前差异不大，根据主流消费人群的年龄数据显示，18～35岁的中国网络消费者占总体的85%以上，是网络购物的主流群体。其中，占比最高的年龄区间为18～24岁，超过40%；25～30岁和31～35岁的网络消费者占比其次。结合年龄和性别进行交叉分析，在36岁以上的年龄段，男性消费者普遍高于女性消费者，60岁以上的网络消费者中男性占比超过80%。而在18岁以下和25～30岁，女性消费者则要多于同年龄段的男性消费者。

根据年龄、性别分析结果可以看出，店铺选品要更具针对性，比如目标消费人群为中老年人，则推广营销要面向男性消费者。

根据消费者学历和收入情况数据显示，拥有大专及以上学历的网络消费者占比超过80%，人均月收入2 000～5 000元的网络消费者最为集中，占比超过50%。其中，人均月收入3 000～5 000元的消费者占比最高，超过27%。此外，在网络消费的主流群体中，无收入的学生群体占比也超过16%。根据消费者的消费行为数据显示，超过50%的网络消费者的消费行为是无计划的，也就是以消遣为导向。而有计划的消费行为，即目标驱动型消费者的占比为36.8%。女性消费者中有近60%是消遣型消费者，男性消费者则计划性更强。将收入、消费行为、年龄进行交叉分析，在25～35岁的消费者中，消遣型消费者占比达56.7%，比目标驱动型消费者高出24%。人均月收入5 000～8 000元的消费群体中消遣型消费者的占比超过55%。因此在进行店铺选品时，一般将消费者定位在25～35岁的高收入女性。

根据消费者地域分布数据显示，我国58.27%的网络消费者集中在苏、浙、沪、粤地区，50%以上的网络消费者来自北、上、广三大城市。从消费者的消费领域进行分析，服务、美妆、健康食品、智能设备、娱乐等在"80后""90后"消费者的支出占比中有所提升。育儿、居家用品、保健食品等家庭消费品作为女性用户的高偏好品类，呈现出良好的发展趋势。从消费者的消费态度上分析，年轻消费者更倾向于快捷、高效的消费方式，在满足刚需的基础上，愿意为高品质的服务和产品买单，是高端消费的主力人群。根据消费者的地域分布、消费领域、消费态度进行交叉分析，发达的一、二线城市更具有消费能力，服务、美妆、健康食品、智能设备等领域更受主流消费人群关注，他们愿意为更有品质和口碑的商品买单。

五、选择商品

完成网上商店市场行情与客户群体的分析后，即可考虑选择网店需要销售的商品。一般来说，选择商品包含两个阶段：第一阶段是选择商店所经营的商品；第二阶段是从已有商品中继续选择商品，将其打造为爆款。

1. 选款

第一阶段一般选择具有一定市场潜力的商品，需要结合市场、行业、消费者需求以及自身的资源情况进行综合考虑。在众多商品类型中，有些商品的总成交量非常大，但是销售这类商品的商家也非常多，竞争非常激烈，需要具备成熟的营销推广手段。有些商品成交量不算很高，但是市场前景好，竞争小，所以部分商家开始另辟蹊径，选择一些竞争较小但销量也比较可观的商品。如果具备一定的资源，建议选择自己熟悉的领域的商品，或者选择经典产品、品牌产品，打造更专业的店铺。总之，优先选择更适合自己、更方便经营的产品或服务。

第二阶段是在第一阶段的基础上，为了赚取更多的利润，有选择性地打造商品爆款。爆款是指在商品销售中供不应求、销售量高、人气高的商品。当商品有了一定的基础销量后，可以自己转化为爆款。提升商品加购数和收藏量，对商品本身活跃度十分有利。选择爆款的方法有很多，常用的方法主要包括以下几种：

1）销量选款

这种选款方式是一种比较简单的选款方式，按照销量选择的商品通常都是热销款式，受大众欢迎，竞争力比其他商品更强。但这类商品同款也比较多，竞争环境会比较激烈。

2）搜索选款

搜索选款是指根据消费者搜索的热门关键词来分析和判定商品，并选择爆款。搜索选款和销量选款区别较大，销量选款注重商品之前的销售数据，而搜索选款则着眼于商品未来的数据。

3）直通车选款

与销量选款类似，直通车选款首先需要选定一个主要关键词，便于在淘宝首页搜索。直通车选款需要分析直通车商品，找出直通车前100的商品，分析并筛选上架时间短但收藏数高于2 000的商品，这些商品既是受大众喜欢的商品，也是一些大型店铺的主推款式，具有爆款潜力。

4）活动选款

活动选款指根据活动的销售数据来选款。进行活动选款时，首先需关注各个活动中某类目的商品，并找出销量达到2 000单的商品，然后使用数据分析工具查看竞争对手的销量，最后选择出合适且销量可观的商品作为爆款。

从选择商品到打造爆款有一个过程。在选定商品后，首先，需对该商品的访问量、收藏量和购买量等进行分析，观察其是否可以成为爆款。其次，还需对商品的总成交率、点击转化率等进行观测，并对商品的实际销售情况进行监测。最后，将销量表现良好、转化率理想、用户评价不错的商品确定为主推款。

2. 选择商品的注意事项

为了保持较好的利润空间和发展空间，在选择商品时还需注意以下问题：

（1）出售的商品是否为消费者必需品或准必需品、是不是大众商品、持续购买和持续生产的能力如何。

（2）出售的商品与线下商品相比，其价格优势和利润优势如何，运输是否便利。

（3）出售的商品是否容易被仿制，是否容易贬值。

（4）出售的商品是阶段性商品还是非阶段性商品。

（5）出售的商品售后服务难度如何。

商品的性质不同，营销和推广的策略就不一样。对于从事电子商务的商家而言，选择商品、制定销售策略都会对商品的规模和利润产生非常大的影响。

【实训任务】

做一做

选择一个你认为合适的商品作为爆款，并说明原因。

【重难点总结】

答一答

重点总结：根据选品前的全面分析结果选品。

难点总结：商品种类繁多，有些商品已经饱和或者被老店铺垄断，同时有些商品还涉及品牌版权问题，所以选品对于店铺的发展来说非常重要。

任务二　网上商品的进货渠道

【学习目标】

1. 了解网上商品的进货渠道；
2. 掌握进货技巧。

【建议学时】

2 学时。

【情境导入】

融一融

案例：

小峰和朋友们合伙成功开一家网上店铺，在经过一系列的分析选品之后，最终选择了受众群体非常大的棉袜行业，那么，接下来如何选择合适又便捷的进货渠道呢？

同学们学习完这个案件得到了什么启示？

【内容讲解】

学一学

一、进货渠道

网上商品的进货渠道很多，如通过阿里巴巴、分销网站、供销平台、线下批发厂家进货等。

1. 通过阿里巴巴进货

阿里巴巴有国内最大的网上采购批发市场，很多淘宝店家喜欢通过阿里巴巴进货。阿里巴巴对各类商品均进行了详细分类，并且提供了搜索功能，可以帮助商家快速准确地找到所需的商品，如图 3-2-1 所示。

1）进货前的准备

在各类电子商务平台组织活动时，首先需要注册，其注册流程一般比较简单，根据提示操作即可。阿里巴巴的账户与淘宝账户可以通用，因此拥有淘宝账户的用户可以直接使用淘宝账户登录阿里巴巴。

此外，在阿里巴巴寻找货源时，为了保证商品的质量，需要事先对供货商做一些分析。

（1）查看供货商的资质、联系方式、厂家信息等。

（2）查看供货商的"诚信通"年份，诚信指数高的商家，信任度更高。

（3）查看商品的图片、销量及评价，也可事先小额订货，了解其供货速度。

图 3－2－1　阿里巴巴批发网

2）搜索商品

在阿里巴巴批发网中搜索商品的操作比较简单，可以通过"行业市场"列表搜索商品，也可直接搜索所需商品。

3）选购商品

阿里巴巴批发网上的商品非常丰富，商家可在"货比三家"后再购买。

2. 通过分销网站进货

除了阿里巴巴批发网之外，网络上还有很多提供批发服务的分销网站，如搜款网、衣联网、中国货源网、好多鞋等。其中，衣联网主要提供女装批发；好多鞋主要提供女鞋批发，其批发流程与阿里巴巴大同小异。首先需要在对应分销网站中注册，然后选择所需商品，设置订购信息并支付金额即可；图 3－2－2 所示为搜款网首页，在搜索文本框中直接输入商品关键词搜索，即可进行后续订货操作。

3. 通过供销平台进货

供销平台是淘宝网为商家提供代销、批发的平台，通过该平台可以帮助商家快速找到分销商或成为供货商。分销平台由代销和批发两部分组成，代销是指供货商与代销商达成协议，将商品的品牌授予代销商，为其提供商品图片等数据，而不提供实物，并与代销商协议价格，代销商赚取差价。批发则与其他批发网站相似。要成为供销平台的代销商，首先需要申请，然后才能通过供销平台选择供货商代销商品。

4. 通过线下批发市场（厂家）进货

与线下商店进货方式一样，线上商店也可通过线下批发市场进货。批发市场的商品价格比较便宜，而且可以查看商品的质量、样式等，因此受到很多商家的青睐。线下批发市场一般具有以下几个特点：

图3-2-2 搜款网首页

(1) 本地货源成本更低，可以节约部分运输和仓储成本。

(2) 商品数量更多，品种更齐全，可选择范围更大。

(3) 进货时间和进货量都比较自由，补货时间更短。

商家如果与本地批发市场的供应商建立了良好的供求关系，通常可以拿到更便宜、更新、质量更好的商品，甚至可以等网上商店的商品售出以后再前往批发市场取货，不必占用过多的资金，也不会积压商品。

除了亲自前往本地批发市场选择商品之外，商家还可以登录阿里巴巴产业带网查询不同类型商品的产地以及本地的产业带。例如查询本地产业带，可在网站首页上侧的搜索文本框中输入产地名称，单击"搜索"按钮，在打开的页面中即可显示该产地的产业带，如图3-2-3所示。

图3-2-3 产业带首页

5. 通过其他渠道进货

线上商店的进货渠道非常多，除了阿里巴巴、分销网站、供销平台和线下批发厂家，还可以通过采购品牌积压库存，换季、拆迁、转让清仓商品，外贸尾单货以及国外打折商品等途径获得商品。

1）品牌积压库存

品牌积压库存一般是指当季未售完的品牌商品，对于很多商家而言，品牌商品更具有吸引力，也更容易得到信任。品牌商在当季商品未售完时，为了清理积压库存，可能会选择低价出售或选择代销商进行代销。商家如果有途径，即可寻找可靠的品牌积压库存商品来进货销售。

2）换季、拆迁、转让清仓商品

线下很多商店在换季、拆迁、转让清仓的时候，都会低价出售大量库存商品，通常价格较低，品种也较为丰富。经营者亦可买进这些低价商品，通过网上商店进行销售。需要注意的是，这类商品质量上大多参差不齐，商家需要仔细检查商品质量、有效期等，注意辨别是否为促销手段，赢得尽可能大的价格空间。

3）外贸尾单货

外贸尾单货是指厂家在生产外贸订单时的多余商品。商品在生产过程中难免会出现次品，而为了保证外贸订单中商品的质量，厂家一般会多生产一些商品以作备用，而这些尾单就变成了线上商店获得货源的一种途径。外贸尾单货性价比一般都较高，但可能颜色、尺码不齐全。此外，商家还需要在外贸市场中仔细辨认外贸尾单货的真伪，确保商品质量。

4）国外打折商品

寻找货源并非仅仅局限于国内，很多国外一线品牌在换季、节日期间，也可能会打折出售，商家也可通过国外代购来获得货源。

二、进货要领

对于商家而言，商品并不是盲目选择的，进货时不仅需要考虑商品的热度、质量等因素，还需要考虑成本、库存等问题。基本的进货要领一般如下：

1. 选择好商品

好商品一般需具备顾客喜爱、质量好、价格合理等特点，因此商家在进货时，要注意辨别商品是否热门、是否有市场、是否价格合理，以能满足顾客需求为准。为了保证商品质量，可以"货比三家"后再建立合作关系。

2. 合理进货

对于新产品而言，试销时进货量不宜过大。对于畅销商品而言，则需要检查和分析库存，提前进货，保证供应量，但库存亦不建议过大。对于季节性商品而言，季初可以多进，季中少进，季末补进。此外，还需要注意进货时机，一般大部分商品都需要提前进货。

3. 控制成本

成本高低对盈利高低会产生直接影响，同时成本高低也直接影响价格策略的实施。

为了合理控制成本，商家需要充分了解商品和市场，还可以与供货商建立良好的长期合作关系，尽量以最低价格拿到商品。

【实训任务】

做一做

选择一个你认为合适的进货渠道，并说明原因。

【重难点总结】

答一答

重点总结：根据对进货渠道的全面分析结果选择进货。

难点总结：进货渠道很多，线上线下都有，商家要根据自己店铺的实际情况选择，同时要掌握进货要领，选择质量好的商品，合理进货。

【练习题】

一、选择题

1. 直通车选款是找出直通车（　　）的商品。
   A. 前 200　　　　B. 前 100　　　　C. 前 50　　　　D. 前 500
2. （多选）分析行业行情，就是对（　　）等进行分析。
   A. 某行业的热门程度　　　　B. 发展前景
   C. 竞争力　　　　　　　　　D. 市场
3. （多选）选择商品包含（　　）主要阶段。
   A. 选择商店所经营的产品　　B. 从已有商品中继续选择商品
   C. 退货中的产品选择　　　　D. 以上都是
4. （多选）选择爆款的方法有很多，常用方法主要包括（　　）。
   A. 销量选款　　　　　　　　B. 搜索选款
   C. 直通车选款　　　　　　　D. 活动选款

二、判断题

1. 商品选择得好，就能保证销量好。（　　）
2. 电子商务网站的商品非常丰富，同一种类的商品成千上万，可以用某一类商品的销量来衡量其发展前景。（　　）

三、简答题

1. 如何选择最适合自己的进货渠道？
2. 选择爆款的方法有哪些？

项目四
上架商品

【知识目标】

1. 了解上架商品的步骤；
2. 掌握商品管理的方法。

【技能目标】

会正确上架商品。

【素质目标】

1. 树立学习目标；
2. 养成积极思考的习惯；
3. 养成善于动手的习惯。

【建议学时】

2 课时

【知识导图】

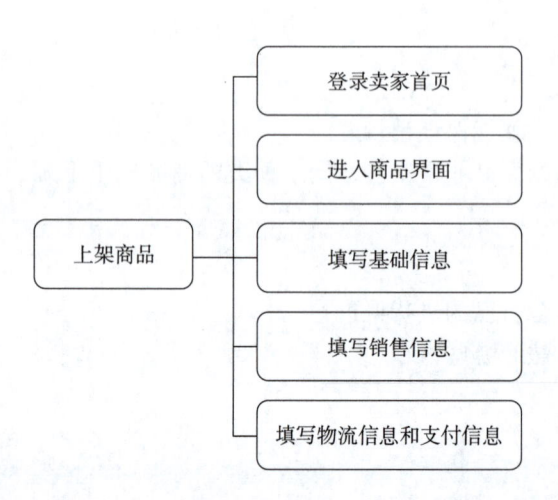

```
                    ┌── 登录卖家首页
                    │
                    ├── 进入商品界面
                    │
    上架商品 ────────┼── 填写基础信息
                    │
                    ├── 填写销售信息
                    │
                    └── 填写物流信息和支付信息
```

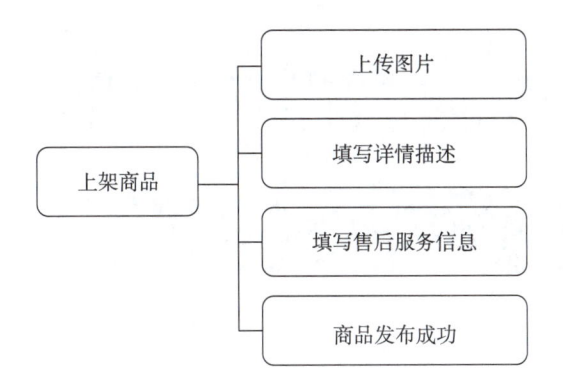

```
                    ┌─── 上传图片
                    │
                    ├─── 填写详情描述
      上架商品 ─────┤
                    ├─── 填写售后服务信息
                    │
                    └─── 商品发布成功
```

任务一　上架商品

【学习目标】

1. 了解上架商品的步骤；
2. 掌握商品管理的方法。

【建议学时】

2 学时。

【情境导入】

如何发布商品

融一融

案例：

小峰和朋友们合伙开的网上店铺已经做好了前期的准备工作，也选好了商品，定好了商品名和宝贝详情，那么小峰如何上架商品呢？

同学们学习完这个案件得到了什么启示？

【内容讲解】

学一学

（1）登录淘宝卖家首页（千牛商家工作台）。图 4-1-1 所示为淘宝卖家首页。

（2）选择左侧导览中的"商品"，点击"我的宝贝"，点击"发布新商品"。图 4-1-2 所示为商品界面。

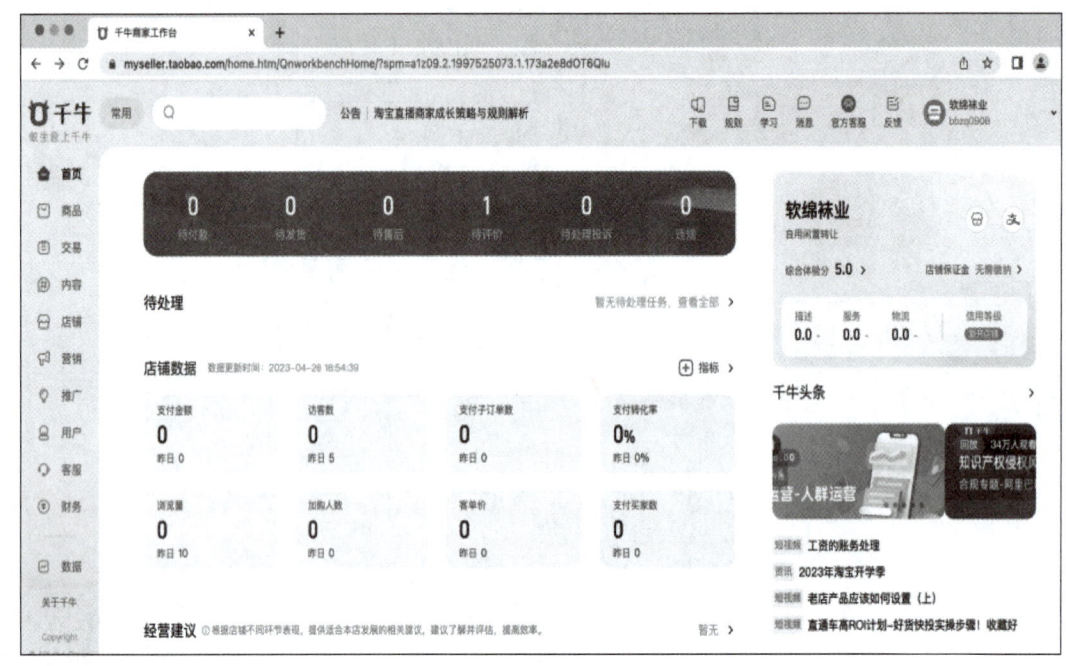

图 4-1-1　淘宝卖家首页

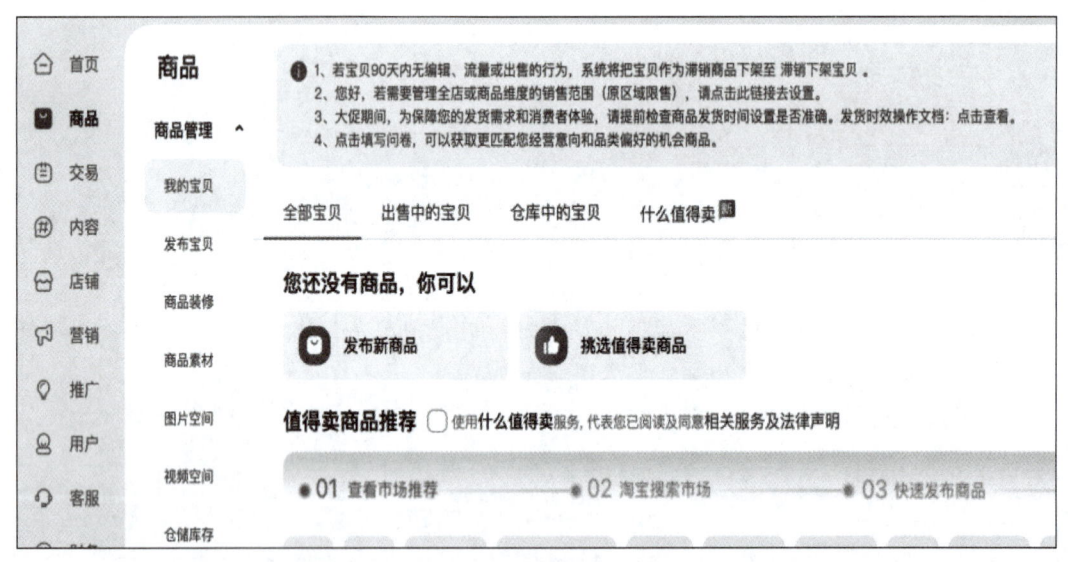

图 4-1-2　商品界面

（3）进入商品发布页面，根据要发布的商品选择类别，点击"下一步，发布商品"。图 4-1-3 所示为商品发布界面。

（4）根据商品信息填写信息内容，首先填写基础信息，其中带"＊"号的是必填项。图 4-1-4～图 4-1-6 所示为填写基础信息界面。

图 4-1-3　商品发布界面

图 4-1-4　填写基础信息界面①

图 4-1-5　填写基础信息界面②

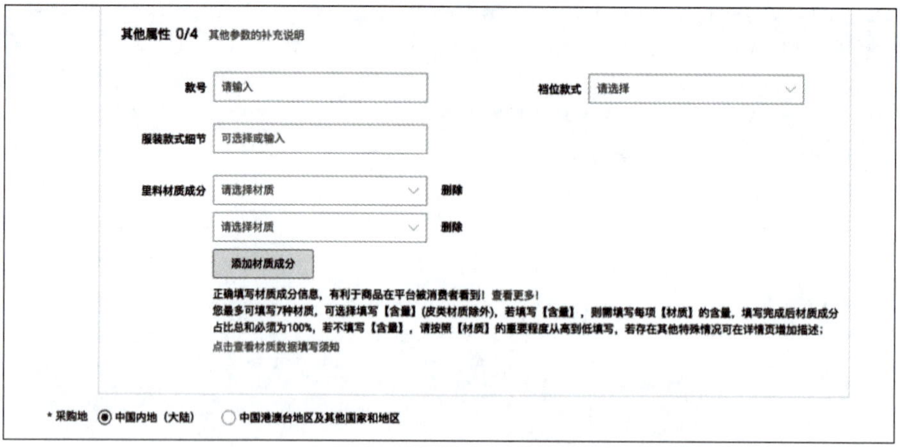

图 4-1-6　填写基础信息界面③

（5）根据商品信息填写销售信息，其中带"＊"号的是必填项。图 4-1-7 所示为填写销售信息界面。

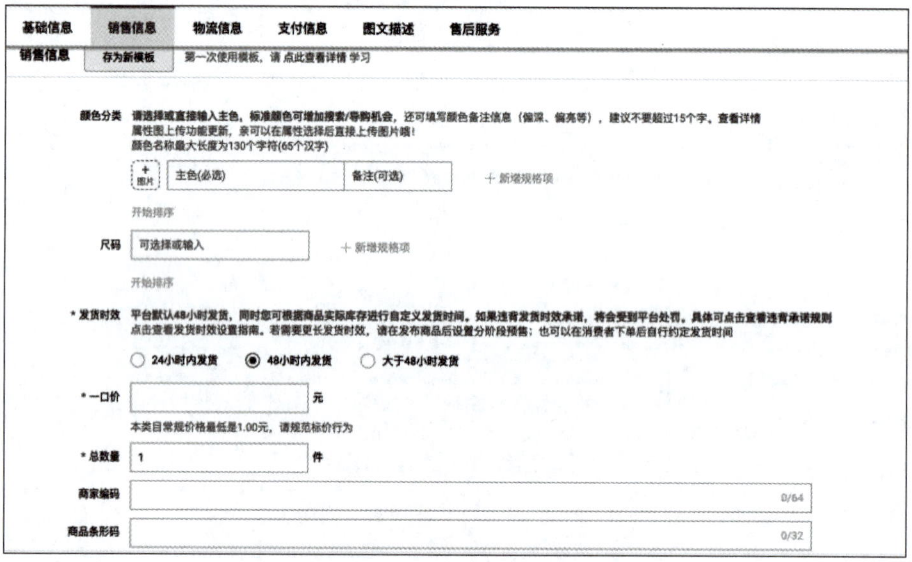

图 4-1-7　填写销售信息界面

（6）根据商品信息填写物流信息和支付信息，其中带"＊"号的是必填项。图 4-1-8 所示为填写物流信息和支付信息界面。

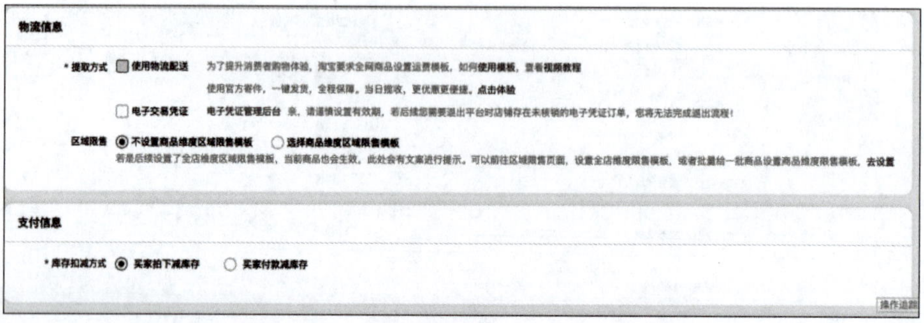

图 4-1-8　填写物流信息和支付信息界面

(7) 上传主图图片，其他图片可根据自己的需求上传。图4-1-9所示为上传基础素材界面。

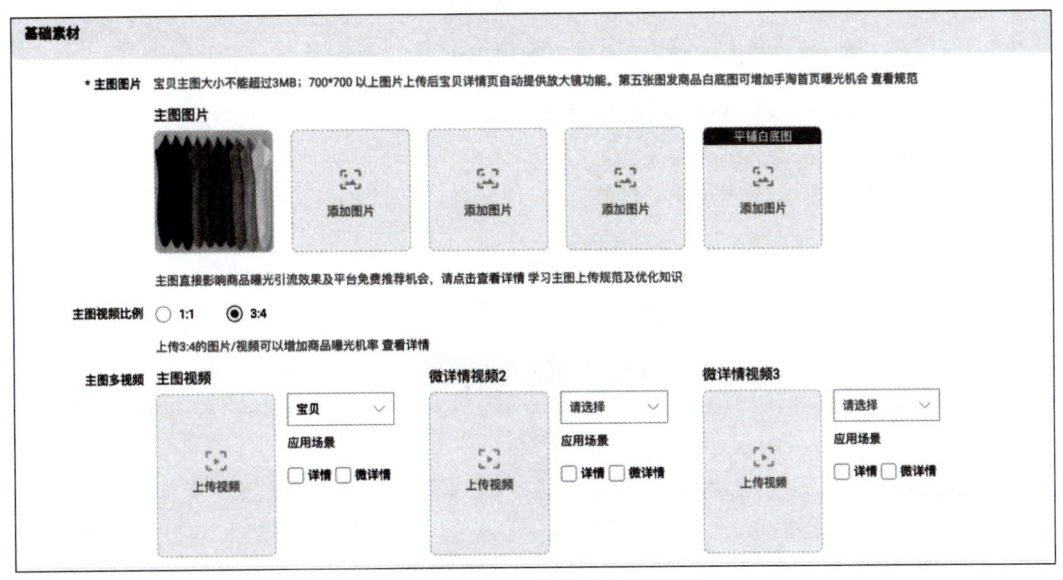

图 4-1-9　上传基础素材界面

(8) 填写商品的详情描述。图4-1-10所示为填写详情描述界面。

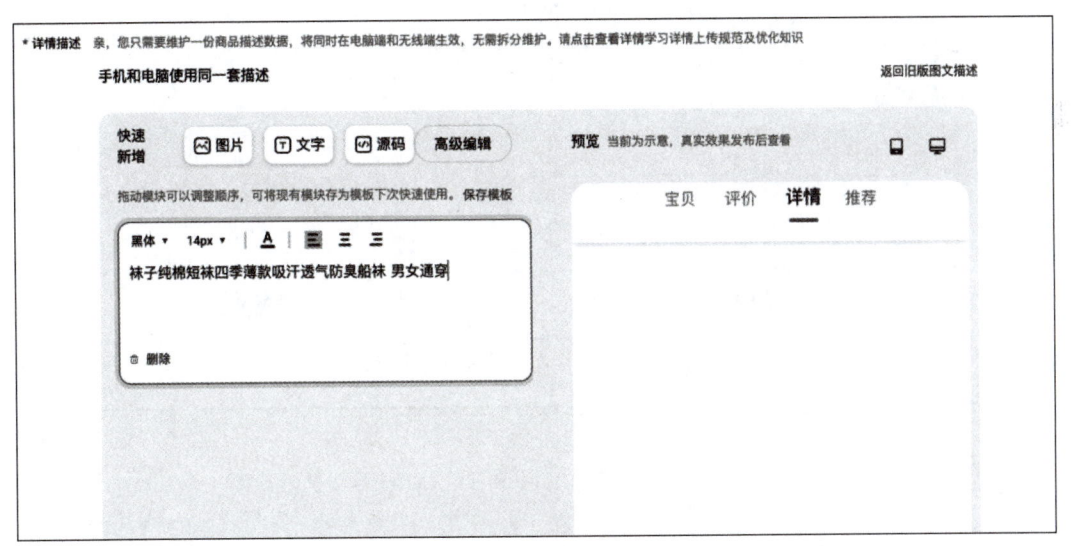

图 4-1-10　填写详情描述界面

(9) 选择售后服务信息。全部设置成功之后，点击"提交宝贝信息"。图4-1-11所示为填写售后服务信息界面。

(10) 商品发布成功。图4-1-12所示为商品发布成功界面。

(11) 在"商品管理"中选择"我的宝贝"，在"全部宝贝"里可以看到上架成功的商品。在"操作"选项中可以编辑商品或者下架商品等。图4-1-13所示为商品管理界面。

图 4-1-11 填写售后服务信息界面

图 4-1-12 商品发布成功界面

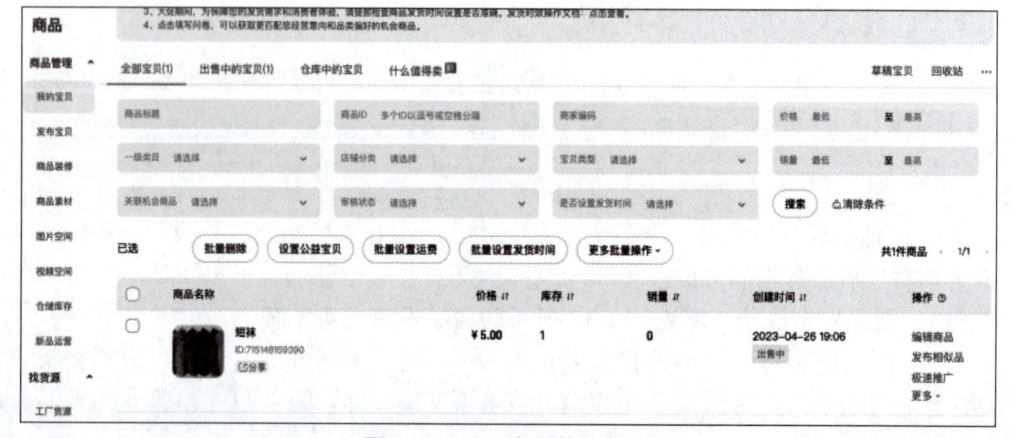

图 4-1-13 商品管理界面

【实训任务】

做一做

成功发布一件商品。

【重难点总结】

答一答

重点总结：了解上架商品的步骤。

难点总结：在上架商品的过程中，会遇到一些操作上的问题，所以在操作的时候要细心，同时要学会如何管理商品，这样可以对填写错误的地方进行完善和修改。

【练习题】

一、选择题

1. 根据商品信息填写信息内容，其中带（　　）号的是必填项。
   A. "*"　　　　B. "#"　　　　C. "!"　　　　D. "&"
2. （多选）在售后服务信息页面中，上架时间包括（　　）。
   A. 立刻上架　　B. 定时上架　　C. 放入仓库　　D. 撤销上架
3. 在填写商品属性时，带"*"号的选项为（　　）选项。
   A. 选填　　　　B. 重点　　　　C. 非重点　　　D. 必填

二、判断题

1. 淘宝卖家可通过"我的宝贝"发布新商品。（　　）
2. "商品管理"界面可以发布相似品。（　　）

三、简答题

1. 如何上架商品？
2. 在基础信息界面，要填写的基础信息有哪些？

项目五

网店装修

【知识目标】

1. 掌握 PC 端和移动端店铺装修的设计方法和操作流程；
2. 了解图片管理与维护的步骤；
3. 掌握商品主图视频的基础知识和操作流程。

【技能目标】

1. 能合理规划店铺首页、详情页的布局；
2. 能根据素材用途，管理图片文件夹；
3. 能发布商品主图短视频。

【素质目标】

1. 图片和视频应传递健康向上、符合行业规范的内容，避免庸俗、低俗、媚俗；
2. 培养良好的职业道德；
3. 具备一定的行业知识与对潮流色彩理解的能力；
4. 对比同类商品的设计，能客观分析，取长补短。

【建议学时】

10 学时。

【知识导图】

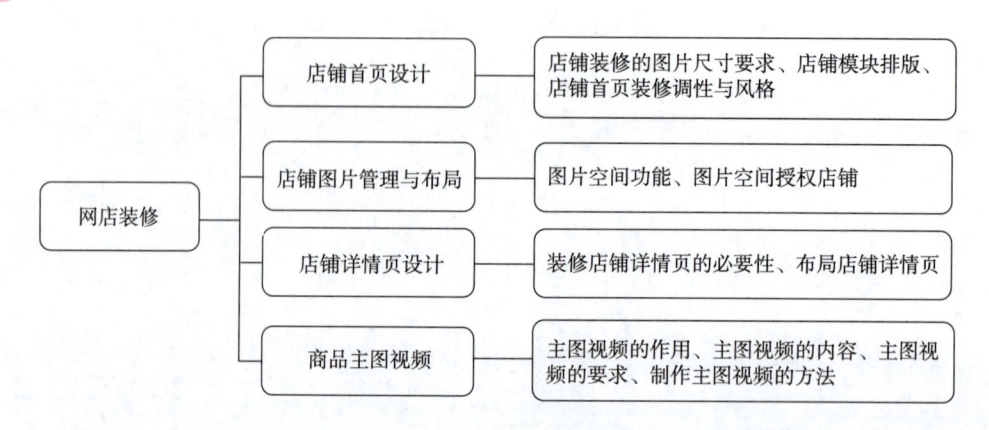

网店装修	店铺首页设计	店铺装修的图片尺寸要求、店铺模块排版、店铺首页装修调性与风格
	店铺图片管理与布局	图片空间功能、图片空间授权店铺
	店铺详情页设计	装修店铺详情页的必要性、布局店铺详情页
	商品主图视频	主图视频的作用、主图视频的内容、主图视频的要求、制作主图视频的方法

【项目导言】

党的二十大报告中明确指出,要加快构建新发展格局,着力推动高质量发展,强调"高质量发展是全面建设社会主义现代化国家的首要任务"。在网店装修的实操中要注意发挥工匠精神,守住电商人的职业底线,同时要善于思考,对比同类商品的设计,能客观分析,取长补短,发挥创新精神,传递健康向上、符合行业规范的内容,避免庸俗、低俗、媚俗,助力电子商务行业高质量发展。

任务一　店铺首页设计

【学习目标】

1. 掌握 PC 端和移动端店铺首页装修的设计方法和操作流程;
2. 能合理规划店铺首页的布局;
3. 传递健康向上的内容,避免庸俗、低俗、媚俗。

【建议学时】

4 学时。

信息化素材

【情境导入】

融一融

创建网店就像建造房子一样,房子建好了都要装修。网店装修是依据一定的设计方法和布局美观规则形成的一整套方案,是在商家店铺范围内进行的,包括首页与详情页设计、图片布局与设计、商品主图短视频拍摄与剪辑等。而店铺的首页装修,代表着店铺的门面,一个精美的首页设计与布局能提升店铺的定位,同时能够延长买家的留店时长,帮助买家了解店铺的栏目、促销活动、相关商品、品牌历史等,从而提高转化率和客单价。

周生生始于 1934 年,秉持着"周而复始,生生不息"的品牌理念,对完美的坚持与追求,让每一件珠宝饰品,都糅合着经典、时尚及创新的元素。周生生的天猫官方旗舰店首页(图 5-1-1)的装修风格正融合着这一要素,用热情典雅的烈火红诠释着经典元素,用甜蜜浪漫的玫瑰粉和克莱因蓝散发着时尚元素,用各类 IP 跨界联名(海贼王、魔卡少女樱、哈利波特等)展示创新元素,让每一个喜欢珠宝设计的买家驻足浏览,让买家对周生生珠宝产生强大的购买欲望。

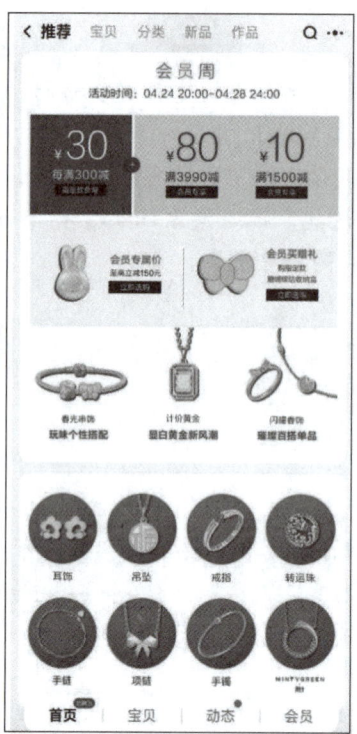

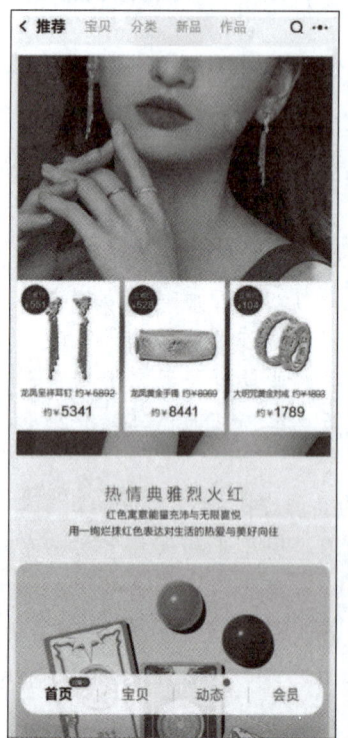

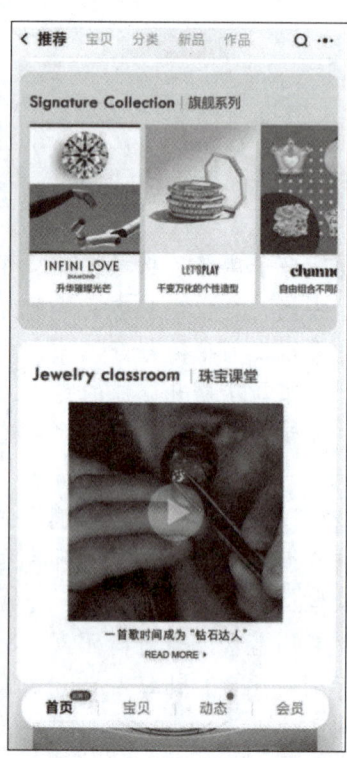

图 5-1-1 周生生天猫官方旗舰店首页

【内容讲解】

学一学

一、店铺装修的图片尺寸要求

以淘宝和天猫为例，首页和详情页的图片尺寸都要遵循一定的要求，否则，受到屏幕大小的局限，会影响到浏览效果，手机端和电脑端店铺装修时对图片尺寸要求是不同的。

1. 电脑端店铺

1）图片尺寸

（1）店招：宽度为 950px，高度建议不超过 120px。

（2）长图：长图的尺寸是 800px×1 200px，五张主图的尺寸是 800px×800px。

（3）详情页：宽度是 750px，高度在 30 000px 以内。

2）图片格式

jpg/png 格式。

2. 手机端店铺

1）图片尺寸

宽度为 1 200px，高度为 120～2 000px（具体看模块要求）。

2）图片格式

jpg/png 格式。

3）图片大小

大小不超过 2 兆。

二、店铺模块排版

以淘宝手机店铺首页为例，因为这里是买家进入店铺首先看到的地方，并且这里也是店铺中流量最大的地方，因此这个地方要放店铺中最为重要的信息。

1. 要排版搭建出一个基本框架

要排版搭建出一个基本框架，选择需要重点展示的内容，再通过淘宝旺铺装修填充进产品和活动模块就可以。以淘宝手机店铺为例，一般店铺首页框架中要包含的元素有海报、店铺营销、淘宝群聊等，如图 5-1-2 所示，根据店铺实际情况依

图 5-1-2　手机淘宝店铺首页框架元素

次填充就可以。

2. 通过商品分层提高购买关联，从而提升全店商品动销率和用户客单价

主打品、新品、爆品、性价比高的清仓产品，作为引流来带动全店动销，潜力爆品与潜力新品为不同潜在购买人群提供选择，按人群、场景、联名等维度组合成平销款，带动搭配购买，整体提升动销率和买家的客单价。店铺商品分层布局如图5-1-3所示。

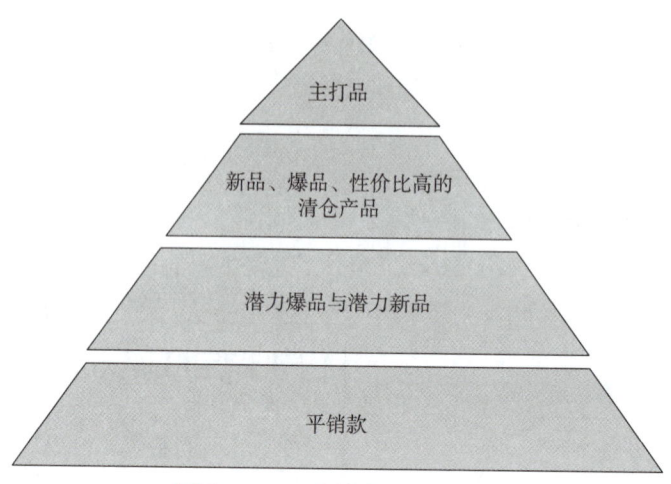

图5-1-3 店铺商品分层布局

三、店铺首页装修调性与风格

店铺首页装修调性与风格需与品牌或产品色相同或相近。

1. 突出行业属性

每个行业都有其特定的属性，每个属性都有其独特的外观，商家在做店铺装修时也要注意这一点。虽然没有固定的模板或者装修风格，但是由于商家自身对特定行业的认识会影响到人们对事物的判断和选择，在店铺装修之前，商家一定要了解产品的性能及其行业特点，在此基础上，可以选择相应的颜色和插图进行装修设计。比如，母婴行业适合比较舒适的暖色调来强调舒适感，而工具类等专业性比较强的行业可以适当增加金属色的面积来凸显专业感。百果园与万代官方店铺首页如图5-1-4所示。

2. 简洁时尚大方

切不可将店铺首页当成调色盘，什么颜色都往上放，也不可在首页中添加过多的模块，显得累赘且繁杂，否则会大大增加店铺跳失率。对于店铺首页的关键图片，在使用边框和线条时要尽量干净，不要使用不太匹配的色块。页面上应该留有空白，让视线有路可走。特别注意照片水印的制作，不要到处添加水印，避免画蛇添足。

3. 照顾买家浏览体验

现在越来越多的买家会选择在手机端浏览购物，比起电脑端大屏幕，商家可以塞进更多东西，手机的小屏幕就没有这种优势了，这就要求商家在图片排版、字体大小、图片高度尺寸等视觉的交互设计上要更人性化。手机端店铺页面和电脑端店铺页面最好分

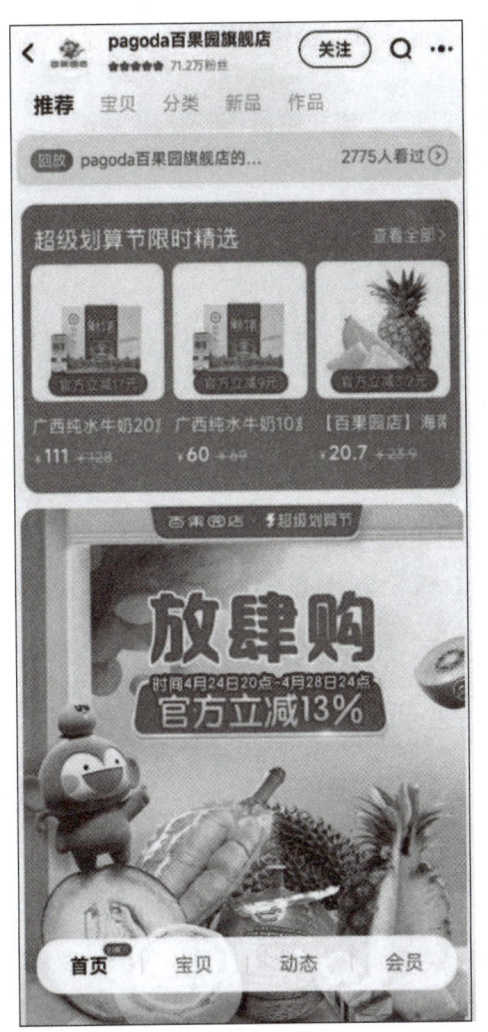

图 5-1-4　百果园与万代官方店铺首页

开制作，内容要做到贵精不贵多，减少买家等待加载时间，对于文字和图片介绍，尽量能兼顾到小屏幕手机的浏览体验。

【思政任务】

想一想

2017 年"双 11"期间，知名的食品品牌绝味鸭脖（其公司绝味食品股份有限公司以下简称绝味食品）更新了其天猫店的最新营销海报，但定眼一看瞬间觉得辣眼。因为，这个卖鸭脖的网店，居然挂出了一个"一女子只穿着一条红色内裤躺在床上，腿上放着一台苹果笔记本，双脚却戴着锁链的惊悚画面，同时旁边还带有一些让人想入非非的文字"。因此，当这幅画面刚上新到网店上时，顿时就引起了广大网友的举报。

11 月 22 日，绝味食品发布公告称，此前子公司（长沙绝味食品营销有限公司）发布的网络广告内容违反《广告法》，长沙市工商行政管理局责令其停止发布违法广告，罚款人民币 60 万元整。而绝味食品表示积极配合长沙工商管理部门进行相关情况调查，接受工商部门对此事作出的处罚决定；免去长沙绝味食品营销有限公司负责人职务；明确公司广告设计和发布权限审核制度和流程。

思政元素：网店装修应注意传递健康向上的内容，避免庸俗、低俗、媚俗。

【实训任务】

做一做

对于新手商家而言，店铺首页装修该如何开展呢？下面从手机店铺和电脑（PC）端店铺来展开装修。

一、手机店铺装修

以手机店铺的轮播图海报模块为例。

（1）找到店铺装修入口。

打开千牛工作台软件，进入"卖家中心"，在左边导航栏选择"店铺"—"店铺装修"—"手机店铺装修"，进行装修。如图5-1-5所示。

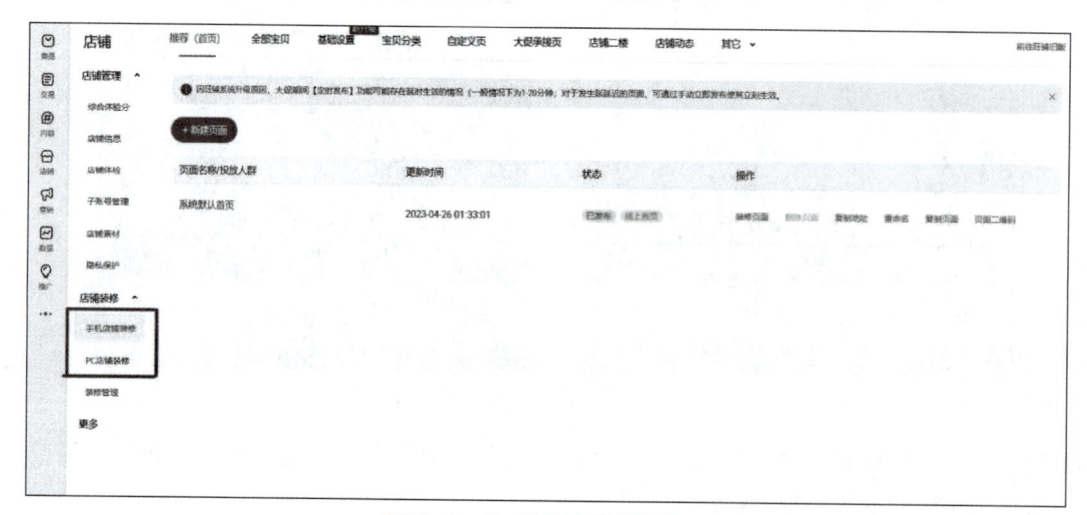

图5-1-5 千牛店铺装修入口

（2）选择"系统默认首页"或"新建页面"，点击"装修页面"。如图5-1-6所示。

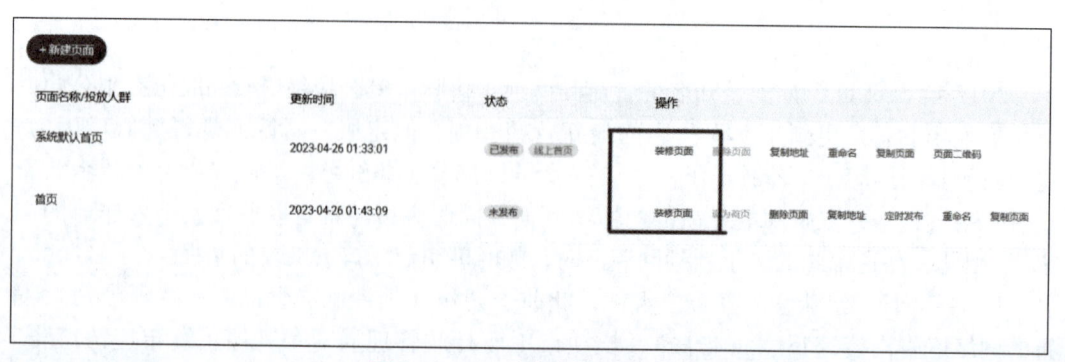

图5-1-6 千牛店铺装修页面

（3）在页面装修模块下，选择官方模块中的轮播图海报，并拖入画布。如图5-1-7所示。

图5-1-7　将轮播图海报模块拖入画布

（4）编辑模块信息，设置模块名称。

轮播图展示的顺序，可以选择按照"算法排序"或者"固定顺序"展示，算法排序就是千人千面，固定顺序则按照上传的顺序展示。

（5）上传宽度1 200px，高度600~2 000px的图片，支持jpg/png格式，大小不超过2兆，填写模块意图，如"新品"，以提升首页算法效率，最后点击"保存"。如图5-1-8所示。

图5-1-8　设置轮播图海报模块信息

（6）用最新版手机淘宝扫描预览效果，确认无误，点击"发布"，可选择"立即发布"或"定时发布"。如图5-1-9所示。

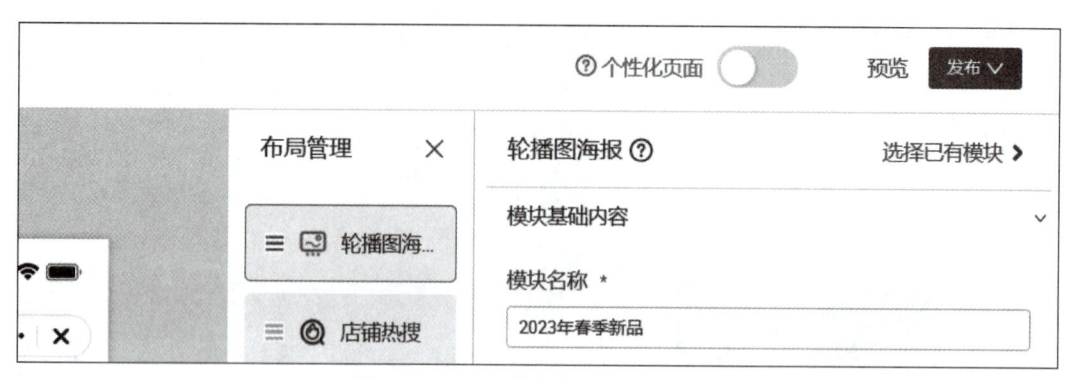

图5-1-9 预览并发布轮播图海报

（7）重复以上步骤，可在"页面装修"—"容器"中选择"单图海报""猜你喜欢""店铺热搜""多热区切图""淘宝群聊入口模块""人群海报"等11种官方模块来进行装修。如图5-1-10所示。

（8）店铺如需获取公域流量，则可在"页面装修"—"模块"中付费订购装修动态卡片，可根据不同行业来选择模版。如图5-1-11所示。

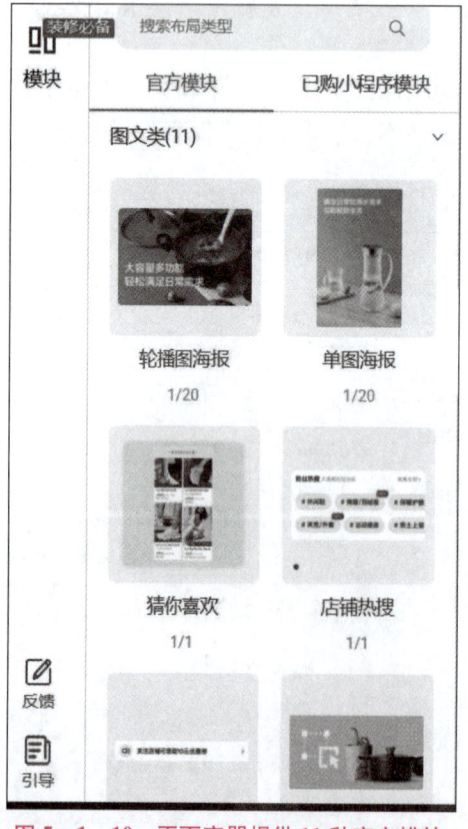

图5-1-10 页面容器提供11种官方模块 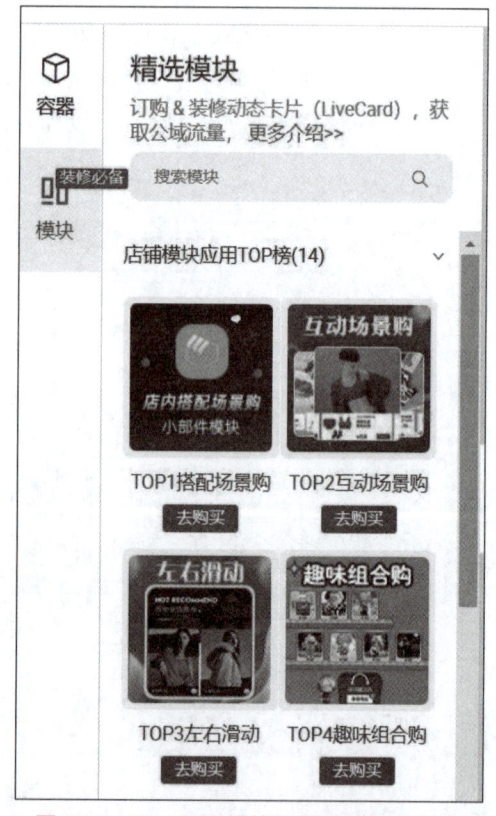　　图5-1-11 页面模块提供付费动态卡片

二、电脑（PC）端店铺装修

（1）点击"PC店铺装修"—"首页"—"装修页面"。如图5-1-12所示。

图5-1-12　PC店铺装修页面入口

（2）点击"布局管理"，可以修改店铺的布局模块，通过商品分层提高购买关联，可以设置图片轮播、特价专区、搜索店内宝贝等模块的顺序，通过前置主打品、新品、爆品、性价比高的清仓产品等在图片轮播模块带动全店动销。如图5-1-13所示。

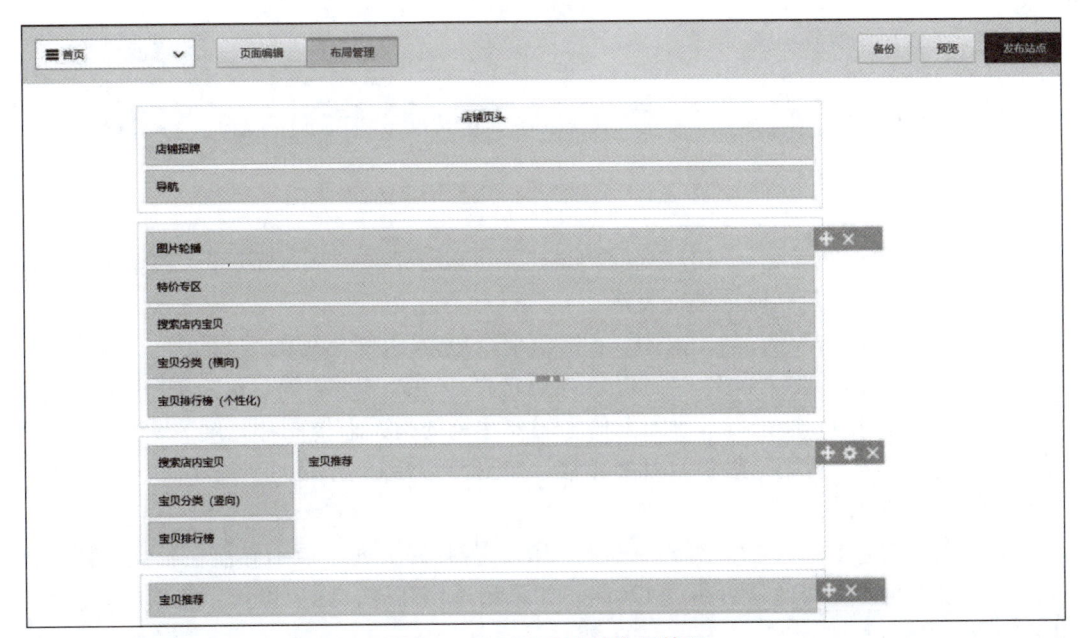

图5-1-13　PC店铺布局管理

（3）在"布局管理"页面拖动右侧的"方向标识"，可设置模块顺序，点击"设置"按钮可改变布局的方向排列，点击"×"可删除模块，点击"增加布局单元"可新增模块。如图5-1-14和图5-1-15所示。

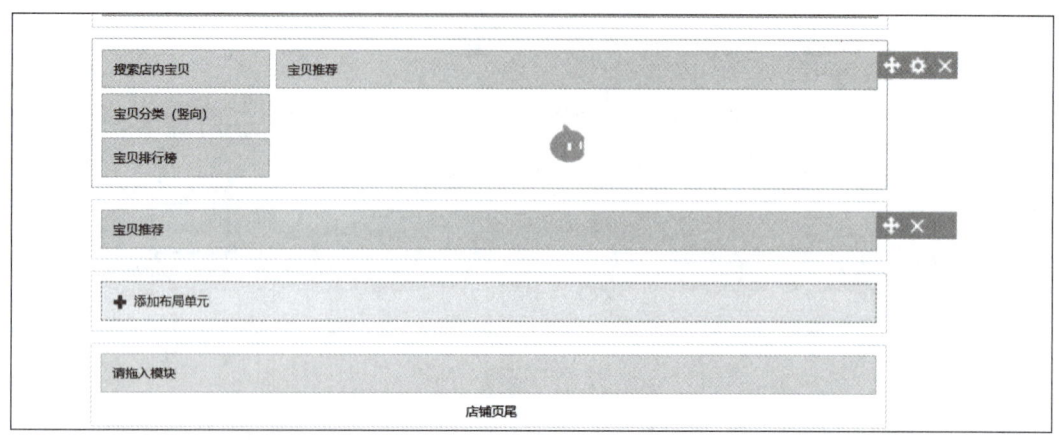

图5-1-14 PC店铺拖动、设置、删除或增加模块

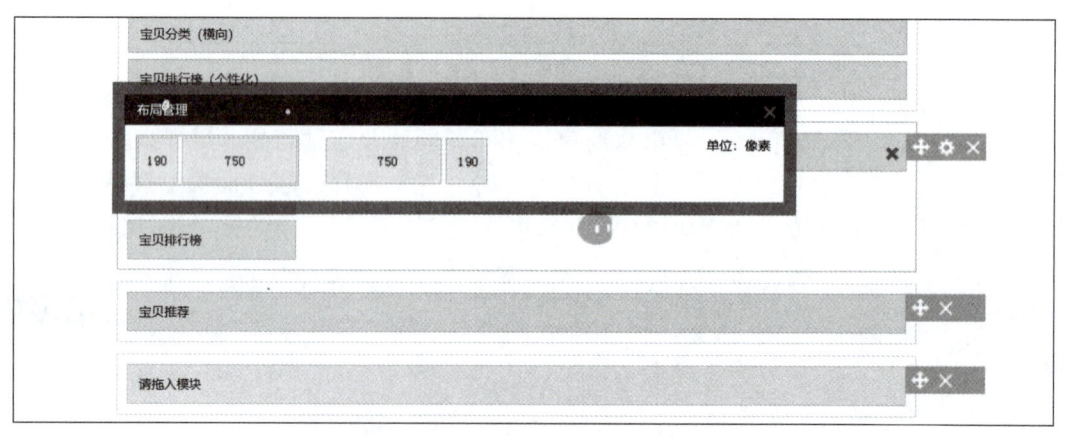

图5-1-15 PC店铺设置布局的形状

（4）确定页面布局后，点击"页面编辑"，可以分别对"店铺招牌""导航栏""图片轮播""特价专区"等模块进行装修。

以"店铺招牌"为例，点击右上角"编辑"，进入店铺招牌的编辑页面。招牌类型可选择"默认招牌"或"自定义招牌"，然后选择"是否显示店铺名称"，并点击"选择文件"，将编辑好的店铺招牌背景图上传，需要注意的是，上传图片宽度为950px，高度建议不超过120px，否则导航显示可能异常。如图5-1-16所示。

（5）导航栏装修。

鼠标移到导航栏，点击"编辑"进行装修。若装修页面不展示导航栏信息，请先确认PC端的店铺招牌高度是否超过120px，如果超过该高度，则会覆盖导航栏。如图5-1-17所示。

图 5–1–16　PC 店铺招牌装修

图 5–1–17　导航栏装修

（6）如上一步没有建立宝贝分类，则需要重新设置宝贝分类，并关联店铺商品才能在导航栏显示。如图5－1－18和图5－1－19所示。

图5－1－18　在导航栏添加宝贝分类

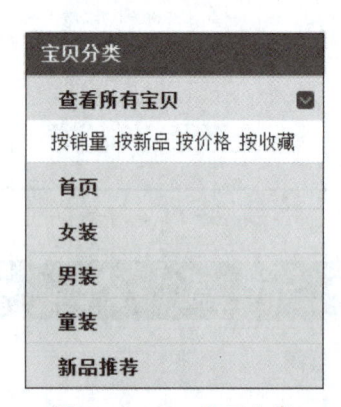

图5－1－19　宝贝分类

（7）点击"图片轮播"—"编辑"—"内容设置"，可点击"图片地址"选择相关新品、爆品的图片，并设置相关商品的"链接地址"，点击"添加"按钮可增加轮播图的数目。

点击"显示设置"，可选择是否显示标题，模块高度设置在100~600px，切换效果选择"上下滚动"。如图5－1－20和图5－1－21所示。

图5－1－20　图片轮播内容设置

图 5-1-21　图片轮播显示设置

【重难点总结】

答一答

重点总结：根据自己的品牌风格和商品类型装修店铺，包括设置店铺名称、设计店铺首页、设置店铺分类等，首页的图片尺寸要遵循一定的要求，排版搭建出一个基本框架，商品分层可提高购买关联度。店铺可以选择使用淘宝提供的免费官方模版，或者购买第三方模版，当然也可以选择专业设计师的服务精美定制。

难点总结：依据行业属性，设计出简洁大方，符合买家购买体验的店铺装修调性与风格，需要学生具备相当程度的行业知识和对潮流颜色的理解能力。教师可以通过对不同行业不同店铺装修风格的归纳与展示，如珠宝首饰可列举周生生、周大福、六福、中国黄金、施华洛世奇等知名店铺的首页装修风格，提高学生对不同行业装修调性与风格的认知程度，同时加以装修训练，学生才能掌握 PC 端和手机端店铺首页装修的设计方法。

任务二　店铺图片管理与布局

【学习目标】

1. 了解图片空间管理与维护的步骤；
2. 能根据素材用途，管理图片文件夹。

【建议学时】

2 学时。

信息化素材

【情境导入】

融一融

开网店，做电商，每天都要接触大量的产品图片和视频，同时还要定期更新网店的装修，这些资源可能是商家自己拍摄的实物照片视频，也可能是经过设计团队美化过的上架照片。这些照片数量多，很容易混乱，那么，需要如何进行管理，才能为产品或网店装修搭建清晰的目录结构，这就需要建立一个能快速找到素材的产品图片库，如图5-2-1所示。下面以千牛为例介绍图片管理：

图 5-2-1 图片空间目录结构

【内容讲解】

学一学

一、图片空间功能

1. 批量管理图片

上传、复制链接、移动、删除等。

2. 原图替换

替换图片空间的图片，店铺中所有使用了这张图片的地方都会在2小时内自动替换。替换会保持图片地址不变。

3. 引用关系

迅速查看图片是否在店铺中使用和具体使用情况。

4. 图片添加水印

不可添加过多。

二、图片空间授权店铺

图片空间的授权功能可以将商家自己图片空间中的图片授权给另一个商家使用。授权方式：进入"卖家中心"—"图片空间"—"更多设置"—"授权店铺管理"，将被授权方的会员名输入后，点击"添加"按钮即可。如图 5-2-2 所示。

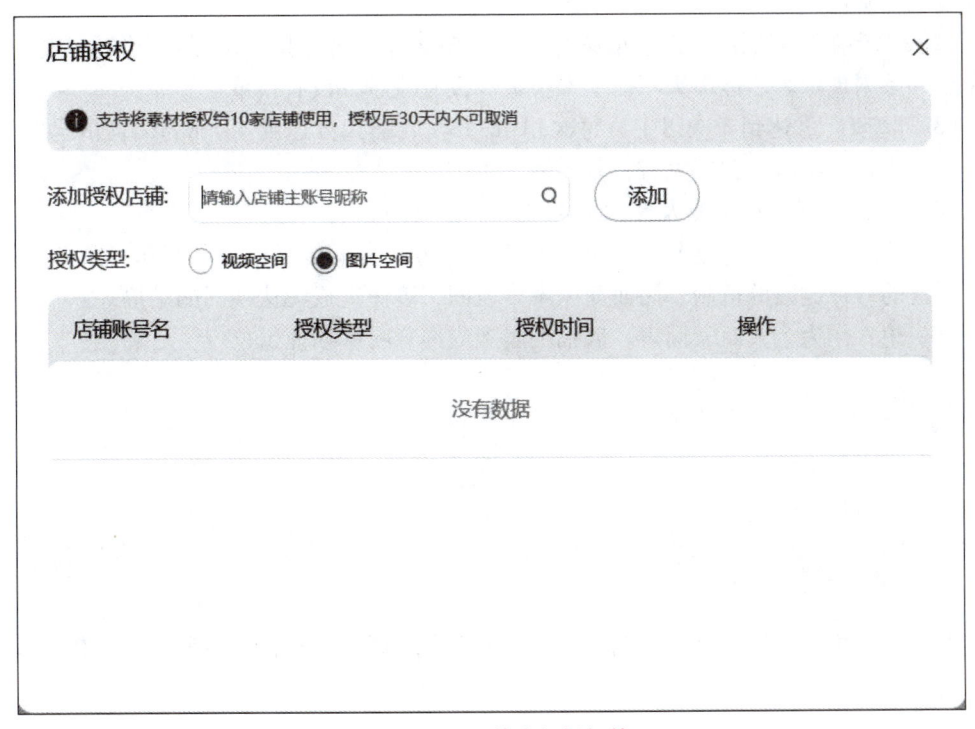

图 5-2-2 图片空间授权管理

提示：

(1) 天猫商家：最多可以授权 3 个店铺；

(2) 淘宝商家：一钻以下 0 个授权；一钻以上 10 个授权；

(3) 被授权店铺不区分天猫还是集市；

(4) 授权后 30 天内无法取消。

【思政任务】

想一想

淘宝上很多商家都是个人起家，从运营到售后都是商家个人在操作，美工也自己干，不会作图的就去同行找图片，但是盗图如果被举报成立，店铺会被扣分。

1. 淘宝盗图原因

举报盗图存在两种原因：第一种就是宝贝图片是供应商给的，这些图片不仅你在用，其他卖家都在用，等于是公用图片。

第二种情况就是商家去某一同行店铺把他们的原创图片放入自己店铺。如果是第二种情况，肯定属于盗图行为，因为同行店铺拥有图片版权。

2. 淘宝盗图扣分规则

（1）未经允许盗用图片，一次扣2分。当被判定为盗图时，首先会将商家店铺的宝贝强制性删除下架。某些官方举办的活动，对店铺的分数有门槛要求。扣了2分的店铺首先就失去了参加的资格。并且店铺一旦被扣分，店铺的权重就会降低，那么店铺的整体流量就会降低。

（2）如果多次盗用同一个店铺图片，一次扣6分。店铺扣分达到6分的，淘宝官方会给出一系列规定。店铺7天不能上架宝贝。没有流量，没有权重。

（3）情节严重达到3次以上，每次扣48分。店铺扣分达到48分的，且情况属实的话，那么店铺基本就是关门大吉，救不回来了。

（4）多次盗图，数量庞大者，扣48分。

综上所述，盗图行为是非常严重的。这也是淘宝为了给所有的卖家和买家营造一个良好平台的一种健康的机制。因而商家不要盗图，以免造成无法挽回的结局。

想一想：作为个人商家而言，店铺的美工应遵守哪些职业道德？

【实训任务】

做一做

一、登录图片空间

进入"千牛商家工作台"，选择"商品"—"商品管理"—"图片空间"。如图5-2-3所示。

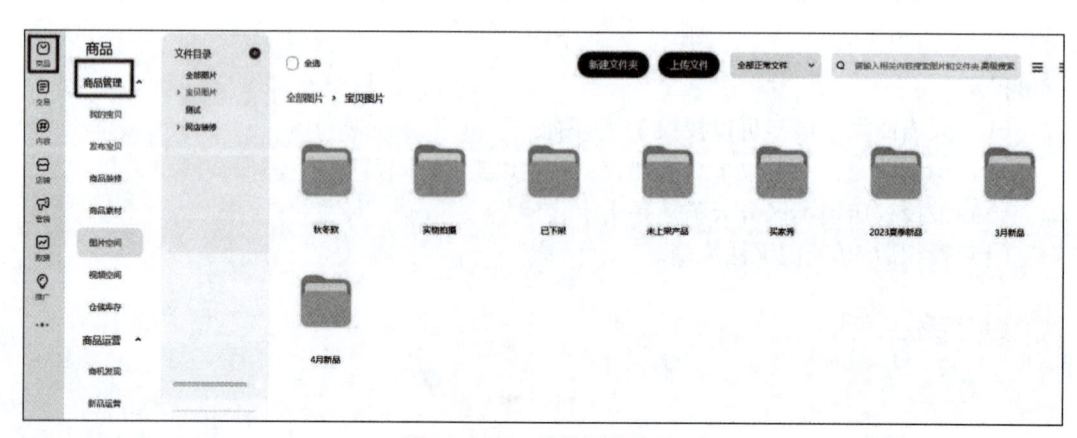

图5-2-3 登录图片空间

二、图片空间管理

1. 新建图片文件夹

选择左侧的"文件目录",点击"+"按钮或选择主页面,点击"新建文件夹",弹出"新建文件夹"对话框,在"所属上级文件夹"选择要放置图片的目录,以店铺宝贝图片为例,在"宝贝图片"目录下,可新建"2023夏季新品""3月新品""4月新品""买家秀""实物拍摄""已下架""未上架产品"等文件夹。如图5-2-4所示。

图5-2-4 新建图片文件夹

2. 上传图片

(1)选中左侧"2023夏季新品"选项,点击右侧"上传文件"按钮,弹出"上传图片"对话框,将图片拖到对话框中,或点击"上传"按钮,图片仅支持3MB以内jpg、jpeg、png、gif格式。如图5-2-5所示。

图5-2-5 上传图片

（2）选择需要上传的图片后，系统会自动上传到指定的文件夹。如图 5－2－6 所示。

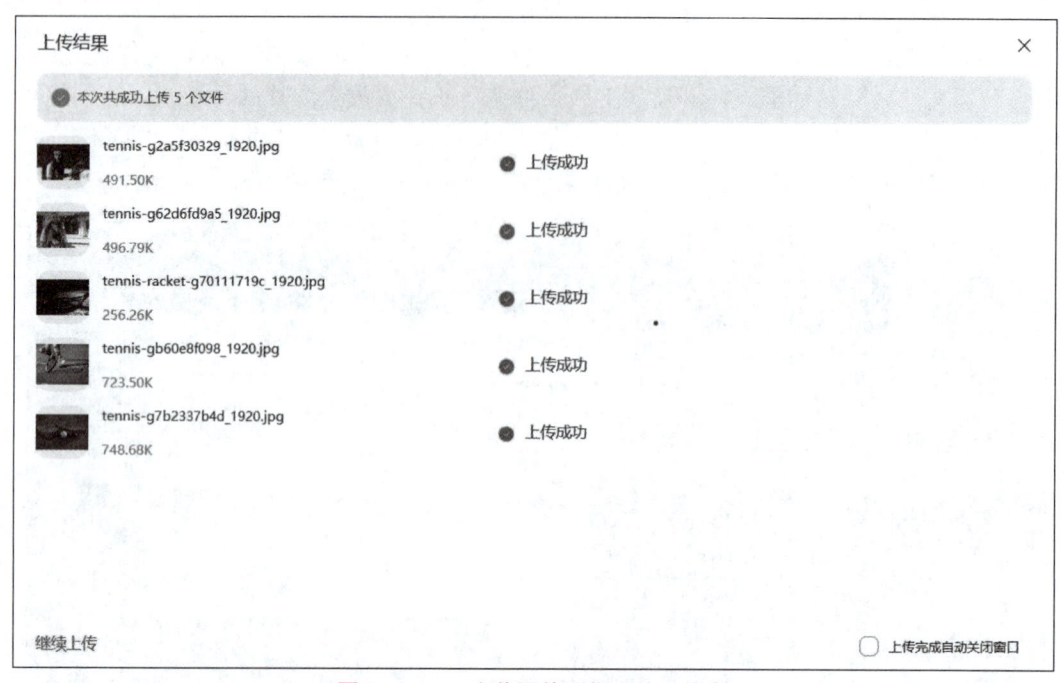

图 5－2－6　上传图片到指定的文件夹

（3）关闭"上传图片"对话框，即可在页面看到已上传的图片。如图 5－2－7 所示。

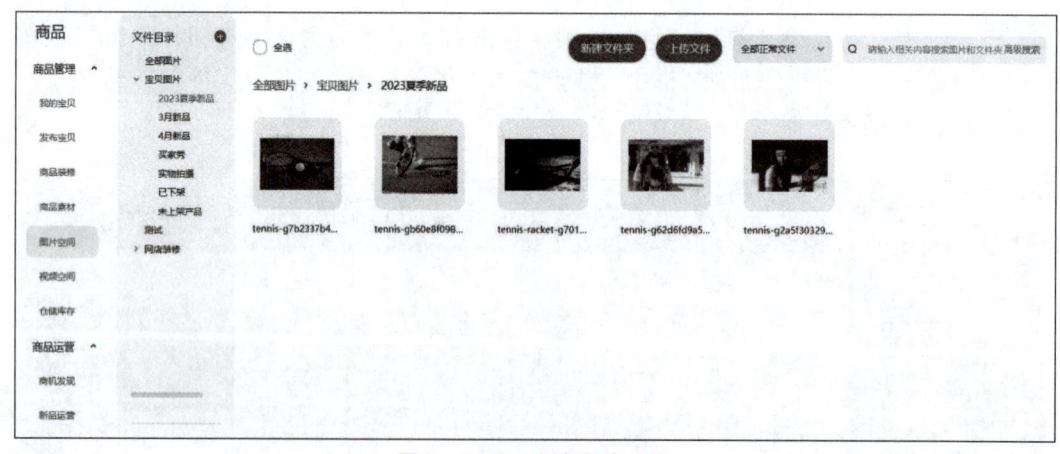

图 5－2－7　完成图片上传

3. 图片操作

（1）选中图片后，可对图片进行"重命名""编辑""删除""移动""复制""适配手机"的操作。选择"适配手机"后，图片尺寸会调整至宽度 480px×1 242px，高度 480px×1 546px，否则，图片适配可能会导致失真。如图 5－2－8 所示。

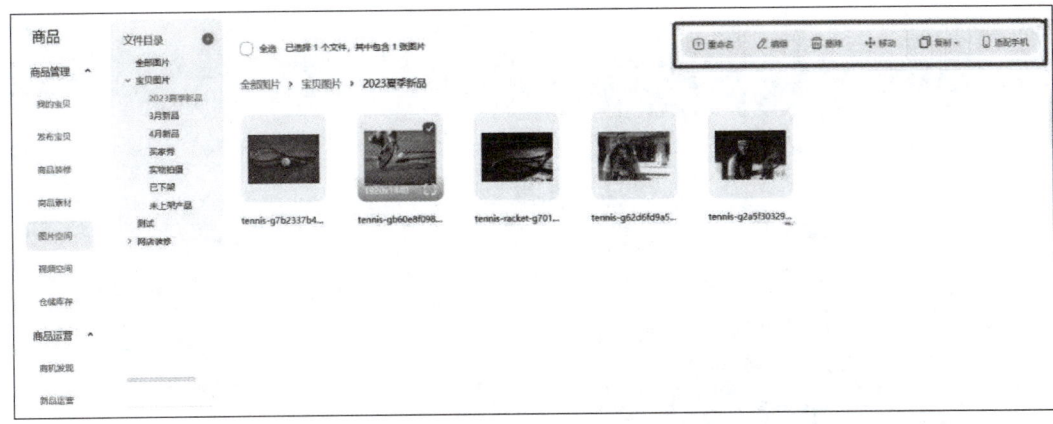

图 5-2-8　图片操作

（2）双击打开图片，可浏览图片信息，进行"复制图片到剪贴板""复制链接""复制代码"等操作。如图 5-2-9 所示。

图 5-2-9　复制图片、链接或代码

4. 设置水印

（1）新建图片水印或数字水印。点击"卖家中心"—"图片空间"—"更多设置"—"水印设置"，选择"图片水印"或"文字水印"。在"水印设置"窗口可更改"水印文字""字体""字号""字体样式""颜色""透明度""水印基准点"等信息。如图 5-2-10 所示。

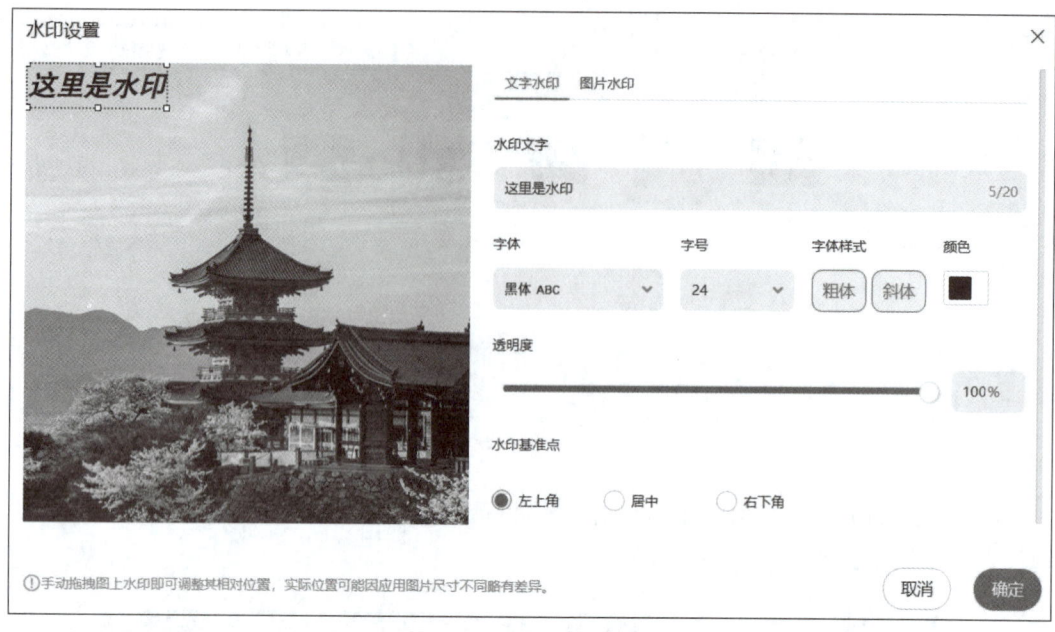

图 5-2-10 设置水印

（2）若创建图片水印，需从本地上传图片水印模板，要求宽高小于 400px 的图片，上传后可调整位置并展现效果。

（3）上传图片时都添加上水印，请在上传页面勾选"添加水印"。图片上传就会自动都打上水印。如图 5-2-11 所示。

图 5-2-11 水印上传完成

【重难点总结】

答一答

重点总结：图片空间管理与维护的步骤，包括图片文件夹管理，上传图片到图片空间，图片添加水印，学生需要通过反复训练来认识图片分类管理对于往后网店运营便利的重要性。

难点总结：能够对图片类型进行合理分类。

任务三　店铺详情页设计

【学习目标】

1. 掌握 PC 端和移动端店铺装修的设计方法和操作流程；
2. 能合理规划店铺详情页（即宝贝详情页）的布局；
3. 对比同类商品的设计，能客观分析，取长补短；
4. 图片和视频应传递健康向上的内容，避免庸俗、低俗、媚俗。

【建议学时】

2 学时。

【情境导入】

融一融

小黎家在广西武鸣，家里种有很多沃柑，为了让更多人品尝到甜美多汁的武鸣沃柑，他准备在网上开一家销售武鸣沃柑、茂谷柑、砂糖橘等柑橘类水果的店铺，但是他对于如何让店铺详情页丰富美观不是很了解。小黎先是通过查阅网上的资料，了解到不同店铺的情况，如百果园旗舰店，如图 5-3-1 所示，它的定位是"让天下人享受水果好生活"。小黎浏览了百果园旗舰店的装修情况，特别是沃柑的宝贝详情页，发现主要分为"商品信息""商品展示""促销信息（吸引购买）""支付与配送信息（交易说明）""售后信息（交易说明）""品牌信息（实力展示）""关联销售"等，于是他准备参考以上布局，根据自己的沃柑情况来装修店铺详情页。

【内容讲解】

学一学

一、装修店铺详情页的必要性

（1）店铺详情页能给买家提供便捷的服务，让买家快速地找到商品的信息；

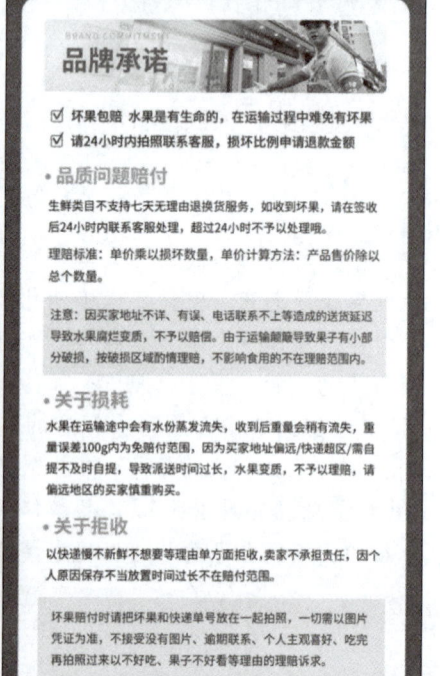

图 5-3-1　百果园旗舰店沃柑详情页

(2) 促进买家下单,达成交易,提高转化率;
(3) 让买家从店铺详情页通过优惠券、关联销售等进入网店其他商品页面、首页。

总之，通过店铺详情页，买家能与商家快速建立联系，了解商品信息、店铺促销、关联销售商品、店铺实力等，最终提升转化率和客单价。

二、布局店铺详情页

1. 店铺详情页规划的思路

在交易的整个过程，没有实物，没有营业员；不能口述，也不能感觉。店铺详情页的描述就承担起了推销商品的所有工作。在整个推销过程中是静态的，没有交流，没有互动，客户在浏览店铺的时候也没有现场氛围来烘托购物气氛。客户在这个时候也会变得相对理性。

店铺详情页在重构商品的过程中，只能通过文字和图片。这种静态信息类的沟通方式就要求卖家在整个店铺详情页的布局中注意一个关键点：阐述逻辑。

客户在第一次接触店铺详情页的时候，店铺详情页基本承担着"描述商品—展示商品—说服客户—产生购买"这么一整套的营销思路。

在制作店铺详情页的时候，许多卖家喜欢走向两个极端。要么照片堆砌，将店铺详情页整得很长，用户看到的都是重复信息。要么就是文字信息很少，用户都没看清楚宝贝的细节。不是说店铺详情页越长越好，也不是越少越好，而是所有的商品都要根据自己的实际情况来安排店铺详情页的布局模式。但是每个布局的模块要相互关联。用户在浏览店铺详情页的时候不会产生思维障碍或者思维断档。如此才能随着商家的表述思路将用户引导到商家所期望的方向上去。

2. 店铺详情页和其他页面的关系

在规划店铺详情页布局的时候，各个详情页要相互链接。打通每个详情页的联系，不要让客户迷失在某个环节。要让客户尽可能长地停留在自己的店铺。那就需要分析客户流失的种种可能，然后弥补。

1）商品展示模块

用户购买商品最主要看的就是商品展示的部分，在这里需要让客户对商品有一个直观的感觉。通常这个部分使用图片的形式来展现，分为摆拍图和场景图两种类型。

（1）摆拍图能够最直观地表现商品，拍摄成本相对较低。大多数卖家自己也能够实现。摆拍图的基本要求就是能够把商品如实地展现出来，走平实无华路线，有时候这种态度也是能够打动消费者的。

实拍的图片通常需要突出主体，用纯色背景，讲究干净、简洁、清晰。

这种拍摄手法比较适合家居、数码、鞋、包等小件物品，采用模特拍摄的话，反而喧宾夺主。因此此类商品的拍摄尽可能采用纯底来凸显。

（2）场景图能够在展示店铺的同时，在一定程度上烘托店铺的氛围。通常需要较高的成本和一定的拍摄技巧。这种拍摄手法适合有一定经济实力，有能力把控商品展现尺度的客户。因为场景的引入，运用得不好，反而会增加图片的无效信息，分散对主体的注意力。

场景图需要体现出商品的功能，有时是一个唯美有意境的图片，可以衬托商品，而不是影响商品展示。

2）商品细节模块

在商品展示模块里，客户可以找到对商品的大致感觉。当客户有意识想要购买的时候，商品细节模块就开始起作用了。细节是让客户更加了解这个商品的主要手段，客户熟悉商品才是对最后的成交起到关键作用的一步。

3）商品规格参数模块

图片是不能反映商品的真实情况的，因为图片在拍摄的时候是没有参照物的。经常有客户买了商品以后要求退货，就是因为商品比预期相差太多，预期就是照片给的。所以商家需要加入产品规格参数模块，如此才能让客户对商品有正确的预估。商品的规格参数是客户判断商品整体感觉的主要方式。

4）客服体系模块

客服体系是指在整个销售过程中，售前咨询、售后服务、问题投诉等一整套沟通渠道的建立。完善的客服体系能够极大地提高客服工作效率，让客户找到对的人、问该问的问题。在店铺详情页面也可以直接点击旺旺，因为在页面合适的位置放置咨询旺旺能够更快地将客户购买意识转化为交易，可见客服体系模块可以让卖家找到该找的人，提高效率。

5）品牌增值模块

品牌增值，顾名思义，就是将品牌信息引入商品描述里，从而论证该商品是有别于其他店铺普通商品的事实。不过需要展示品牌信息的，通常都不是消费者熟知的品牌。介绍品牌信息可以增加用户对商品品质的认同感。

6）关联营销模块

关联营销主要承载着两个角色：一个是客户对该商品不认可的时候，推荐相似的另外几款，因为商家相信，客户既然点击到这个商品，那么对这个商品还是有部分认同的，因此推荐相似款，能够在一定程度上挽回这次交易；另一个角色是当客户确定要购买这件商品的时候，推荐与之搭配另外一个商品。让客户再购买更多的商品，提高成交的客单价。因为客户在确定购买一个商品的时候，会下意识地想办法降低邮费成本，那么多选购几个商品就是不错的方法。关联营销推荐的商品切忌胡乱堆砌，要根据营销的目标选择商品。

7）会员营销模块

目前，推广成本越来越高了，每争取一个客户所要花费的成本也在逐年增加。这就迫使商家需要想尽办法留住争取来的客户，积累好自己的用户群体，这也是当前竞争的核心环节，未来淘宝的竞争就是客户之争。积累自己客户最主要的手段就是会员营销。组建自己的粉丝群，开设各种会员活动，都需商家要在店铺详情页里有一个好的体现，从而不断丰富自己的粉丝群。

帮派、会员折扣，这些能够让会员尽可能长期关注的手段要用好，就会让店铺进入一种良性积累或循环。

8）店主个性模块

但凡成功的店铺都要有自己的独特性格，这个性格主要通过店主来体现。有个性的文案描述，或者阐述店主推荐商品的理由，都在一定程度上是试图和买家沟通，建立一种相互的认同感。一个有性格的店铺，能够更加为客户所接受。所以，在标准化的店铺详情页中，加入店主的性格阐述，能够起到意想不到的效果。

店铺是需要灵魂的，这些都在字里行间体现。

9）搭配展示模块

搭配是时下最流行的营销词，客户在淘宝购物已经不仅仅是购买商品，而是寻找自己的风格。大多数人对于搭配的感觉并不是很敏锐，他们更相信专业店主的搭配推荐。一旦客户对店主推荐的搭配风格接受的话，那这个客户很可能就成为长期忠实客户了。

10）活动信息模块

店铺详情页里的商品促销信息，能够在用户的购买决策中起到临门一脚的作用，可见活动的促销作用不言而喻。

11）功能展示模块

功能展示模块的主要作用是对商品的各个功能做详细的解析。因为图片是无法动态展示商品使用情况的，所以需要在图片上对商品的其他功能做更详细的说明。时下最流行的说明方式是看图说话，这能够进一步展示细节，同时对细节进行补充说明。这样能大大提高用户对商品的认知。但是这种形式需要商家对图片处理能力的要求非常高。

12）包装展示模块

包装是服务的重要组成部分，一个好的包装能体现店铺的实力，给客户放心的购物延续体验。

3. 各模块间的组合方式

各模块间的相互组合，就像语法中的主、谓、宾一样。有的模块是整个店铺详情页最主要的组成部分；有的模块处于修饰的功能，让商品看上去更加诱人，给人更多的购买理由。

通常来说，标准化商品，如3C数码、手机、相机、电脑类目的商品，用户是理性购买，对商品的功能需求关注度非常高，这就要求卖家在描述商品的时候，更偏向于商品细节展示、商品规格参数、功能展示这几个模块信息内容的丰富化和详细化。这方面的信息越多，越能吸引客户的注意力。

对于非标准化商品，如女装、包包、饰品等类目，用户在购买商品的时候，冲动消费的影响因素对于客户购物的影响更大一些。这时候，就需要格外强大的商品展示模块，场景、氛围烘托，能怎么抓住目标群体的眼球，就怎么拍。店主个性模块，要尽量做好，说到底，现在网上的竞争体现在用户之争。用户对于店铺的认可越多，店铺的发展前景越好。服装等类目无疑是个性店主发挥最好的主战场。

【思政任务】

想一想

在分析其他店铺的详情页时，一定要综合对比分析，不仅要分析详情页的布局、配色、内容，还要考虑如何打通各个页面的联系。优质精美的详情页，一定各方面都具有比较突出的内容。将对比的详情页分项客观分析，并契合店铺产品的属性，将各页面与内容进行对应，很多时候能让新手的店铺详情页更加丰富且有趣味，提升客户的兴趣，为客户营造购物气氛，促进客户的下单。

分析图 5-3-2 所示的甘福园旗舰店沃柑详情页的布局、配色、内容、商品展示、商品细节的优点和不足，填入表 5-3-1 中。

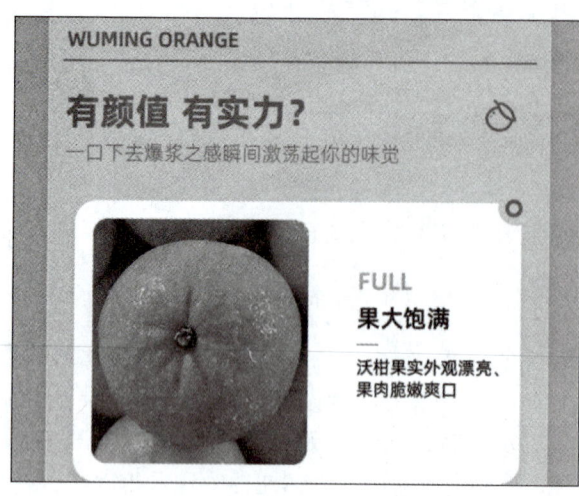

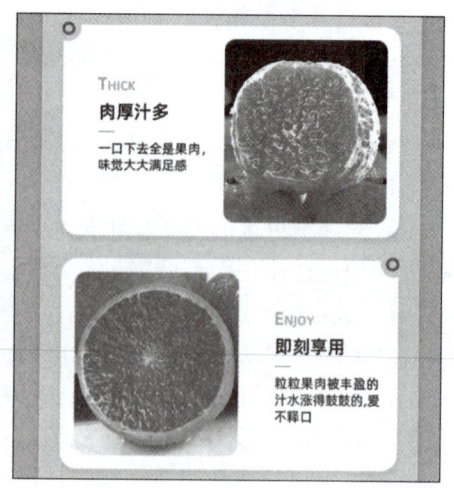

图 5-3-2　甘福园旗舰店

表 5-3-1

项目	好	好的原因	不好	不好的原因
布局				
配色				
内容				
商品展示				
商品细节				

【实训任务】

做一做

（1）进入"千牛卖家工作台"，选择左侧"店铺"—"PC 店铺装修"，点击"宝贝详情页"选项卡，点击"新建页面"选项。如图 5-3-3 所示。

图 5-3-3　宝贝详情页新建页面

(2)弹出"新建页面—宝贝详情页面"对话框,在"页面名称"文本框输入信息,点击"新建页面"按钮。如图5-3-4所示。

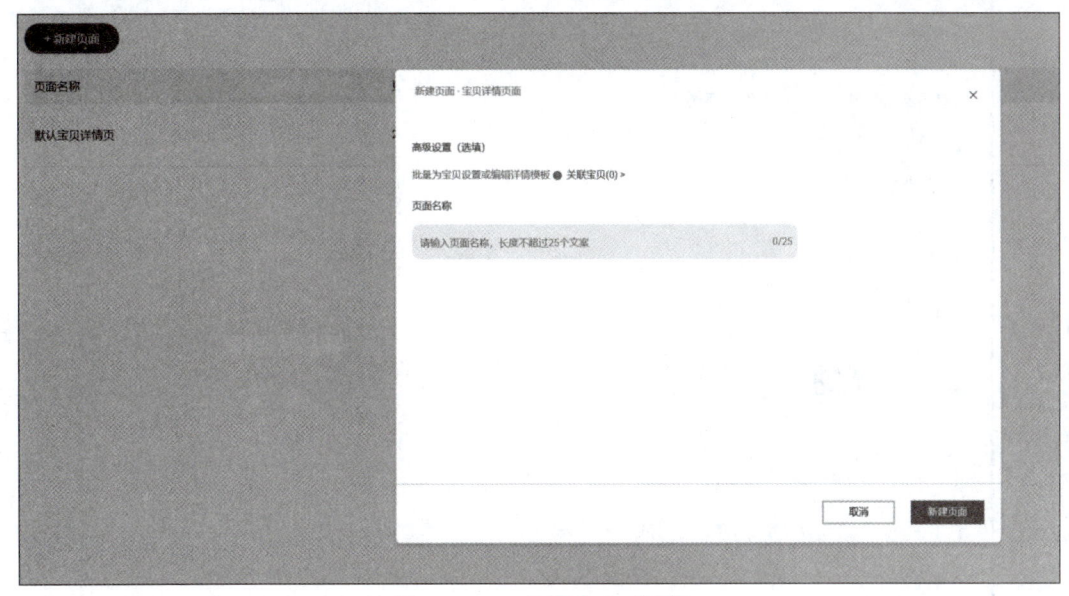

图5-3-4 页面名称对话框

(3)将左侧"基础模块"中的"宝贝推荐"拖曳到右侧模块中,右侧模块会显示绿色区域为可放置位置。如图5-3-5所示。

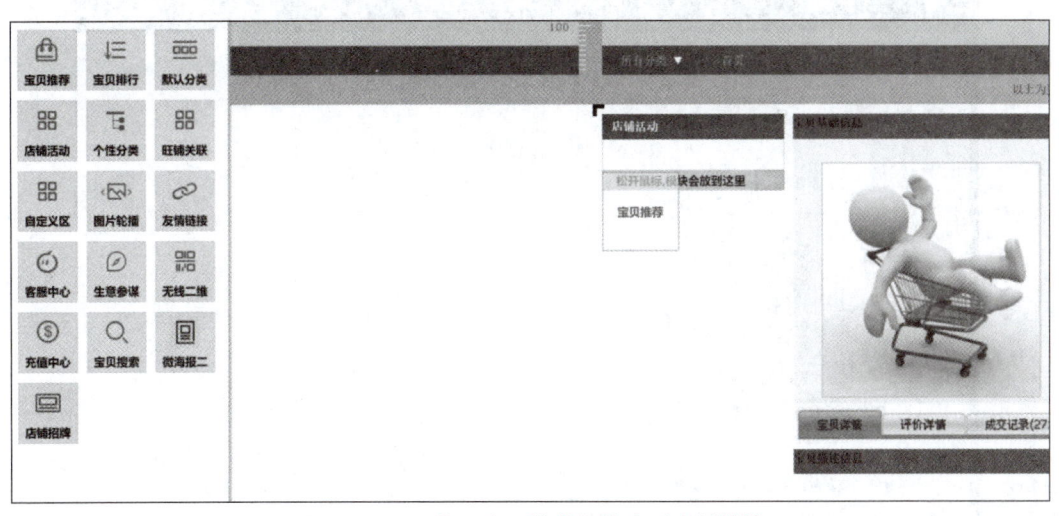

图5-3-5 将"宝贝推荐"拖曳到右侧模块

(4)把鼠标放置在"宝贝推荐"模块上,点击"编辑",弹出"宝贝推荐"对话框,推荐方式可选择"自动推荐"或"手工推荐",根据店铺情况来设置"自动推荐排序""宝贝分类""关键字""价格范围""宝贝数量"。如图5-3-6所示。

(5)选择"电脑端显示设置"选项卡,设置"显示标题""展示方式""是否显示",设置完成后,点击"保存"按钮。如图5-3-7所示。

图 5-3-6　宝贝推荐设置页面

图 5-3-7　电脑端显示设置页面

（6）在宝贝详情页还可以选择"宝贝排行""店铺活动""个性分类""友情链接""图片轮播""客服中心""无线二维""微海报二"等模块，根据店铺情况来添加。如图5-3-8所示。

图5-3-8　宝贝详情页基础模块

（7）选择左侧"配色"选项，在弹出的配色菜单栏中选择店铺的整体配色方案。如图5-3-9所示。

（8）点击"页头"选项，设置"页头背景色"（是否显示），"页头下边距10像素"（是否开启）、"页头背景图"。如图5-3-10所示。

【重难点总结】

答一答

重点总结：装修并美化店铺详情页，学生需要熟悉店铺详情页装修的操作流程，重视店铺详情页的布局，综合对比分析同类店铺的装修优势与不足，通过图片、内容、商

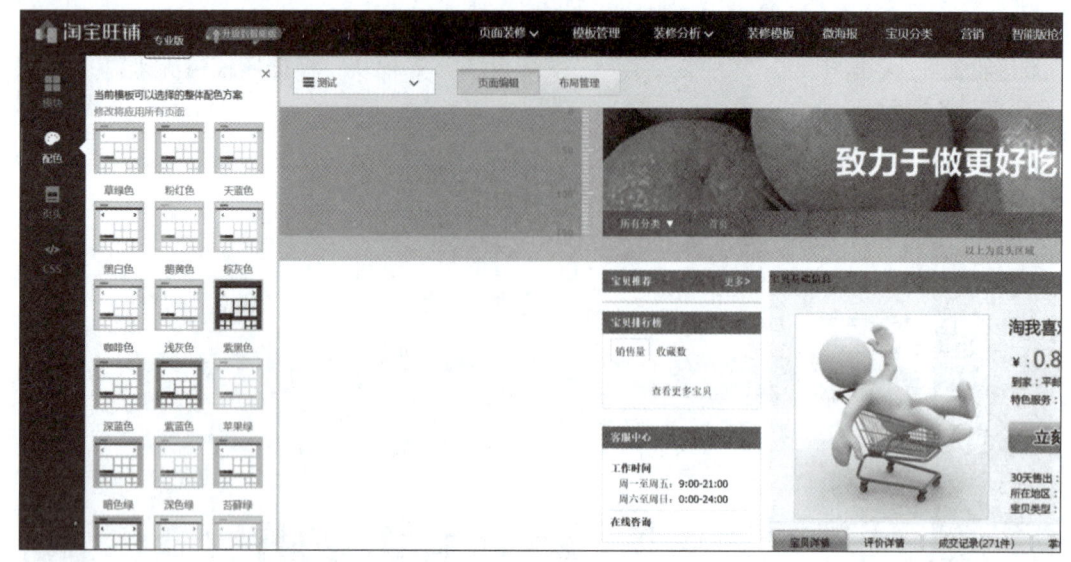

图 5-3-9　整体配色方案页面

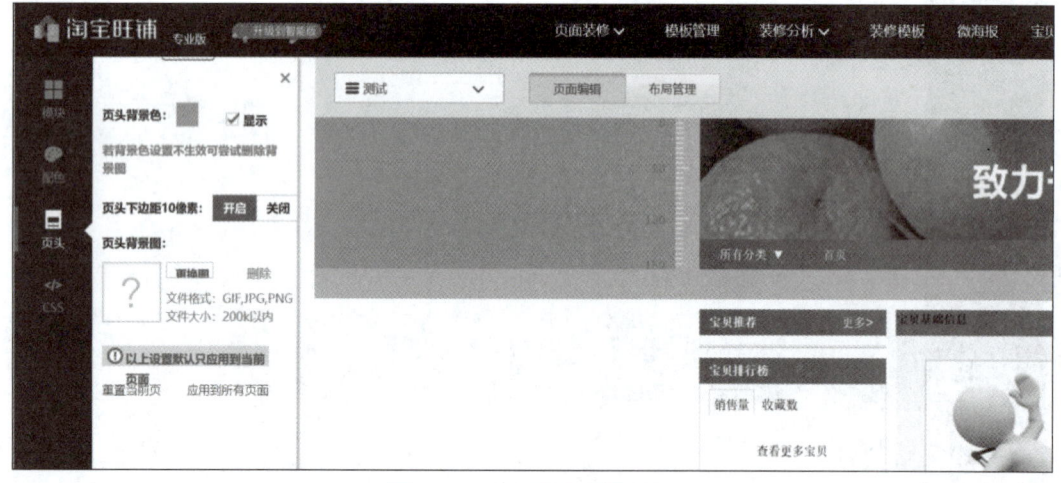

图 5-3-10　页头设置页面

品关联等装饰设计符合店铺商品风格的详情页。

难点总结：通过店铺详情页建立关联销售，打通不同商品页面和首页之间的联系，让客户在产生购买想法的同时，能够更多地浏览店铺商品，从而提升店铺销售客单价。

任务四　商品主图视频

【学习目标】

1. 掌握商品主图视频的基础知识和操作流程；
2. 能发布商品主图短视频；
3. 发布的商品主图视频应传递符合行业规范的内容，避免庸俗、低俗、媚俗。

项目五 网店装修 | 071

【建议学时】

2 学时。

【情境导入】

融一融

小黎为了在今年的"618"大促中吸引店铺顾客,获取更多的转化率,他决定给店铺的商品增加主图视频,可他只是稍微学过一点拍摄和剪辑短视频,不懂得该如何给商品配置主图视频。于是他先去观看了几个同类店铺的短视频,如图 5-4-1 所示甘福园旗舰店主图视频,了解了商品展示类短视频的拍摄顺序,开始着手为店铺的新品配置主图短视频。

图 5-4-1 甘福园旗舰店主图视频

【内容讲解】

学一学

一、主图视频的作用

1. 动态展示、增加转化率

相比于静态的图片展示,视频的动态展示更能全方位展示商品的细节、功能等,像水果、零食等食品类商品,视频展示会比图片展示更加生动。如图5-4-2所示。

图5-4-2 坚果主图视频

2. 更好地引流和增加权重

淘宝对于主图视频有流量扶持,系统可以优先在"猜你喜欢""有好货""必买清单"等公域频道抓取到商品,买家即使不用进入店铺,也能浏览购买商品,获得流量;添加主图视频还可以增加一定的权重,尤其是在新品期,可以增加被搜索到的机会。

二、主图视频的内容

选择以水果为例,主图视频内容的首个视频应为讲解或试吃,如果是多个主图视频,建议采用"是什么"(讲解)—"好吃吗"(试吃)—"怎么吃"(教程)流程展示,同时注意主图视频的封面也很重要,应该选取涵盖促销活动的主图图片作为封面。

三、主图视频的要求

上传视频的条件如下：

1. 支持格式

支持格式 wmv、avi、mpg、mpeg、3gp、mov、mp4、flv、f4v、m2t、mts、rmvb、vob、mkv。

2. 主图视频文件大小

主图视频文件大小在 300mb 以内。

3. 时长

（1）主图视频在 60 秒以内（视频尺寸 1∶1、16∶9），一个视频只能绑定一个商品。

（2）商品主图视频要求在 60 秒以内，详情页主图视频要求在 2 分钟以内。

（3）主图视频推荐 9∶16 和 3∶4 比例的视频。

四、制作主图视频的方法

1. 调整比例

视频比例 9∶16、3∶4 都可以，建议用 3∶4 的竖版视频，这样客户的观看体验更佳。而且根据淘宝最新的短视频白皮书，这也是最主张推荐的视频比例，尽可能保证图片和视频尺寸统一，如 3∶4 视频配 3∶4 图片；9∶16 视频配 9∶16 图片。

2. 控制时长

视频时长要控制在 60 秒之内，30~35 秒效果最好；在制作视频时尽量将重点放在视频前半部分，这是为了能以最快的速度抓住消费者的眼光，吸引他们继续往下看。

3. 视频分辨率不能太低

视频分辨率不能太低，这样才能保证清晰度。

4. 设置视频模板

可以设置视频模板，让视频样式丰富多彩。

5. 视频选择优美合适的音乐

视频选择优美合适的音乐，可以使用音频模板的功能让视频更加完善。至于选择什么样的音乐，这就需要商家好好选择。

【思政任务】

想一想

不同行业不同类目的主图视频，有不同的规范，商家要注意传递健康向上的内容，另外，水果等食品类商品，不可夸张分量，不能浪费粮食。不同行业不同类目的主图视频规范如图 5-4-3 所示。

1. 《服饰行业主图视频规范及标准》https://www.yuque.com/sdm/ygb9rk/tbfcgb
2. 《运动户外行业主图视频规范及标准》https://www.yuque.com/sdm/ygb9rk/bc5g4x
3. 《快消行业主图视频规范及标准》https://www.yuque.com/sdm/ygb9rk/iwf30e
4. 《家装家居行业主图视频规范及标准》https://www.yuque.com/sdm/ygb9rk/garhwk
5. 《消费电子行业主图视频规范及标准》https://www.yuque.com/sdm/ygb9rk/dsdsr7
6. 《健康行业主图视频规范及标准》https://www.yuque.com/sdm/ygb9rk/inb9vu
7. 《宠物行业主图视频规范及标准》https://www.yuque.com/sdm/ygb9rk/qcoxs2
8. 《食品行业主图视频规范及标准》https://www.yuque.com/sdm/ygb9rk/hz74en
9. 《文教行业主图视频规范及标准》https://www.yuque.com/sdm/ygb9rk/gyyrec
10. 《汽车行业主图视频规范及标准》https://www.yuque.com/sdm/ygb9rk/gqgvz8ywoi7zxw3u

图 5-4-3　不同行业不同类目的主图视频规范

【实训任务】

做一做

（1）登录"千牛商家工作台"，点击左侧"商品"选项，找到参与测试且素材审核通过的商品，打开"编辑商品"。

（2）找到"商品描述"板块中的商品图片及主图多视频。如图 5-4-4 所示。

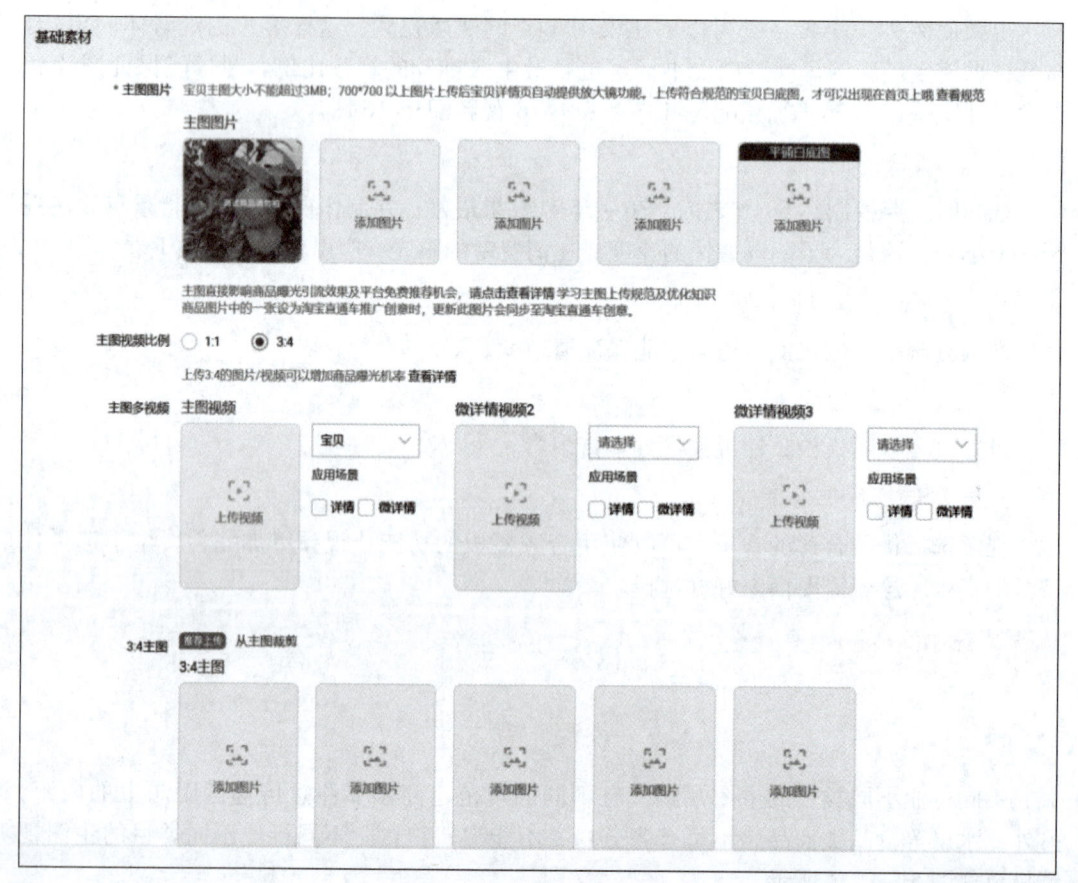

图 5-4-4　主图视频设置页面

（3）点击主图视频区域，点击"上传视频"—"视频空间选择"。如图5-4-5所示。

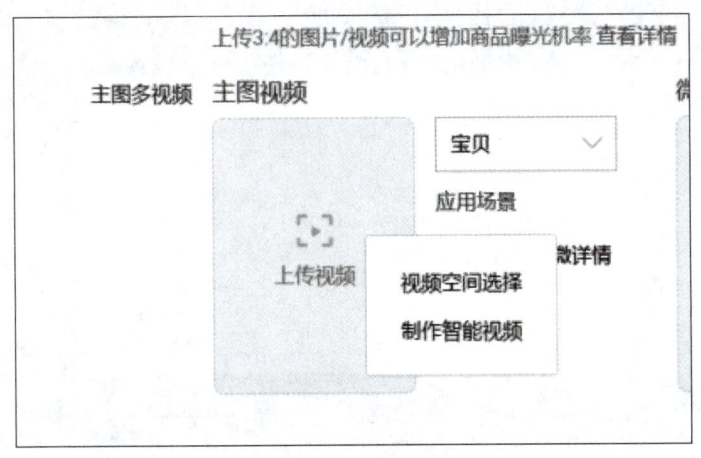

图5-4-5　上传视频设置页面

（4）在弹出的"选择视频"对话框中，选择"画幅比例为3∶4，时长5秒~15分钟，大小不超过1.5G，您选择并使用的视频需自行取得版权授权"。如图5-4-6所示。

图5-4-6　选择视频页面

（5）点击"创建分类"按钮，在弹出的"创建分类"对话框中，输入"分类名称"，点击"确认提交"按钮。如图5-4-7所示。

图 5-4-7 创建分类页面

（6）点击"上传视频"按钮，弹出"上传视频"对话框，在"添加视频"页面"点击上传或直接将视频文件拖入此区域"，推荐使用 mp4、mkv、mov 格式上传，分辨率 720p 以上，文件最大 1.5G，时长 15 分钟以下。在"文本输入"界面输入视频信息（10~1 000 字），设置"封面图"，注意选取涵盖促销活动的主图图片。点击"立即发布"，完成视频上传。如图 5-4-8 所示。

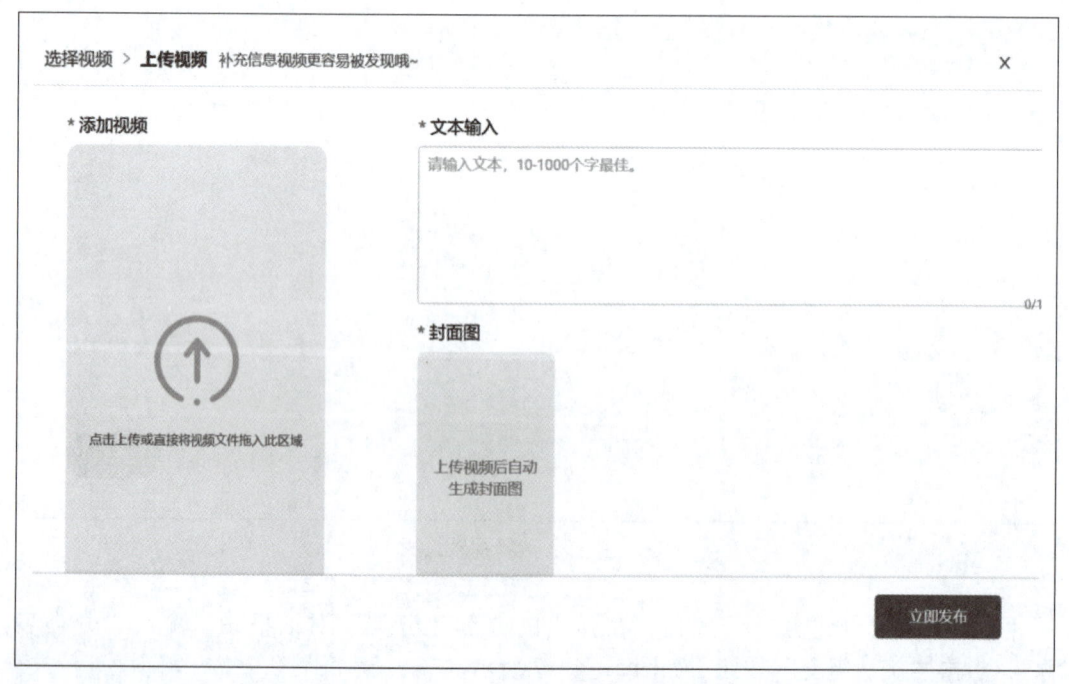

图 5-4-8 上传视频页面

（7）勾选详情并选择视频类型，应用场景勾选"详情"+"微详情"。如图 5–4–9 所示。

图 5–4–9　应用场景勾选"详情"+"微详情"

【重难点总结】

答一答

重点总结：学习商品主图视频的发布流程，应注意发布视频的内容选择、视频格式、时长等要求，同时注意选择合适的视频比例 3∶4 来获得免费的商品自然流量。

难点总结：了解不同行业不同类目的商品发布主图视频的规范，比如，在淘宝上发布主图视频，就需要按照淘宝的主图视频发布规范及标准来拍摄合适的短视频。

项目六
网店推广引流

【知识目标】

1. 了解网店推广引流的概念、分类、方式；
2. 了解 SEO、SEM、信息流等基本概念；
3. 了解淘宝天猫平台活动的内容、分类、参与条件和规则；
4. 了解阿里付费推广平台及其产品矩阵。

【技能目标】

1. 能说出流量的含义；
2. 能区分 SEO 和 SEM；
3. 会查询淘宝天猫平台活动的参与条件；
4. 会使用千牛手机版流量推广。

【素质目标】

1. 关注国家数字经济的政策及发展，具备与时俱进的理念；
2. 重视互联网信息安全，谨防网络电信诈骗；
3. 培养健康理性的消费观念，不盲目攀比；
4. 培养终身学习的习惯，善于使用新技术。

【建议学时】

8 学时。

【知识导图】

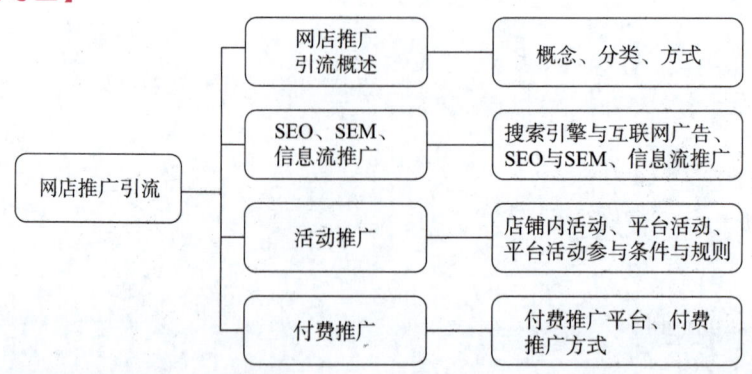

```
                    ┌─ 网店推广引流概述 ── 概念、分类、方式
                    │
                    ├─ SEO、SEM、     ── 搜索引擎与互联网广告、
      网店推广引流 ──┤  信息流推广        SEO与SEM、信息流推广
                    │
                    ├─ 活动推广       ── 店铺内活动、平台活动、
                    │                    平台活动参与条件与规则
                    │
                    └─ 付费推广       ── 付费推广平台、付费
                                         推广方式
```

【项目导言】

党的二十大报告对强化网络安全、数据安全等安全保障体系建设作出重大决策部署。我们要深入贯彻落实习近平总书记的重要论述和党的二十大精神，不断完善数据安全治理体系，全面加强网络安全和数据安全保护，筑牢数字安全屏障，促进数字经济持续健康安全发展，打造健康、良好、安全的网店运营环境。

任务一　网店推广引流概述

【学习目标】

1. 掌握网店推广引流的概念；
2. 了解网店推广引流的分类；
3. 理解网店推广引流的方式。

【建议学时】

2 学时。

【情境导入】

融一融

图 6-1-1 是在知乎网站上淘宝新手开店的话题讨论量和浏览量的截图数据，对于淘宝新手来说，面临的一个问题就是开店之后店铺没有人或者很少有人访问，流量太少，店铺商品没有销量。

这里的流量不是手机流量，而是淘宝用户通过手机访问淘宝的人数。当淘宝用户访问网店页面时，我们就说网店获得了一个独立访客人数（UV：Unique Visitor）；用户点击浏览若干个商品页面，网店就获得若干个页面浏览量。

网店的流量会对应到真实的人——消费者，淘宝店铺对不同的客户有以下定义：

1. 店铺总消费者

店铺总消费者包含 365 天内购买的用户，或虽未购买但已经有过广告触达或有内容渠道的浏览互动、进店、搜索、点击行为的用户，或 90 天内有过收藏、加购店铺或商品行为的用户；或 180 天内有店铺下单（未付款）行为的用户。

2. 潜客

潜客指过去 15 天内被店铺广告或内容渠道（包括有好货、必买清单、生活研究所、微淘、淘抢购）曝光过，或店铺、单品浏览跳失的消费者，排除新客和老客。

3. 新客

新客指过去 15 天内有过品牌意向搜索、微淘互动、聚划算曝光、进店浏览未跳失，或过去 90 天内有过商品收藏、加购、店铺收藏，或过去 180 天内有过下单未支付的消费者。

图 6-1-1　知乎网站淘宝新手开店流量话题

（1）访问新客指在过去 365 天内未成交的消费者中，且在过去 15 天内有过品牌意向搜索、微淘互动、聚划算详情页曝光、进店浏览未跳失的消费者，排除兴趣新客。

（2）兴趣新客指在过去 365 天内未成交的消费者中，过去 90 天内有过商品收藏、加购、店铺收藏，或过去 180 天内有过下单未支付的消费者。

4. 老客

老客指过去 365 天内有过店铺成交的消费者。

（1）首购新客指在过去 365 天内，仅发生 1 次成交行为的消费者。

（2）复购新客指在过去 365 天内，发生 2 次及以上成交行为的消费者。

那么网店流量从哪里来呢？这就是新手卖家需要弄清楚的问题。请同学们想一想，你在日常生活中使用淘宝，是如何找到一家网店或者某一件商品进而浏览的？

【内容讲解】

学一学

一、网店推广引流的概念

当网店开设成功后,卖家就要开始对网店和商品进行运营推广,为店铺带来流量,这些流量对应着有购买需求的真实的人——淘宝用户;吸引用户到店铺后,如果店铺各方面能够满足淘宝用户的需求,那么商品才有机会被下单并支付成交。图6-1-2为消费者行为理论AIPL[①]模型。

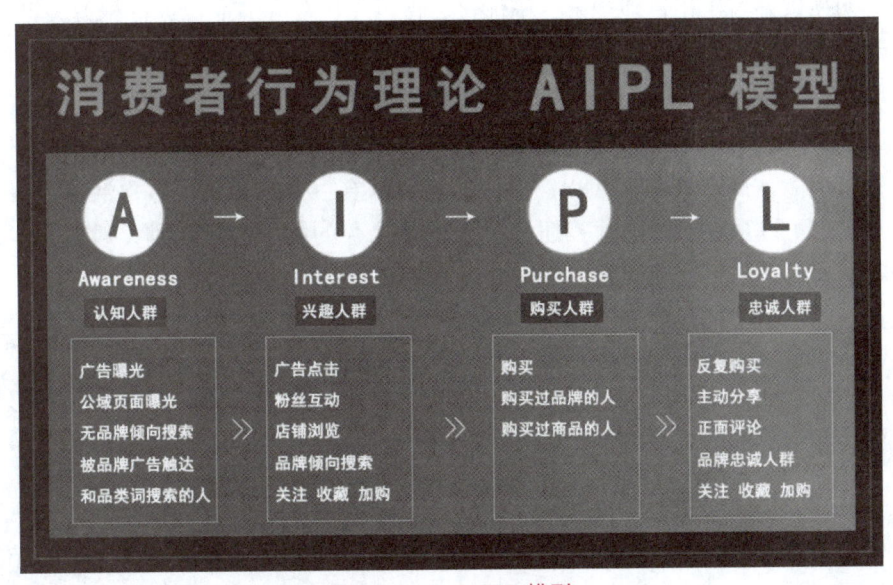

图 6-1-2 AIPL 模型

网店运营总体来说指的是基于网络店铺的运营工作,即行业市场调研、店铺定位、选品选款、开店、品牌营销策划、店铺装修、产品上架、资金流及成本控制、仓储物流、库存管理、客户服务、会员营销、店铺基础销量、店铺活动策划、店铺促销、平台活动参与、推广引流、数据监测与数据分析、竞争对手分析、内容运营、直播,等等。

从以上运营工作可以看出,推广引流工作是网店运营中的一个重要工作,这一重要工作主要负责网店流量运营,为网店引流,增加商品曝光,找到兴趣人群,并充分挖掘流量的潜力,促进订单转化,通过互动营销强化客户忠诚度,进一步促进品牌宣传和商品销售。

网店流量就像一个蓄水池,推广工作就像一条条河流,为网店流量这个蓄水池蓄水。

二、网店推广引流的分类

根据不同的分类标准,网店推广引流的分类有以下几种:
(1)根据在平台内部或者外部,网店推广引流可以分为站内推广、站外推广。

[①] AIPL 是一个由阿里提出的人群统计模型,它是认知人群(A)、兴趣人群(I)、购买人群(P)和忠诚人群(L)四个阶段的首字母缩写。各个阶段代表了消费者从了解品牌、产生兴趣到最终购买并转变为忠诚用户的过程。

(2) 根据是否付费，网店推广引流可以分为免费推广、付费推广。
(3) 根据推广形式是否容易被用户接受，网店推广引流可以分为软推广、硬推广。

三、网店推广引流的方式

下面从免费推广的角度列举主要的推广方式。

免费推广主要包括关键词搜索排名优化、图片搜索、收藏有礼、聚划算、淘金币、天天特卖、免费试用、淘宝活动、淘宝直播、社群引流、视频引流等。下面选取其中主要的几个推广方式说明：

1. 关键词搜索排名优化

关键词搜索排名优化，即搜索引擎优化，针对用户在淘宝平台进行相关关键词搜索，如图6-1-3所示，通过优化运营使网店商品能够被搜索引擎排名靠前，易于展现并且易于被用户点击。

2. 图片搜索

首先，手淘（即手机淘宝APP）上搜索框右侧有一个小相机，点击后可以进行淘宝拍照；其次，可以从左下角图片按钮选择手机上保存的照片进行识别；最后，可以点击扫一扫，扫商品条码、快递码和蜂巢柜取件码。如图6-1-4所示。

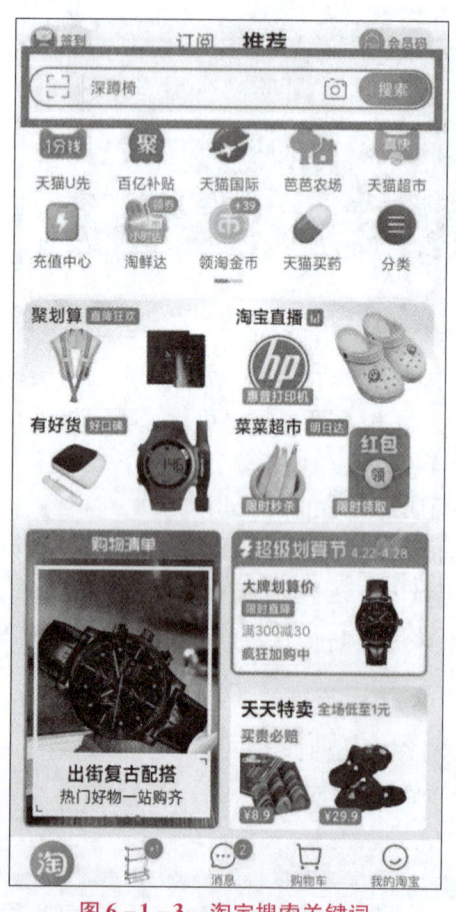

图6-1-3　淘宝搜索关键词　　　　图6-1-4　扫一扫

3. 收藏有礼

在淘宝商家服务市场有第三方公司开发的促销工具，如关注有礼、签到有礼、收藏有礼、评价有礼、任务有礼、静默跳转直播间、优惠券定制、互动云码推广引流涨粉等促销工具。如图6-1-5和图6-1-6所示。

图6-1-5 淘宝商家服务市场

图6-1-6 收藏有礼等促销工具

4. 淘宝活动

淘宝活动分为店铺内活动和平台活动。

5. 淘宝直播

在淘宝平台中，直播可细分为三类：店铺号、个人达人号、机构达人号。如图6-1-7所示。

淘宝直播入驻流程短视频

6. 社群引流

做电商社群运营的重点在于充分利用平台用户基础，同时提供更加贴近用户需求的商品和服务，从而利用私域流量的优势提高转化率，获得长期稳定的客源。

图 6－1－7　淘宝直播报名

7. 视频引流

在抖音、快手、B 站等平台可以添加淘宝链接，为淘宝店铺引流。图 6－1－8 所示为在 B 站视频评论区链接商品。

图 6－1－8　在 B 站视频评论区链接商品

图 6－1－9 所示为西瓜视频用户在后台发表视频时链接商品。

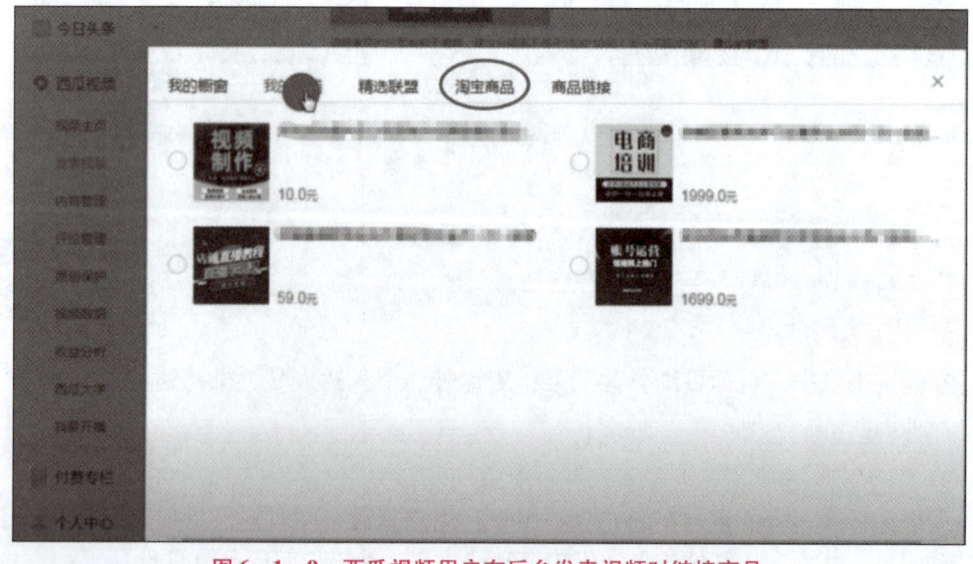

图 6－1－9　西瓜视频用户在后台发表视频时链接商品

拓展阅读

网络来源：https://www.thepaper.cn/newsDetail_forward_15240007

互联互通了吗？微信中的淘口令为何变"火星文"

网络来源：https://zhuanlan.zhihu.com/p/411050401

终于可以和"淘口令"说再见了！

【思政任务】

想一想

数字经济是继农业经济、工业经济之后的主要经济形态，是以数据资源为关键要素，以现代信息网络为主要载体，以信息通信技术融合应用、全要素数字化转型为重要推动力，促进公平与效率更加统一的新经济形态。数字经济发展速度之快、辐射范围之广、影响程度之深前所未有，正推动生产方式、生活方式和治理方式深刻变革，成为重组全球要素资源、重塑全球经济结构、改变全球竞争格局的关键力量。

我国深入实施数字经济发展战略，不断完善数字基础设施，加快培育新业态新模式，推进数字产业化和产业数字化取得积极成效。2020年，我国数字经济核心产业增加值占国内生产总值（GDP）比重达到7.8%，数字经济为经济社会持续健康发展提供了强大动力。如表6-1-1所示。

表6-1-1 "十四五"数字经济发展主要指标

指标	2020年	2025年	属性
数字经济核心产业增加值占GDP比重/%	7.8	10	预期性
IPv6活跃用户数/亿户	4.6	8	预期性
千兆宽带用户数/万户	640	6 000	预期性
软件和信息技术服务业规模/万亿元	8.16	14	预期性
工业互联网平台应用普及率/%	14.7	45	预期性
全国网上零售额/万亿元	11.76	17	预期性
电子商务交易规模/万亿元	37.21	46	预期性
在线政务服务实名用户规模/亿	4	8	预期性

1. 信息基础设施全球领先

我国建成全球规模最大的光纤和第四代移动通信（4G）网络，第五代移动通信（5G）网络建设和应用加速推进。宽带用户普及率明显提高，光纤用户占比超过94%，移动宽带用户普及率达到108%，互联网协议第六版（IPv6）活跃用户数达到4.6亿。

2. 产业数字化转型稳步推进

我国农业数字化全面推进，服务业数字化水平显著提高，工业数字化转型加速，工业企业生产设备数字化水平持续提升，更多企业迈上"云端"。

3. 新业态新模式竞相发展

我国数字技术与各行业加速融合，电子商务蓬勃发展，移动支付广泛普及，在线学习、远程会议、网络购物、视频直播等生产生活新方式加速推广，互联网平台日益壮大。

4. 数字政府建设成效显著

我国一体化政务服务和监管效能大幅度提升，"一网通办""最多跑一次""一网统管""一网协同"等服务管理新模式广泛普及，数字营商环境持续优化，在线政务服务水平跃居全球领先行列。

5. 数字经济国际合作不断深化

《二十国集团数字经济发展与合作倡议》等在全球赢得广泛共识，信息基础设施互联互通取得明显成效，"丝路电商"合作成果丰硕，我国数字经济领域平台企业加速出海，影响力和竞争力不断提升。

［摘自《国务院关于印发"十四五"数字经济发展规划的通知》（国发〔2021〕29号）］

【实训任务】

做一做

1. 以"数字经济"作为主题，搜索相关信息。

2. 使用手机下载千牛软件，在手机千牛后台查看"常用工具"—"全部"，将内容运营中的淘宝直播、视频制作、万相台、淘宝联盟添加到"我的工具"中，如图6-1-10所示。

【重难点总结】

答一答

重点总结：推广引流的概念和分类。只有懂

图6-1-10 千牛手机版—我的工具

得了推广引流的含义和分类，才能在实际的店铺运营中根据自身实际选择推广引流的工具。

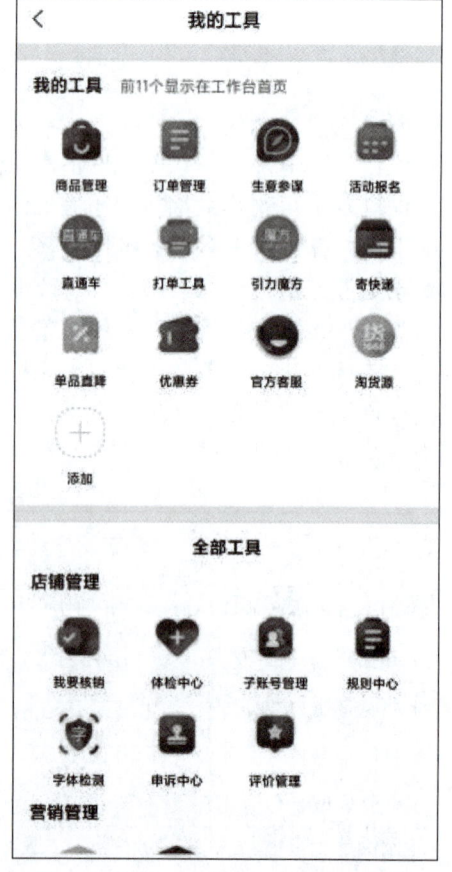

难点总结：推广引流的方式。（淘宝平台更新升级较多，在过往时间中很多工具不断更新换代，淘宝首页活动版块非常多，很多旧的方式、名称和功能都会发生较大变化，让新手无所适从，所以，新手需要耐心，从不同的推广方式概念和发展变化入手，利用淘宝平台的学习资源了解学习，比如淘宝教育、淘宝万堂书院，在学习中和未来的工作中践行终身学习、自主学习的精神。）

任务二　SEO、SEM、信息流推广

【学习目标】

1. 了解 SEO 的基本概念；
2. 了解 SEM 的基本概念；
3. 了解信息流的基本概念。

【建议学时】

2 学时。

【情境导入】

融一融

经过三年的疫情，很多线下店铺因为没有生意而倒闭，那么线上的店铺呢？因为涉及物流快递，疫情期间有些快递不能发货，物流中断，所以导致很多线上店铺也经营不下去。到 2023 年，疫情已经过去，那么淘宝还好做吗？

很多人说如今淘宝难做，有如下说法：

首先，电商行业红利期已经过去。在初期，只要开个店铺，很容易挣钱，但现今淘宝店铺、商品千千万万，平台竞争激烈，流量红利期已经过去，如今开店很难获取流量。

其次，众多竞争对手异军突起。小红书、拼多多、京东、抖音、微店等众多电商平台相互竞争，在淘宝开店，不仅面临着淘宝平台网店的竞争，而且要和其他平台竞争，竞争压力更大。

再次，淘宝平台本身在不断升级，变化快，难以适应。一个流量红利，也许半年就没有了，商家自己花大量时间精力运营的流量，也许朝夕之间就被颠覆，所以需要商家有强大的适应能力和学习能力，才能在风云变幻中立于不败之地，这对于很多个人商家来说尤为困难。

最后，成本不断攀升。在激烈的竞争下，商家投入更多资金和时间投放广告、制作内容，造成内卷和成本的上升。

那么，你怎么看待这一问题呢？

【内容讲解】

学一学

随着淘宝的发展，越来越多的商家进驻。那么如何才能在众多有实力的卖家聚集的

淘宝市场当中分一杯羹,这是广大新手卖家需要思考和关注的一个非常重要的问题。特别是对一个新的店铺而言,有淘宝流量,才有生存的基础,有淘宝流量,才意味着有一切。淘宝流量是打造优质店铺的一个重要指标和方向。

既然淘宝流量这么重要,那么应该如何提升呢?

淘宝流量分为淘宝平台内流量和平台以外引进的流量。淘宝平台内流量是平台战场上最主要争夺的资源。而从平台之外引进的流量,对于初开的店铺来讲也非常重要。要想把刚刚开始的店铺经营好,少一个方面都不行。

平台内流量,目前主要有三种推广引流方式,分别是 SEO 自然搜索流量、SEM 直通车流量、信息流推广原生广告流量。

一、搜索引擎与互联网广告

搜索引擎是 20 世纪的一项互联网核心技术,是 21 世纪前 10 年互联网行业的高地。

谷歌创始人拉里·佩奇(Larry Page)和谢尔盖·布林(Sergey Brin)于 1996 年提出的 Page Rank 算法大幅提升了搜索引擎结果排序的准确性。

1999 年,百度 CEO 李彦宏和七位创业伙伴在北大资源宾馆的一间会议室里成立了百度。

搜索引擎是 Web1.0 时代的网络入口,而浏览器是搜索引擎的路口。谷歌打造了 Chrome(谷歌浏览器)修建自己的护城河,而 360 走通了一条装机量带动搜索引擎的路,阿里、腾讯分别通过 UC、神马、QQ 浏览器、搜狗等也切入了搜索引擎领域。

二、SEO 与 SEM

搜索引擎目前仍是很多企业进行网络推广的重要渠道之一。

1. SEO

SEO(Search Engine Optimization)译为搜索引擎优化,是利用搜索引擎的搜索规则,提高网站/商品在搜索引擎内的排名。比如,在各大电商平台,当用户在平台搜索框中输入商品名称或者其他相关关键词搜索时,结果中按照一定的顺序展现了平台内的商品,如图 6-2-1 所示。

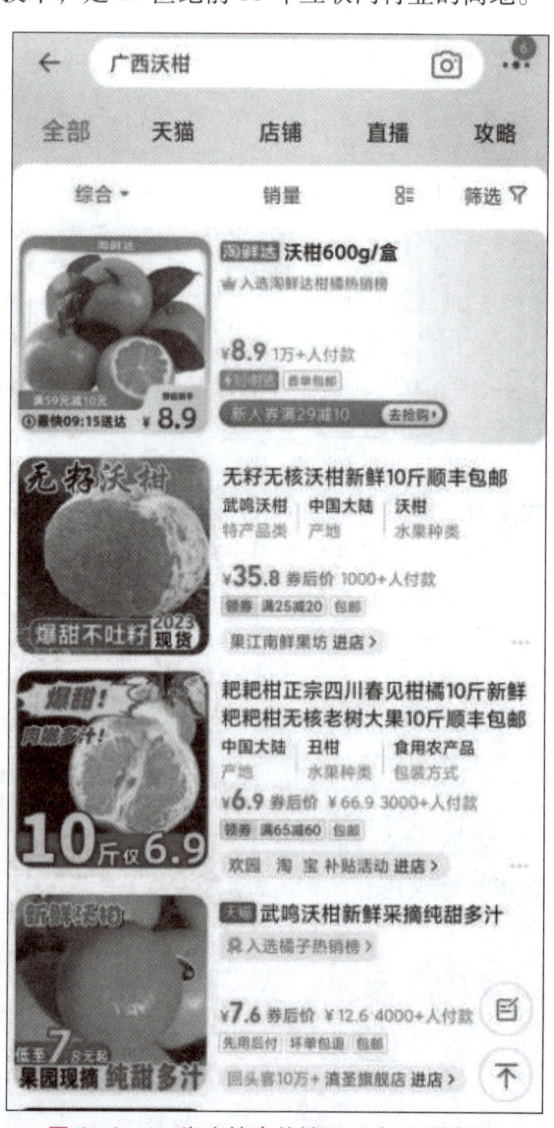

图 6-2-1　淘宝搜索关键词"广西沃柑"

商家如果想在电商平台被搜索到，甚至被搜索到的时候排名靠前，就要遵循电商平台搜索引擎工作原理和规则，优化网店及商品，包括页面美观程度、商品信息完整程度、用户体验度等众多内容。

2. SEM

SEM（Search Engine Marketing）译为搜索引擎营销，即搜索关键词竞价推广，是根据用户输入的搜索关键词，在 SEM 搜索推广平台上有针对性进行关键词推广，这样对应将广告信息展现给用户。比如，在淘宝平台使用直通车广告平台进行关键词推广，百度通过凤巢广告平台进行关键词推广，如图 6-2-2 所示，商家需要在广告平台上充值，建立推广计划，添加关键词，进行价格、地域、创意等的设置。

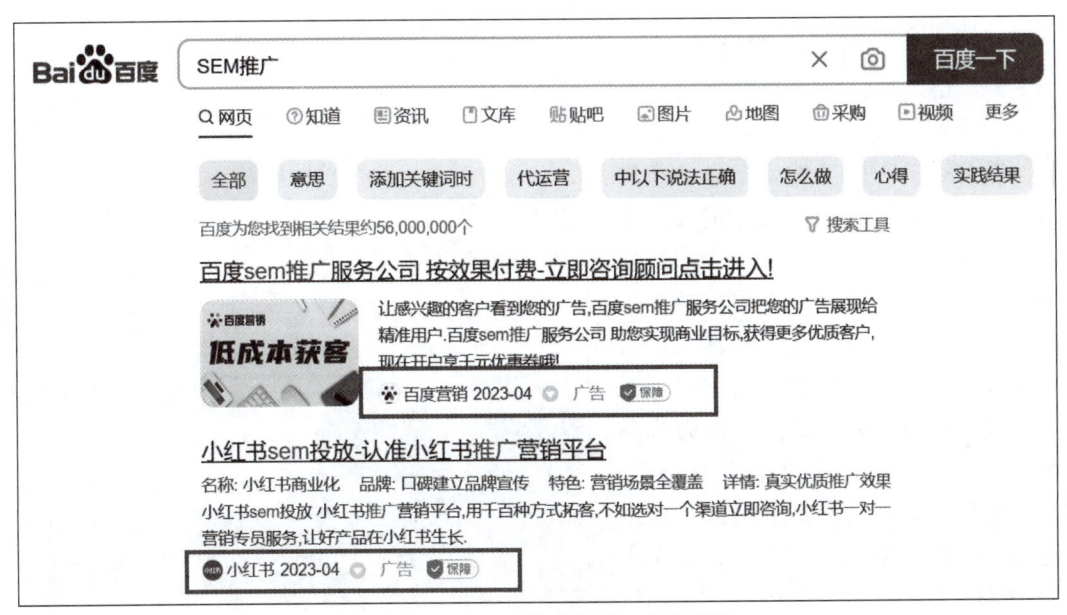

图 6-2-2　百度搜索关键词竞价广告

3. SEO 和 SEM 的区别

1）获得排名的方法不同

SEO 主要是通过对关键词优化而获得排名。同时，还需要做好网站内容的填充、关键词的布局、外链的搭建、友链的交换等，才可以让排名稳定在较靠前的位置。

SEM 主要是通过对关键词出价而获得排名，即拥有资本就拥有话语权，费用越高，排名也越高，所以 SEM 这种方式比较依赖竞价高低。

2）见效时间不同

SEO 是一种获得自然排名的做法，一般想要实现首页的位置，需要 1~2 个月的时间。

SEM 是对关键词出价实现排名的做法，效果立竿见影，只要你的资金够雄厚，就可以实现较靠前的位置。

3）费用不同

SEO 是按照用户优化收费，不限点击，所以这种费用比较低，一般优化公司优化到首页的位置，才会对用户的点击扣费，且费用低至几毛钱而已。所以，比较适合中小企业使用。

SEM 是对关键词出价，但是出价的金额会因关键词指数不同、竞争程度不同而增加，导致费用增多。所以，比较适合资本比较雄厚的大企业使用。

4）排名稳定性不同

SEO 的排名一旦上升后，会保持较为稳定的状态，只要不随意更换关键词、不随意篡改网站的布局，一般不会出现排名波动的情况。

SEM 的排名需要靠资金来支撑，即一旦资金抽离，排名就会迅速下跌，从而影响到用户的使用体验及知名度的提升。

5）对网站基础的要求不同

SEO 的排名对网站基础的要求较高；而 SEM 的排名对网站基础的要求不高，因为是出价买的广告，所以无论你的网站大还是小，网站基础如何，SEM 都可以投放任何关键词。当然，从细节上说，网页质量高，会更有助于优化质量度，用更低的价格获得更好的位置。

三、信息流推广

随着移动互联网技术、移动通信技术的突飞猛进，现在已经进入人手 1 台手机甚至多台移动设备的时代，人们从以往上网阅读文字内容转变为阅读图文信息和视频信息，甚至还可以进行一对一、多人视频通信和面对千万人的网络直播。信息传播方式产生了极大的变化。21 世纪头 10 年是搜索引擎的天下，大众上网都是以浏览器、搜索引擎作为入口，而如今手机端 APP 成为大众上网的入口，浏览器的流量受到了挤压。人们打开短视频 APP 获取娱乐、新闻，通过各种专门类别的 APP 获取有针对性的信息，比如购物，就会直接打开淘宝 APP、京东 APP、拼多多 APP 查找商品，打开抖音视频 APP 观看短视频和直播，通过直播带货购物。

搜索引擎的流量虽一落千丈，但信息流推广应运而生。信息流推广在图文时代已经诞生，比如在小红书的种草内容中，会根据用户的浏览历史和偏好推送广告信息，这些广告信息从外观上看起来和原生内容极其相似，以降低用户的防备心理和反感，从而提高了广告效果，如图 6-2-3 所示。

图 6-2-3 小红书信息流广告

信息流推广有两大优势:一是主动性,商家主动将广告推送给目标用户,根据不同的人群标签定向将广告精准推送给商家的目标客户人群;二是原生性,信息流广告制作得与平台本身的内容在外在和内在保持一致,让用户察觉不到其广告性质,或者能够接受这一广告形式。

【思政任务】

想一想

互联网广告投放中的个人信息安全保护问题

互联网广告在生活中随处可见,已成为当前互联网公司的重要营收来源之一。然而,随着这类广告投放的精准度越来越高,不少用户开始质疑:这些广告的内容为什么与个人和朋友聊天的话题如此契合,是不是私人谈话被人监控了?它们是不是侵犯了用户的隐私权?

互联网广告用户陷入了"隐私悖论"的矛盾。一方面,如果广告投放实现了一定的精准度,他们会怀疑自己的个人信息被监控,从而觉得被冒犯;另一方面,他们又乐于享受由广告收益所支撑起来的各种免费的互联网服务内容,包括电子邮件、搜索、位置导航、游戏等,甚至还会点击网站推送给他们的链接(如天猫、亚马孙推荐的消费者可能喜欢的产品链接)。

你认为在享受服务和个人隐私之间,应该如何平衡呢?

【实训任务】

做一做

对手机浏览器中的搜索引擎进行设置,通过搜索引擎进行关键词搜索,查看其结果,区分自然搜索结果和竞价广告结果。

(1)打开手机浏览器。

(2)点击设置。

(3)点击搜索设置,设置搜索引擎,如图6-2-4所示。

(4)返回到浏览器首页,在搜索框进行搜索,如图6-2-5所示。

(5)查看搜索结果,区分自然搜索结果和竞价广告结果。

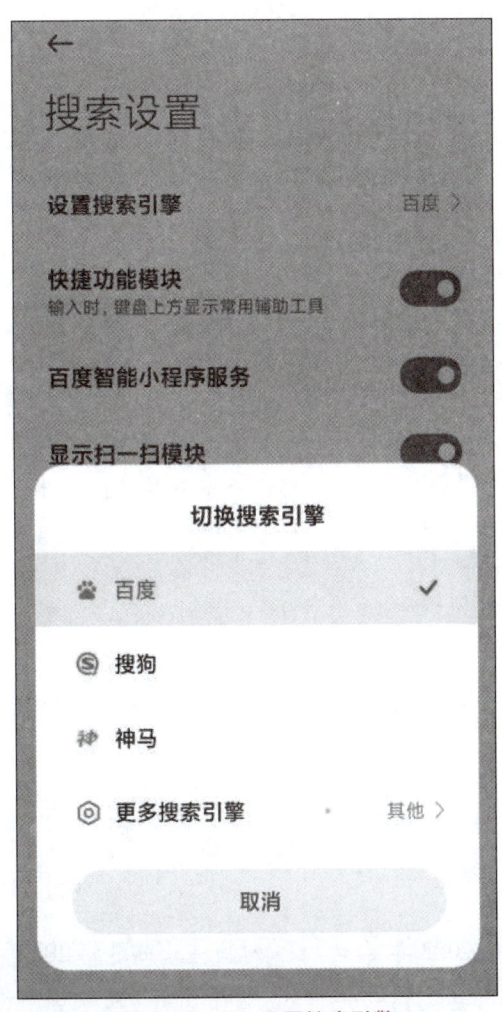

图6-2-4 设置搜索引擎

图 6-2-5　手机浏览器搜索框

【重难点总结】

答一答

重点总结：SEO、SEM、信息流推广的概念，以及它们常见的形式。
难点总结：区分 SEO 和 SEM 的不同，了解它们各自的工作原理。

任务三　活动推广

【学习目标】

1. 了解淘宝天猫平台活动推广的内容；
2. 了解淘宝天猫平台活动推广的分类；
3. 了解淘宝天猫平台活动推广的参与条件和规则。

【建议学时】

2 学时

【情境导入】

融一融

"双 11"大促

2022 年"双 11"购物狂欢节是指 2022 年 11 月 11 日的网络促销日，于 10 月 24 日晚 8 点开启 2022 年"双 11"预售。如图 6-3-1 所示。

2022 年 10 月 24 日，天猫和京东分别举办"双 11"启动会，宣布正式开启"双 11"

项目六 网店推广引流

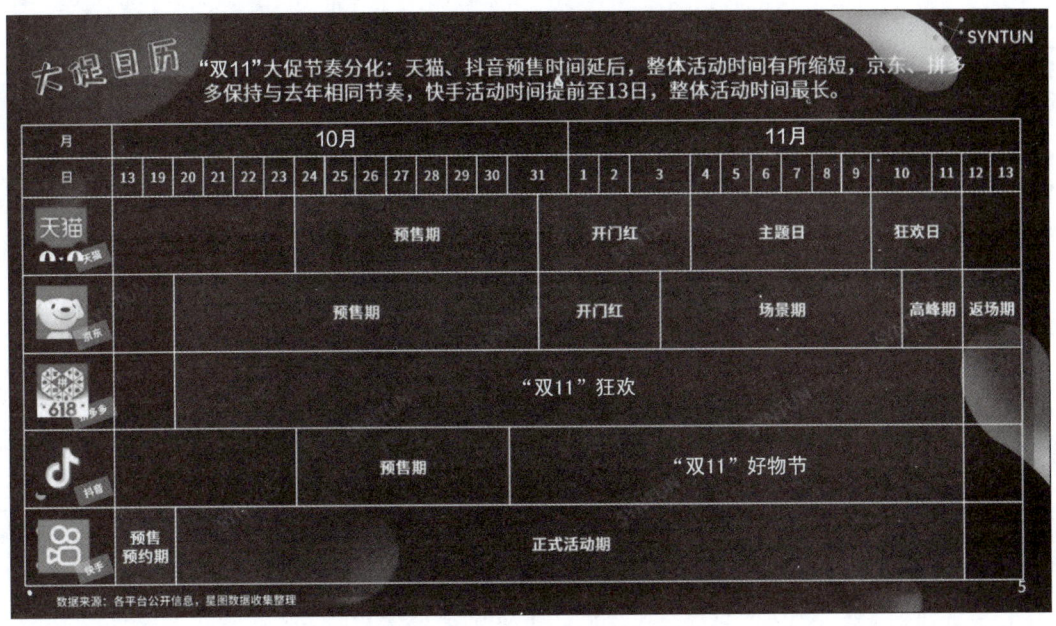

图 6-3-1 "双11"大促时间表

预售活动。11月12日,国家邮政局发布的数据显示,"双11"当天全国快递处理量达5.52亿件,是日常业务量水平的1.8倍。

天猫方面称"交易规模和2021年持平"(天猫2021年总交易额为5 403亿元);京东则称"再创新纪录"(京东2021年累计下单金额超3 491亿元)。

【内容讲解】

学一学

表6-3-1为淘宝天猫平台2022年8月营销活动日历,是淘宝天猫官方组织的针对不同类目的大促活动。

表6-3-1 淘宝天猫2022年8月大促日历　　　　　　　　　元

8月淘宝活动	天猫88狂欢节	8月1日	
	淘宝开学总动员	8月1日	
	天猫七夕节	8月1日	满300-30
	阿里88汽车节	8月8日	
	天猫全球3C家电狂欢周	8月14日	满300-30
	天猫秋冬新风尚	8月18日	满300-30
	淘宝818暑促	8月18日	
	淘宝八卦节	8月18日	
	淘宝秋冬新势力周	8月26—28日	满200-15
	天猫秋季开学季	8月30日	满300-30

淘宝天猫每年的新季度和一些节日都会发布各种营销活动，淘宝天猫商家可以报名参与到平台活动中，也可以在自家店铺策划活动，响应各类节日大促活动。淘宝天猫活动按照主办人可以分为店铺内活动和淘宝平台活动。

一、店铺内活动

店铺内活动可以分为常规节日活动、特殊节日活动和店铺自身活动。

1. 常规节日活动

常规节日活动主要针对国内外各种节日，比如中国传统节日：除夕、春节、元宵、端午、七夕、中秋、二十四节气等；国际节日：比如三八妇女节、五一劳动节、六一儿童节、2.14 情人节、315 消费者权益日。

2. 特殊节日活动

特殊节日活动，比如国庆节、中国人民警察日、八一建军节、中国品牌日、全国爱眼日、七七事变纪念日等。

3. 店铺自身活动

店铺自身活动是店铺自己策划周年庆、会员日、新品上架、各类常规促销活动。10 种具体优惠促销活动形式有：满就送、满就减、拍立减、红包、限时折扣、秒杀、包邮、搭配减价、赠品、优惠券。

二、平台活动

平台活动按等级共有四种。

1. 平台特大型

天猫淘宝集全平台之力举行的年度特殊大型营销活动，可能包含以下活动资源：焦点图、猜你喜欢、商品透标（搜推链路、交易链路、商品详情页腰带）、首页插卡、手淘开屏、我淘插卡、手淘 Push 等。

2. 平台大型

天猫淘宝集全平台之力举行的年度大型营销活动，可能包含以下活动资源：焦点图、猜你喜欢、商品透标（搜推链路、交易链路、商品详情页腰带）、首页插卡、手淘开屏、我淘插卡、手淘 Push 等。

3. 行业大型

天猫淘宝行业举行的年度大型营销活动，可能包含以下活动资源：包含焦点图、猜你喜欢、商品透标（搜推链路、交易链路、商品详情页腰带）、首页插卡、手淘开屏、我淘插卡、手淘 Push 等。

4. 行业中型

天猫淘宝行业举行的中型营销活动，可能包含以下活动资源：包含焦点图、商品透标（搜推链路、交易链路、售卖期商品详情页腰带）等。

活动等级由高到低排序依次为：平台特大型 > 平台大型 > 行业大型 > 行业中型。

除此之外，还有主题营销活动。

主题营销活动是天猫淘宝从消费者心理出发组织的平台主题活动，可能包含以下活动资源：商品透标、基础链路资源（搜推链路）、焦点图、手淘 Push 等。

图 6-3-2 为手机千牛商家后台中淘宝平台活动报名版块，图 6-3-3 为天天特卖主题营销活动版块目前可报名的活动。

图 6-3-2　淘宝平台活动报名　　　　　图 6-3-3　天天特卖主题营销活动报名

主题营销活动是淘宝打造的特定渠道营销，主要有淘抢购、聚划算、淘金币、天天特价、免费试用、清仓、周末淘宝、淘宝众筹、最淘宝、全民抢拍、每日首发、有好货、范儿、B 格、聚划算、淘特莱斯等。

下面选取几种活动做介绍：

1）淘抢购

淘抢购是一个收费的淘宝活动，天猫淘宝商户都可以报名参加淘抢购。淘抢购场景购是指从消费者的角度出发，设置不同的购物场景，结合具有淘抢购特色的官方玩法，将多品类、多品牌商品聚合在一起销售的活动形式。淘抢购是淘宝给予的权重比较高的一个站内活动。淘抢购类型如图 6-3-4 所示。

图 6-3-4 淘抢购场景

2）聚划算

聚划算是限时特惠的体验式营销，聚焦热点消费，挖掘源头极致性价比好货，打造品类爆款，推动品牌创新提效。主要针对的是大卖家，要求高；聚划算现在一般都是天猫卖家的地方，另外还是一个年销售额按千万、亿计算的大卖家地方，C 店占的比例少。如图 6-3-5 所示。

3）淘金币

淘金币是一个"大几千万日活"的互动频道，入口位于手淘 icon C 位，拥有"超高回访频次""月活过亿""购买力与手淘相似"的用户群体。淘金币使用场景之一如图 6-3-6 所示。

图 6-3-5 聚划算

图 6-3-6 淘金币

4）天天特卖

天天特卖携手广大商家，致力于为消费者提供更具性价比的商品和更便捷安心的购买体验。参加天天特卖的活动商品可在全渠道享受面向目标人群的流量扶持。天天特卖活动报名如图6-3-7所示。

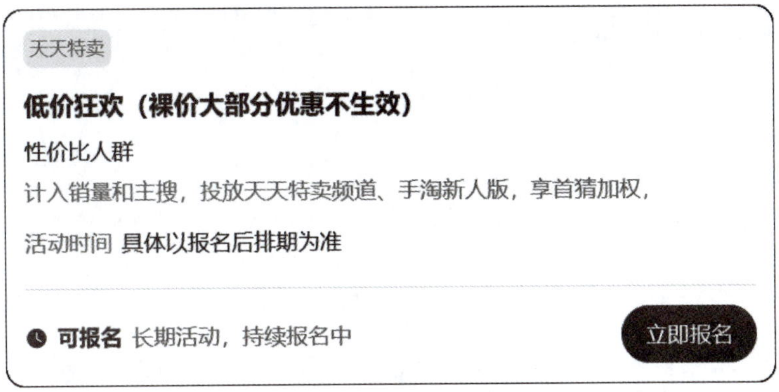

> 天天特卖
>
> **低价狂欢（裸价大部分优惠不生效）**
>
> 性价比人群
>
> 计入销量和主搜，投放天天特卖频道、手淘新人版，享首猜加权，
>
> 活动时间 具体以报名后排期为准
>
> ● 可报名 长期活动，持续报名中　　　　　　立即报名

图6-3-7　天天特卖活动报名

5）免费试用

免费试用通过为消费者或达人（百人创作者团队）提供品牌正装试用体验，为品牌产出优质测评内容或特色试用内容，并持续在天猫U先和手淘公域（如商详、逛逛、首猜、微博等）进行试用报告分发，帮助商家获取更大内容的曝光，使高品质种草内容实现成交转化，聚焦解决品牌促销前蓄客拉新方案的体验营销新模式，且不收费。

三、平台活动参与条件与规则

《淘宝网营销活动规范》主要从违规限制、服务能力、经营能力三个方面对卖家准入条件提出要求，不同活动在商品准入方面有差异，如图6-3-8所示为2022年淘宝"双11"招商规则对于商品准入的要求。

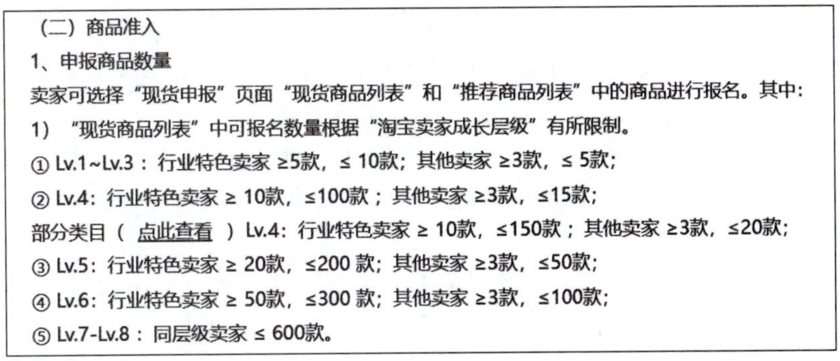

> （二）商品准入
>
> 1、申报商品数量
>
> 卖家可选择"现货申报"页面"现货商品列表"和"推荐商品列表"中的商品进行报名。其中：
>
> 1）"现货商品列表"中可报名数量根据"淘宝卖家成长层级"有所限制。
>
> ① Lv.1~Lv.3：行业特色卖家 ≥5款，≤10款；其他卖家 ≥3款，≤5款；
>
> ② Lv.4：行业特色卖家 ≥10款，≤100款；其他卖家 ≥3款，≤15款；
>
> 部分类目（点此查看）Lv.4：行业特色卖家 ≥10款，≤150款；其他卖家 ≥3款，≤20款；
>
> ③ Lv.5：行业特色卖家 ≥20款，≤200款；其他卖家 ≥3款，≤50款；
>
> ④ Lv.6：行业特色卖家 ≥50款，≤300款；其他卖家 ≥3款，≤100款；
>
> ⑤ Lv.7-Lv.8：同层级卖家 ≤600款。

图6-3-8　2022年淘宝"双11"招商规则对于商品准入的要求

卖家报名要求如下：

1. 违规限制

（1）近90天内无一般违规行为节点处理记录；

（2）近90天内无虚假交易扣分；

（3）近365天内无严重违规行为节点处理记录；

（4）近 730 天内出售假冒商品分值未达 24 分，近 365 天内出售假冒商品分值未达 12 分，且本自然年度内无出售假冒商品扣分；

（5）未在搜索屏蔽店铺期；

（6）无其他被限制参加营销活动的情形。

2. 服务能力

（1）店铺 DSR 评分三项均≥4.6 分；

（2）近 30 天内纠纷退款率不超过店铺所在主营类目纠纷退款率均值的 5 倍或纠纷退款笔数<3 笔。

3. 经营能力

淘宝网结合卖家多维度经营情况（如诚信经营情况、店铺品质、商品竞争力等）及各营销活动侧重点等综合评估其经营能力。

【思政任务】

想一想

理性看待"双 11"，树立正确消费观

近几年随着电商平台的加速发展，"双 11""光棍节"演变为"电商购物节"，随着"双 11"的逼近，店家在疯狂，消费者因玩法、补贴、满减也变得疯狂。

原本抱着"理性消费，按需购买"的消费者，一遇到直播间上新的链接、一看到商品上硕大的"优惠活动"，就瞬间被"真香"魔法蒙蔽，不假思索地冲进"OMG（我的天）买它买它"的战场中，疯狂下单，激情付款。那么，在这场全民狂欢的盛宴中，如何在购物狂欢的浪潮中保持一丝清醒，做一个理性的消费者呢？

狂欢的"双 11"购物盛宴尚未结束，已经有人悔恨不已。钱不经花，在"消费主义"大行其道的当下，人们对商品的功能需求日渐弱化，"定金一时爽，尾款火葬场"，有多少人为了网购的一时爽快，把未来几个月的预算掏空。今年的"双 11"时间较长，并不像往年几天的剁手，近一个月的时间，那么，消费者应该怎样守住钱包、保持清醒、理性消费呢？

（资料来源：知乎网 https://zhuanlan.zhihu.com/p/426806754 作者：噔噔咯噔）

理性看待双十一，树立正确消费观

【实训任务】

做一做

前面表 6-3-1 中提到淘宝天猫大促活动日历，展示了 2022 年 8 月的活动日历，请从网络搜索淘宝天猫全年大促活动日历，查找其他月份大促活动日历，或者结合当前月份查看淘宝有哪些大促活动，填入表 6-3-2 中。

表6-3-2 淘宝天猫全年大促活动日历

月份	大促活动名称

【重难点总结】

答一答

重点总结：平台活动推广的类型，注意：店铺内活动策划是网店运营的一项必修课。

难点总结：平台活动的参与条件和规则，需要商家从众多活动中选择合适的参与，从准备、实施、总结等环节真正将活动开展好，这是实际工作中的难点。

任务四　付费推广

【学习目标】

1. 了解阿里妈妈付费推广平台的发展；
2. 了解阿里妈妈产品矩阵；
3. 了解淘宝天猫主要的推广方式。

【建议学时】

2学时。

【情境导入】

融一融

国内公司纷纷布局搜索引擎，以分得互联网搜索广告行业的一杯羹。2021—2022年互联网广告收入TOP4公司分别为阿里巴巴、字节跳动、腾讯、百度。从阿里巴巴占据榜首位置，京东、拼多多均在前10企业榜单可以看出，电商广告依旧是互联网广告的主流，如图6-4-1所示。

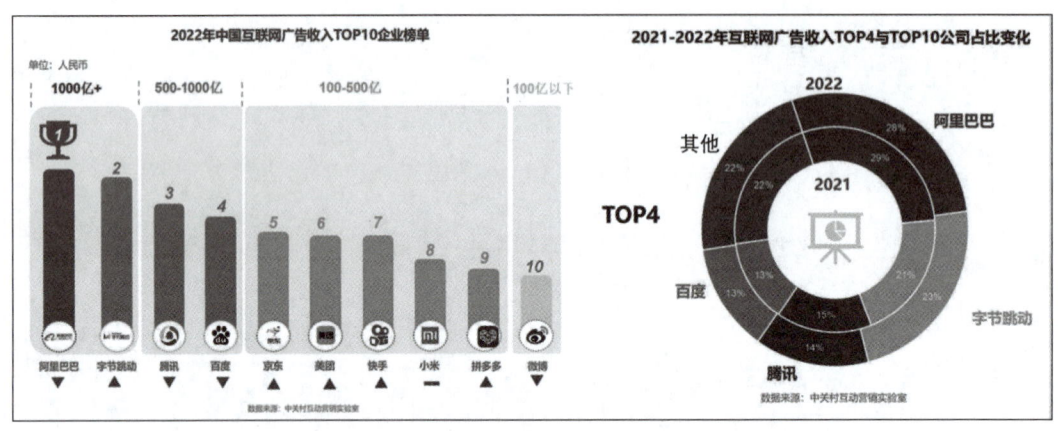

图6-4-1　2021—2022年互联网广告收入

【内容讲解】

学一学

付费推广主要包括万相台、直通车、极速推、引力魔方（原钻展+超级推荐）、超级推荐（未来逐步被引力魔方替代）、超级互动、超级直播、超级短视频、淘客、达人合作。

图6-4-2为淘宝运营推广引流目前主要的方式。

一、付费推广平台

淘宝将付费推广方式集成到了一个平台——阿里妈妈。

阿里妈妈诞生于2007年，阿里巴巴集团对其定位是"开放式的广告交易平台"，买家和卖家可以在平台上进行广告位的发布和购买。阿里妈妈平台帮助连接和匹配互联网网站位置与广告客户之间的需求，实现广告主的精准投放。这部分广告收入是阿里巴巴集团收入的重要组成部分。阿里妈妈最大的对手是百度联盟，它们是中国互联网市场两个最重要的数字营销平台。

2021年，阿里妈妈创建全新一站式数智经营操作系统万相台，发布全新"深链经营"方法论，并发布全新品牌主张"阿里妈妈，让每一份经营都算数"，实现从全域营销到全域经营的升级。阿里妈妈的全域经营产品包括：覆盖全域消费者的搜索、展示、

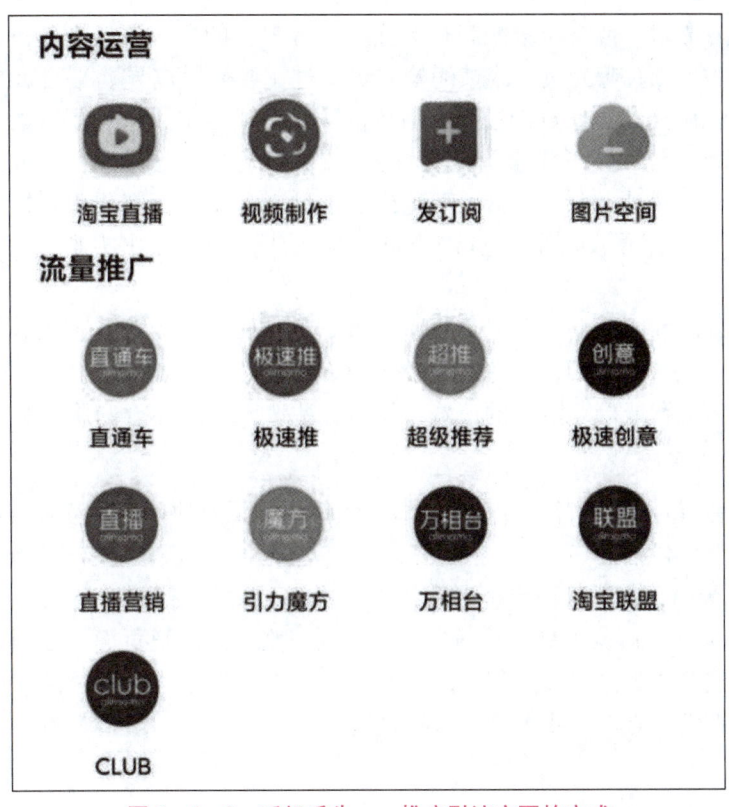

图 6-4-2 手机千牛——推广引流主要的方式

信息流、互动等营销产品及阿里巴巴商业化营销 IP；满足商家全链路经营诉求的各种数智商业工具，包括以消费者为中心的数智经营指标体系 DEEPLINK（深度链接）（见表 6-4-1）、一站式数智经营操作系统万相台，以及通过图文、视频、落地页素材及智能化创意帮助优化创意效果与效率的创意中心等。

表 6-4-1 数智经营指标体系 DEEPLINK

AIPL 分类	DEEPLINK 分类	DEEPLINK 定义名称
A	D	Discover（发现）
A	E	Engage（种草）
I	E	Enthuse（互动）
I	P	Perform（行动）
P	I	Initial（首购）
L	N	Numerous（复购）
L	K	Keen（至爱）

1. Discover（发现）

Discover（发现）：消费者相对被动，通过曝光或点击与品牌接触。

曝光或点击的情况包括：15 天内，被阿里妈妈广告曝光过或点击过阿里妈妈广告；或被优酷广告曝光过；或被超级品牌日天猫手机客户端的资源位曝光过；或被欢聚日活动曝光过；或被聚划算曝光过；或被淘抢购曝光过；或被手淘导购平台（有好货、生活研究所）的商品曝光过；或点击过必买清单的商品；或点击过猜你喜欢的商品；或被淘宝头条内容曝光过（阅读了淘宝头条文章）；或被微淘内容曝光过；或被天猫快闪店的品牌活动曝光过；或被天合计划资源曝光或点击过（包括，天合代币置换站内资源曝光点击人群，流量宝流量反哺曝光点击人群，TOP 计划曝光点击人群）；或被摇一摇曝光过。

注意：品牌属性的触点只会归属品牌 AIPL，不会归属二级类目 AIPL，例如，以下触点（付费广告、品牌号、超级品牌日、欢聚日、直播、淘宝头条、微淘、天合计划、线下门店、快闪店、智能母婴室）的消费者仅归属品牌 AIPL，不会归属二级类目 AIPL。

2. Engage（种草）

Engage（种草）：消费者通过直播、短视频等内容渠道的接触以及对店铺、商品浏览与品牌发生关系。包括：

观看：15 天内，观看过淘宝短视频，或观看过品牌的直播。

浏览：15 天内，浏览了品牌号站点页面；或浏览了互动吧页面；或浏览过超级品牌日活动页；或浏览过天猫超市大牌狂欢活动页；或在试用中心浏览过品牌商品；或发生过无品牌倾向搜索且点击；或浏览过品牌旗舰店；或浏览过 1 次品牌商品；或浏览 iStore 小程序主页。

3. Enthuse（互动）

Enthuse（互动）：消费者主动与品牌发生普通互动行为。

粉丝：品牌号订阅粉丝、互动吧关注粉丝、微淘粉丝（同收藏了授权店铺）。

互动：15 天内，参与了品牌号互动（预约了品牌服务）；或在品牌互动吧有如下互动行为：预约核销成功、领取了新享样品、完成了新零售订单、擂台答题成功、参与乐透抽奖、参与新零售贩卖机互动、参与 60s 课堂；或在试用中心申请过品牌商品试用；或参与了淘宝头条互动（对淘宝头条内容进行过评论、点赞、分享、收藏，参与过淘宝头条的提问、投票）；或参与过微淘互动（对微淘内容进行过评论、点赞、收藏、转发）；或参与过天猫快闪店的品牌互动、发生过品牌倾向搜索；或参与过淘宝彩蛋分享扫码；或参与了天猫母婴室互动（领样、加会员粉丝）。

浏览：15 天内，浏览过大于等于 2 天品牌商品。

领取试用装：15 天内，在菜鸟驿站领取了试用装；或在线下门店随身购物袋扫码。

4. Perform（行动）

Perform（行动）：消费者主动与品牌发生深度互动行为。

会员：品牌号会员、品牌授权店铺的会员。

收藏或加购：15 天内，收藏或加购过品牌商品；或预售付定金。

5. Initial（首购）

Initial（首购）：最近两年半（2×365 天 + 180 天），购买了品牌商品的所有消费者

（包括在品牌号对品牌产生多次转化行为的非会员消费者、预售付尾款的消费者、购买商品后淘宝彩蛋扫码人群、通过线下云 POS 支付的消费者、浏览 iStore 小程序购买的消费者）减去"Numerous（复购）"和"Keen（会员复购）"的消费者。

6. Numerous（复购）

Numerous（复购）：非会员身份的，365 天内有过正向的评论或正向的追评，或 365 天内购买过该品牌商品（包括在品牌号对品牌产生多次转化行为的非会员消费者、预售付尾款的消费者、通过线下云 POS 支付的消费者、浏览 iStore 小程序购买的消费者）大于等于 2 天的消费者。

7. Keen（至爱）

Keen（至爱）（会员复购）：有会员身份的，365 天内有过正向的评论或正向的追评，或 365 天内购买过该品牌商品（包括在品牌号对品牌产生首次转化行为的消费者、预售付尾款的消费者、通过线下云 POS 支付的消费者、浏览 iStore 小程序购买的消费者）大于等于 2 天的消费者。

阿里妈妈产品矩阵如图 6-4-3 和表 6-4-2 所示。

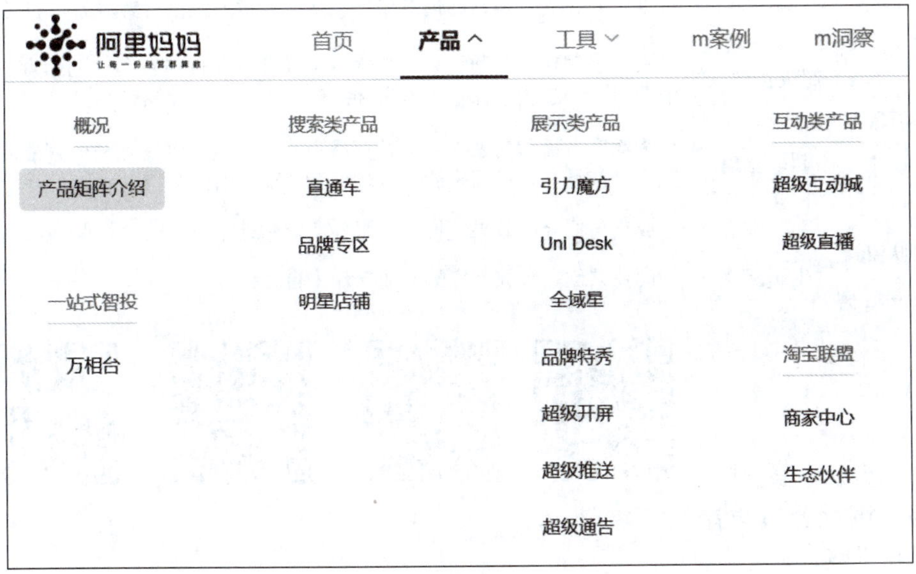

图 6-4-3　阿里妈妈产品矩阵

表 6-4-2　阿里妈妈产品矩阵

产品分类	产品名称	产品简介
一站式智投	万相台	阿里妈妈的一站式数智经营操作系统，互联网营销领域的自动驾驶技术。以技术算法为驱动力，以深链经营 DEEPLINK 为数智经营指标体系，为品牌、商家、多元生态合作伙伴提供全域智能营销解决方案，包括场景定制、智能提效、一站投放等

续表

产品分类	产品名称	产品简介
搜索类产品	直通车	淘宝和天猫搜索流量获取的营销工具,通过精准关键词和人群定向,结合智能算法个性化匹配,为宝贝获取手机淘宝搜索结果页下的目标流量
	品牌专区	品牌搜索置顶官方蓝标加持,包段计费流量全时段覆盖,拥有更多品牌调性展示模板和玩法,尊享品牌专属权益
	明星店铺	品牌搜索置顶展示,通过实时竞价、展现扣费获取淘内优质展位,展现店铺品牌调性
展示类产品	引力魔方	淘宝营销工具,在淘宝推广场景,通过人群定向和算法匹配展现给消费者感兴趣的推广商品,实现消费者的精准获取
	Uni Desk	全智能、全媒体、全链路一站式数字营销投放系统
	全域星	利用阿里生态数据能力,赋能品牌在优酷投放的最佳落地。产品定向能力与达摩盘打通,实现对目标受众的触达
	品牌特秀	淘内外优质展示资源,通过定价购买方式获得相对确定性的流量,可精准定向并支持丰富的创意展现,从而有效激发消费者对品牌的兴趣
互动类产品	超级互动城	整合手淘核心互动场景,结合激励任务,通过强互动的创新玩法,在消费者互动过程中深化消费者和品牌的关系,强化品牌心智
	超级直播	为淘宝主播和商家提供提升直播观看量、吸引关注互动的直播间推广工具。产品具备极简投放、智能推荐、高效引流等特点
淘宝联盟	商家中心	成交付佣金的效果类推广,服务商家站外全场景营销需求
	生态伙伴	商业共创、开放共赢的商业合作平台

二、付费推广方式

1. 万相台

万相台从商家营销诉求出发,围绕着消费者、货品、活动场,整合阿里妈妈搜索、推荐等资源位,通过算法智能跨渠道分配预算,实现人群在不同渠道的流转承接,从提高广告效果与降低操作成本两方面满足用户最本质的投放需求。万相台推广场景如表6-4-3所示。

2分钟新手引导　　3分钟了解万相台　　新手模式产品介绍、操作指导　　万相台与直通车、超级钻展、超级推荐的区别

表6-4-3　万相台推广场景

场景名称	准入规则
拉新快	与直通车、超级推荐准入标准一致
会员快	除了满足直通车、超级推荐准入标准外,还需要开通会员功能(客户运营平台权限)
线索通	与直通车、超级推荐准入标准一致(现在产品功能仅支持教育、家居行业)

续表

场景名称	准入规则
上新快	与直通车、超级推荐准入标准一致
货品加速	与直通车、超级推荐准入标准一致
测款快	尚未对外开放产品内测中
预热蓄水	与直通车、超级推荐准入标准一致
爆发收割	与直通车、超级推荐准入标准一致
超级直播	满足直播产品的准入规则
超级短视频	满足短视频产品的准入规则

2. 万相台计费方式

万相台计费指用户因其指定信息被互联网用户展示、点击、收藏、加入购物车、入会、成交、成为粉丝、互动、关注、评论、点赞、转发、进店等行为动作而支出的软件服务费。用户自行设置的指定信息，一个互联网用户在网站按照预先约定的展示、点击、收藏、加入购物车、入会、成交、成为粉丝、互动、关注、评论、点赞、转发、进店等行为动作而支出的软件服务费等行为完成后，记一次有效费用，次数的统计以万相台的统计结果为准。

3. 直通车

淘宝直通车是按点击付费的营销推广工具，能够将商品精准地展现给有需求的消费者，从而为商家带来精准流量。投放直通车能为商家带来两种收益：一种是直接转化助力宝贝成交，一种是产生长期种草价值。直通车推广展示在手机淘宝的核心资源位，在APP搜索结果页首条就是直通车广告展位，往下每间隔6个或10个商品也是直通车展现位置。具体广告展位可能会因淘宝活动的影响出现上下波动，具体以搜索结果页的"广告"标识为准。

4. 极速推

极速推是淘宝潜力商家抢流神器，也称为"新品曝光神器""确定性流量获取神器""爆款流量神器"，能够帮助商家极速获取优质流量，主要推广位置在"手淘猜你喜欢""手淘搜索"等。

极速推的3大特点如下：

（1）99元就能获取5 000个曝光，让商品有机会上淘宝首页海景房。

（2）占据淘宝最核心的流量位置（曝光位置："手淘猜你喜欢""搜索商品位"）。

（3）一键推广，极简操作。

5. 引力魔方

阿里妈妈引力魔方，覆盖淘宝首页"猜你喜欢流量""淘宝焦点图"等各类优质精准流量的推广产品（引力魔方新建计划的推广类型选择如图6-4-

超级钻展介绍视频

4所示)。消费者从入淘浏览、点击收藏、加购到订单成交后,引力魔方流量资源场景均有覆盖,全量解决了商家生意投放的流量瓶颈,超级钻展和超推使用客户高度重叠,考虑到两个平台的操作成本、预算分配难等问题,阿里妈妈官方推出了全新产品——"阿里妈妈引力魔方"。

超级钻展操作演示

图 6-4-4　引力魔方推广类型选择

引力魔方拥有更畅快的人群组合投放能力,搭载全新人群方舟的人群运营计划。引力魔方可以帮助商家自由投放各类定向组合人群、相似宝贝人群、相似店铺人群、行业特色人群、跨类目拉新人群等。在目标人群中,引力魔方总能帮助商家找到成本低、效率高的那部分流量。让淘内的人群流量运营简单、高效、透明!引力魔方有最低的人群流转成本:让客户从一个潜客变为一个店铺新客,产生进店、收藏加购和首次购买的行为,这样的流转成本,引力魔方可以做到全淘宝最低!

6. 超级推荐

阿里妈妈的信息流产品超级推荐正式发布,实现由"人找货"到"货找人"的转变,提升流量的使用效率,帮助商家完成新客的拓展与转化。

7. 超级直播

2020年7月,阿里妈妈推出全新直播营销工具超级直播,帮助商家在直播过程中实现一键、实时的推广,为直播营销带来全新升级。超级直播是平台给淘宝主播和商家在直播中快速提升观看量、增加粉丝互动,进而促进转化的一站式直播推广工具,商家付费后,可将直播位放置在上下滑动的推送中以及淘宝首页直播 Tab 页内。

8. 超级互动

2020年5月,超级互动城上线,涵盖手淘 APP 的四大互动场景——天猫农场、金币庄园、淘宝人生、省钱消消乐。通过互动任务和奖励机制,引导消费者主动与品牌进行深度互动。超级互动城,是手机淘宝主流互动玩法聚合阵地,包括日常及大促两种形态。日常形态叠加大促形态手淘互动,联合构成超级互动城商家营销阵地。日常互动包含芭芭农场、淘金币、淘宝人生、火爆连连消、斗地主等场景多样互动玩法,在"我的淘宝"中,拥有高优先级固定流量入口,日活跃用户规模超亿级,如图 6-4-5 所示。

超级互动城介绍

图 6-4-5　超级互动场景

9. 超级短视频

超级短视频原入口为 https://tuijian.taobao.com/index.html；新增入口为 https://adbrain.taobao.com/indexbp.html，进入万相台后，点击路径如图 6-4-6 所示。

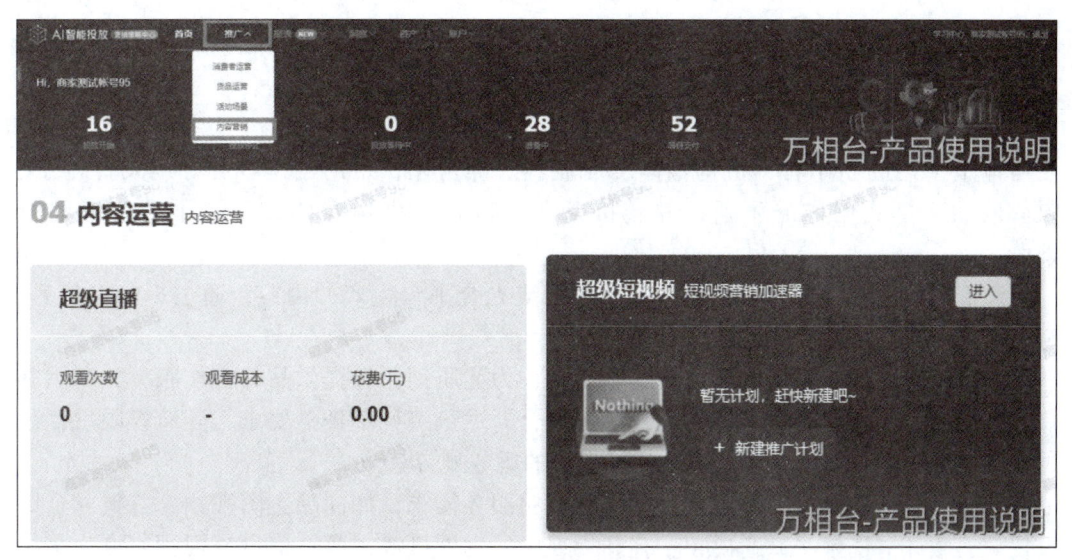

图 6-4-6　超级短视频入口

超级短视频指的是阿里妈妈推出的一款专为商家提供的淘宝短视频推广工具。超级短视频覆盖首页"猜你喜欢""全屏播放页上下切""购中购后猜你喜欢""手淘互动""点淘""外投"等稀缺渠道。每日有亿级可投流量，为商家提供短视频运营的抓手，可起到视频测试、促进观看、引导进店、种草破圈的作用。短视频投放采取定向邀约白名单形式开通。

10. 淘宝联盟（淘宝客推广）

淘宝联盟是按成交付费的站外引流营销产品模式（CPS），商家可自主设置佣金比率，由淘宝客（个人或网站主）将商品投放到网站、APP、微博、微信、QQ群等站外渠道进行推广，只有买家通过推广链接购买并交易成功（确认收货），才会从商家店铺绑定的支付宝中扣除佣金费用。

商家支付佣金＝商品实际成交价格（不含运费）×商品佣金比率

淘宝客推广模式如图6-4-7所示。

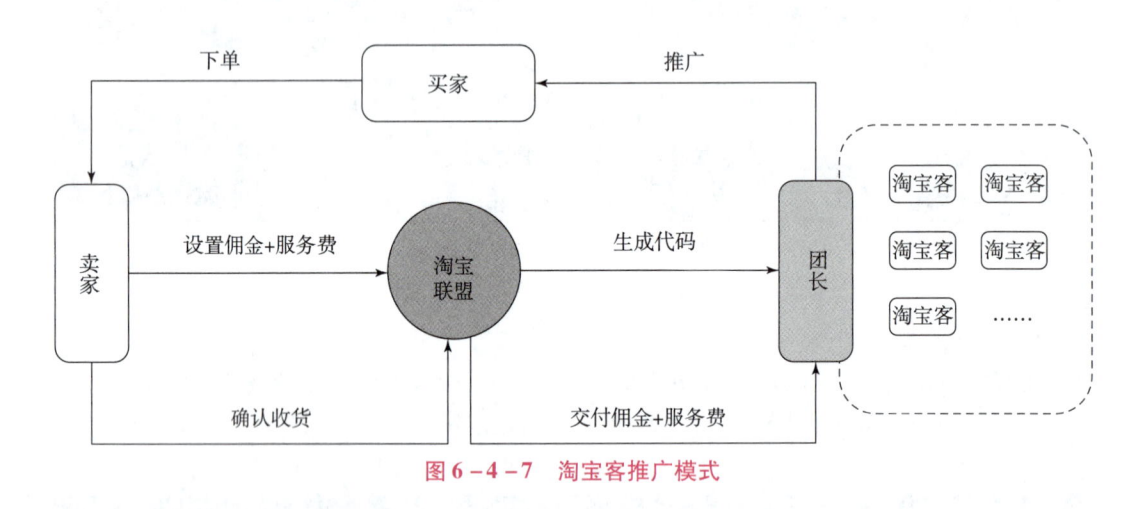

图6-4-7 淘宝客推广模式

11. 达人合作

淘宝光合平台是淘宝图文&短视频内容的生态品牌，如表6-4-4所示，服务参与淘宝生态的创作者、机构媒体、商业客户等角色，帮助创作者更好地发挥创意、收获成功、享受创作的乐趣；并链接商业化客户、机构媒体，共同驱动生态健康繁荣。

淘宝光合平台与逛逛的关系：用户在淘宝光合平台生产的内容，通过平台审核后，有机会在手机淘宝逛逛中展现。

逛逛种草任务商业化是整合品牌方需求，为优质创作者提供品牌合作服务，利用影响力变现能力，实现商业互惠。达人只要符合开通逛逛种草任务要求，开通权限后，通过提供内容服务，就可获得商家和品牌支付的服务酬劳。

光合创意服务平台涵盖淘系主要内容场域服务需求，如商品主图视频、首猜-全屏页视频、微详情视频、逛逛视频、有好货视频、淘外抖快视频、信息流视频。可为全类目商家提供多类型的视频服务，如产品展示类视频、口播种草类视频、素材混剪类视频、情景剧类视频、品牌广告类视频等服务。

表6-4-4 淘宝光合平台

视频类型	素材混剪	产品展示			真人口播		情景剧		
价格	50元	89元	259元	699元	259	499	499	999	1 500
画质	1 080P	1 080P	1 080P	1 080P	1 080P	1 080P	1 080P	1 080P	1 080P
时长	30s以内	30s以内	30s之内	60s以内	30s以内	30s以内	30s以内	30s之内	60s以内
演员	无	无	无模特出镜	1个模特出镜，提供5个模特选择	无模特出镜	1个模特出镜，提供5个模特选择	1个模特出镜，提供5个模特选择	1~2个模特出镜，提供10个模特选择	多个模特出镜，提供30个模特选择
比例	1:1、9:16、3:4，三选一		1:1、9:16、3:4，三选一		1:1、9:16、3:4，三选一		1:1、9:16、3:4，三选一		
配音	仅音乐	仅音乐	仅音乐	仅音乐	音乐＋口播	音乐＋口播	音乐＋口播＋剧情特效音	音乐＋口播＋剧情特效音	音乐＋口播＋剧情特效音
服务内容	客户提供素材，服务商根据素材剪辑	纯产品外观展示	简单操作，简单性能展示	复杂性能，复杂操作	以测评/开箱/口播等方式拍摄，不含复杂性操作	以测评/开箱/口播等方式拍摄，含复杂性操作	单人情景营销剧	两人情景营销剧	两人及以上情景营销剧
字幕	标准字幕（普通字体）	标准字幕（普通字体）	花字字幕	花字字幕	花字字幕	花字字幕	花字字幕	花字字幕	花字字幕
场景	无	静物展示台	室内摄影棚	室内摄影棚	室内摄影棚	室内摄影棚	室内摄影棚	定制场景	定制场景
投放推荐	逛逛/首猜	微详情/主图			逛逛/首猜	逛逛/首猜/微详情	逛逛/抖音		

【思政任务】

想一想

AI 智能文案一秒生成 2 万条创意方案，文案要失业了

2018 年 6 月，阿里妈妈在戛纳国际创意节上正式发布"AI 智能文案"产品，结合淘宝天猫的海量优质内容与自然语言算法，可基于商品自动生成高品质文案。

这是阿里妈妈在人工智能领域的又一新进展，目前主要聚焦于商品文案，可实现三种核心能力——高度模拟人写文案、自由定义字数、实时在线样本学习。

对从事商品文案的工作者来说，以往繁重的脑力活变成了轻松的选择题。此举可以帮商家更高效地写出更符合其营销语境的文案，旨在提升商家的营销效率。一秒能生成 2 万条创意文案，我们先来看看生成的文案质量怎样。

"抗皱滋润眼霜，年轻从第一眼决定。"

"小小的收纳，大大的心机。"

"眼线画得好，胜过开眼角。"

"大吸力油烟机，让厨房自由呼吸。"

……

你看得出来，这是 AI 还是人写的吗？

同时，AI 还可提供多种写作风格，如描述型、特价型、实功效型、逗趣型、古诗词型等八种类型，而且风格类型还在不断扩充中。

文案长短可选，无论是几个字的短标题，还是 60 字左右的商品描述，都可以一键生成。

作为一个在深度学习逻辑下的产品，阿里妈妈 AI 智能文案保持实时在线学习，通过不断增加的优秀文案样本量，来提升自身的文案产出能力，满足用户的需求。

在这方面，其优势尽显，因为学习的样本来自淘宝天猫的多个优质内容渠道，同时，整个集团内容化的趋势已十分明显，来自达人和商家的海量优质内容会成为源源不断的养分，经过机器学习，再转化成优秀的文案产出，赋能商家，形成循环。

其实，AI 的存在感，不知不觉越来越强。2022 年"双 11"，鹿班撸了 4 亿张 Banners（网幅广告）。

今年，AI 辩论机器人赢了人类顶尖辩手。

对于商家来说，今后一部分的文案工作可以交给 AI 来完成了，工作模式将大大改变，生产效率也会大大提升。

你觉得，文案工作者会因此而失业吗？

（来源：知乎 https://zhuanlan.zhihu.com/p/38465195 作者：易小妹）

【实训任务】

做一做

使用千牛中心—常用工具—流量退岗—极速创意—智能抠图，完成一个照片的自动抠图，如图6-4-8所示。

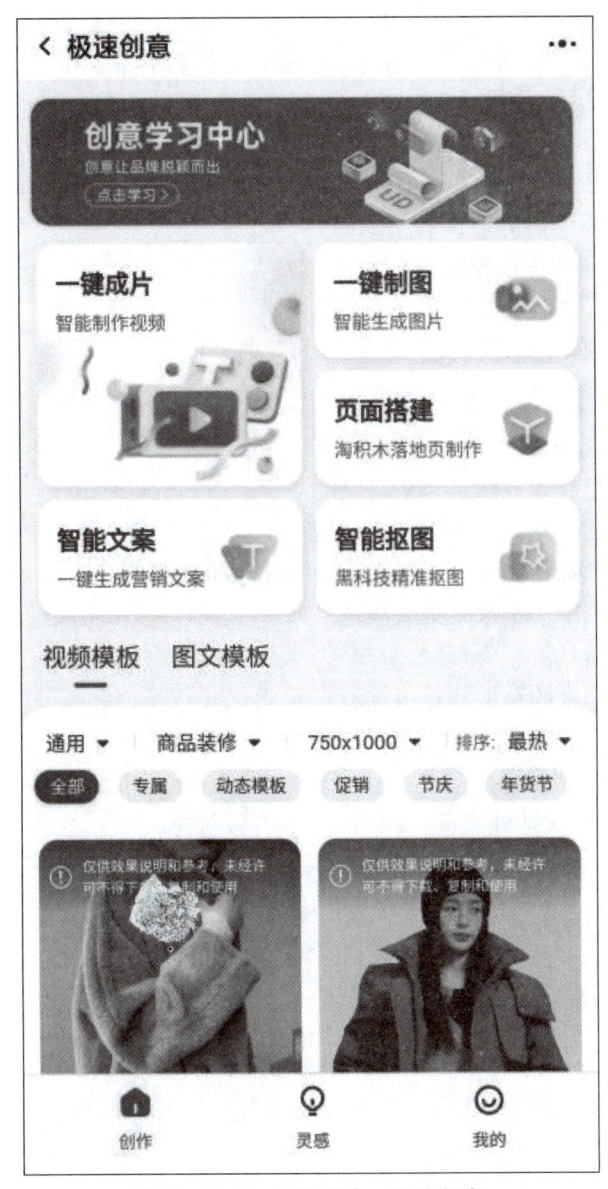

图6-4-8　手机千牛—极速创意

【重难点总结】

答一答

重点总结：了解淘宝天猫现有的付费推广方式，熟悉其功能，能够运用这些工具进行推广引流。

难点总结：了解淘宝天猫的营销体系，当面对一个新平台时，能快速熟悉其营销体系。

【练习题】

一、选择题

1. （单选）店铺 UV 是指（　　）。
   A. 独立访客　　　B. 订单数　　　C. 页面浏览量　　　D. 收藏量
2. （单选）在淘宝平台上，关于"潜老新"的定义，不正确的是（　　）。
   A. 店铺总消费者＝潜客＋新客＋老客
   B. 新客＝访问新客＋兴趣新客
   C. 新客＝访问新客＋兴趣新客＋首购新客
   D. 老客＝首购新客＋复购

二、判断题

1. 淘宝店铺流量非常重要。（　　）
2. 付费流量都是有效流量。（　　）
3. 免费流量不需要花钱，所以不用重视。（　　）
4. 淘宝平台活动都是针对高层级卖家，小卖家不能参与。（　　）
5. 聚划算是一个中小卖家聚集的渠道。（　　）
6. 引力魔方是信息流广告模式。（　　）
7. 万相台包含原来的钻展和超级推荐。（　　）
8. SEO 流量是免费流量。（　　）
9. SEM 流量是付费流量。（　　）
10. 万相台可以引入站外流量。（　　）

三、简答题

1. 网店有哪些引流方式？
2. 什么是万相台？
3. SEO 与 SEM 有哪些区别？

项目七
SEO 优化

【知识目标】
1. 掌握 SEO 的概念;
2. 了解搜索引擎的工作原理;
3. 掌握关键词的分类;
4. 理解关键词对于自然搜索排名的影响。

【技能目标】
1. 能说出 SEO 的基本概念;
2. 会用搜索引擎搜索信息;
3. 会制作关键词表格;
4. 会撰写商品标题。

【素质目标】
1. 树立学习目标;
2. 养成遵守规则的意识;
3. 善于发现事物间的联系;
4. 尊重原创和知识产权。

【建议学时】
6 学时。

【知识导图】

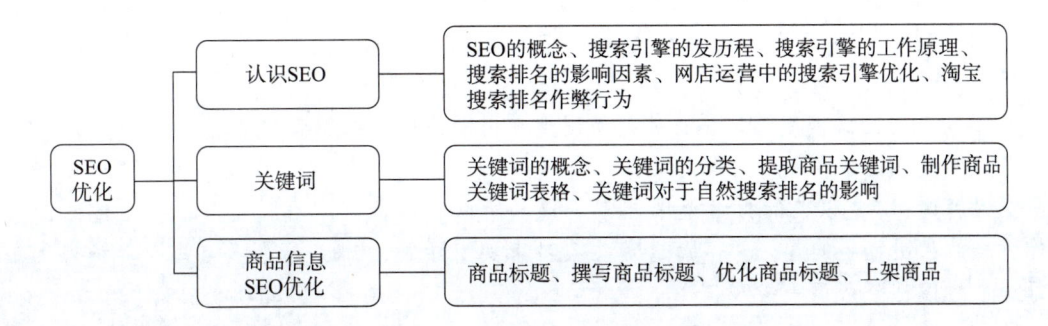

SEO优化		
	认识SEO	SEO的概念、搜索引擎的发历程、搜索引擎的工作原理、搜索排名的影响因素、网店运营中的搜索引擎优化、淘宝搜索排名作弊行为
	关键词	关键词的概念、关键词的分类、提取商品关键词、制作商品关键词表格、关键词对于自然搜索排名的影响
	商品信息SEO优化	商品标题、撰写商品标题、优化商品标题、上架商品

【项目导言】

党的二十大提出：以社会主义核心价值观为引领，发展社会主义先进文化。广泛践行社会主义核心价值观，深入开展社会主义核心价值观宣传教育。而杜绝店铺排名作弊或者虚假交易等行为，可从点滴中践行社会主义核心价值观。

任务一　认识 SEO

【学习目标】

1. 掌握 SEO 的概念；
2. 了解搜索引擎的工作原理，会用搜索引擎搜索信息；
3. 掌握影响搜索引擎排名的因素，知道网店运营工作中 SEO 优化的工作内容。

【建议学时】

2 学时。

【情境导入】

融一融

SEO 是比较容易找工作的行业之一。无论有多少人不看好 SEO，只要有互联网搜索引擎存在，只要网友还通过搜索获取信息，那么 SEO 优化工作肯定就会存在。

对于普通 SEO 人员求职找工作，现在前程无忧、Boss 直聘、拉勾网等各类招聘网站都有大量与 SEO 相关的职位可供选择，如图 7-1-1 和图 7-1-2 所示；对于能够独当一面的 SEO 人员求职找工作，也可以通过好友推荐或自荐的方式寻找自己喜欢的公司或网站。

SEO 是一个非常注重人际关系和资源的行业。如果你的能力不错，又有很好的人际关系和自营资源，那么你第一天离职，可能第二天就会有很多公司向你抛出橄榄枝，甚至你在职的时候也会有很多朋友或猎头不断问你是否有跳槽打算。当自己有跳槽打算时，通过朋友推荐会是一个不错的求职方式。

那么搜索引擎能做什么？

（1）对于搜索引擎来说，它的工作就是收集海量的网站及网站中的网页信息。

（2）对于网站来说，网站运营者希望自己的网站能更容易被网络使用者找到并访问。

（3）对于网络使用者来说，他们使用搜索引擎快速找到想要的信息。

如果没有搜索引擎，大家怎么找到信息？

记者说："我以前的报道范围非常广泛，所以我会备一本百科全书，去当地的图书馆，当然，更重要的是，你得知道哪些人对事实有了解，知道谁认识这些人。我想我在每一个村镇都会认识一些人。"

图 7-1-1　招聘网站 SEO 岗位

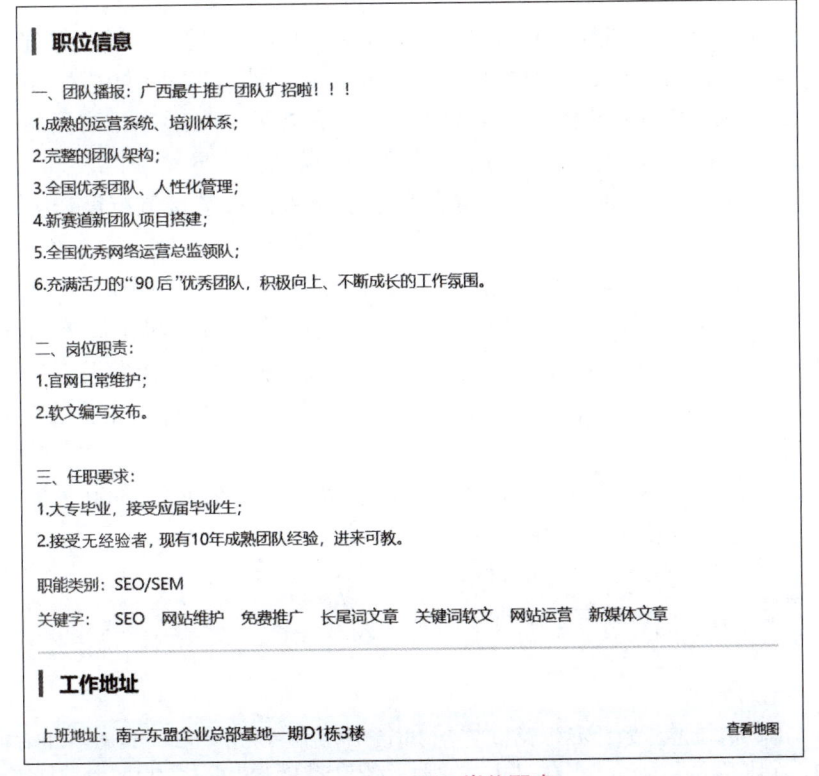

图 7-1-2　SEO 岗位职责

图书管理员说："公共图书馆的工作人员就相当于谷歌的角色，他们从公共会员那里收集问题，然后试图帮助他们在大量可供搜寻的资料当中寻找答案。"

但有了搜索引擎，情况就不一样了。

有学者说："谷歌改变了一切事情。它意味着我能够不用花一天时间去博物馆或者图书馆查资料，而且能够更有效地工作。它令我做资料研究的时间缩短了大概80%。"

【内容讲解】

学一学

一、SEO 的概念

SEO 一般是指搜索引擎优化（Search Engine Optimization），是一种通过了解搜索引擎的运作规则来优化网站/网店，以提高目的网站/网店在有关搜索引擎内的排名。

从工作角度来看，SEO 主要针对两种工作岗位：一个是网站运营人员/网站 SEO 人员，针对网站进行 SEO 优化，提升网站在百度等搜索引擎的排名；另一个是网店运营人员，针对网店进行 SEO 优化，提升网店及网店商品在淘宝平台或者其他平台的搜索排名。

二、搜索引擎的发展历程

20 世纪 90 年代网络发展初期，大多数人在这个时候对搜索并不熟悉，也不太知道有搜索引擎这回事，这时大多数人上网会上 Yahoo（雅虎）。在此阶段，只要你的网站基本有个模样，有一定的可看性，一般只要向 Yahoo 提交地址，72 小时内就能出现在 Yahoo 目录上。Yahoo 对所有的网站进行人工归类，一般是按照字母顺序排列网站，其实就类似黄页[①]电话本，Yahoo 就类似一个网站黄页，一个网站目录导航。

1998 年，Google.com 成立，这个新的搜索引擎首次将链接流行度作为排名的标准之一。

1999 年，李彦宏离开美国回到北京，他力图要创立一个"中国人自己"的搜索引擎，并且受一句中国古词"众里寻他千百度，蓦然回首，那人却在灯火阑珊处"的启发，将中国人的搜索引擎起名叫"百度"。李彦宏自己就是新一代的搜索技术专家，他早在 1996 年就解决了如何将基于网页质量的排序与基于相关性排序完美结合的问题，并获得美国专利。

进入 21 世纪，国内搜索引擎百花齐放，百度搜索、搜狗搜索、360 搜索、神马搜索都是目前行业比较知名的搜索引擎。

> **查一查：**
> 你的手机浏览器中默认设置的搜索引擎是哪一个？

---

① 黄页：1880 年，世界上发行了第一本含有广告的电话号簿。因其采用黄色纸张编成册，俗称黄页。由于它的出现，促进了人们的信息交流和商务沟通，推动了信息广告业的快速发展进步，从此"万事找黄页"成了人们的商务生活习惯。

三、搜索引擎的工作原理

1. 网页搜索引擎的工作原理

搜索引擎的基本工作原理包括如下三个过程：
（1）在互联网中发现、搜集网页信息；
（2）对信息进行提取和组织建立索引库；
（3）由检索器根据用户输入的查询关键字（词），在索引库中快速检出文档，进行文档与查询的相关度评价，对将要输出的结果进行排序，并将查询结果返回给用户。如图7-1-3所示。

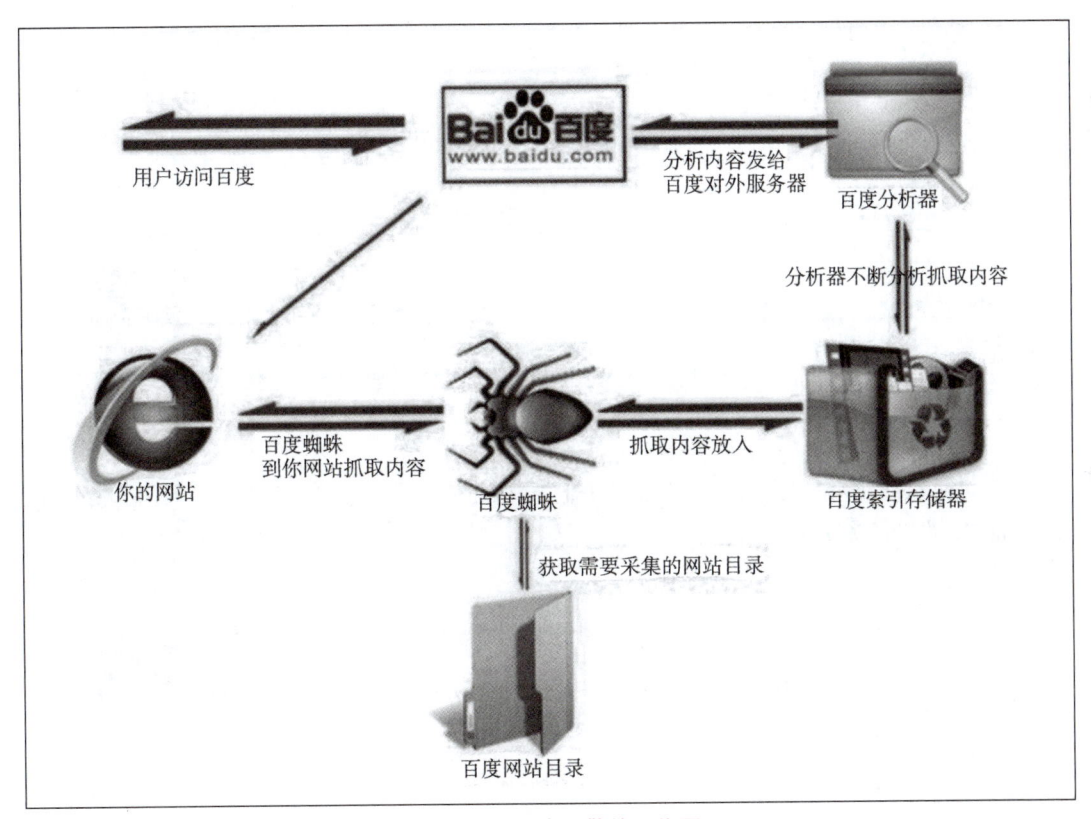

图7-1-3 搜索引擎的工作原理

搜索引擎的工作机制就是采用高效的蜘蛛程序，从指定URL（统一资源定位符）开始，顺着网页上的超级链接，采用深度优先算法或广度优先算法对整个Internet进行遍历，将网页信息抓取到本地数据库。然后使用索引器对数据库中的重要信息单元，如标题、关键字及摘要等或者全文进行索引，以供查询导航。最后，检索器将用户通过浏览器提交的查询请求与索引数据库中的信息以某种检索技术进行匹配，再将检索结果按某种排序方法返回给用户。

2. 电商平台搜索引擎的工作过程

1）搜索引导

为了让用户使用电商平台更快更容易找到商品，搜索引擎开发了很多与搜索相关的功能。

（1）默认推荐搜索词：在搜索框中间直接推荐用户可能感兴趣的关键词，如图7-1-4所示。

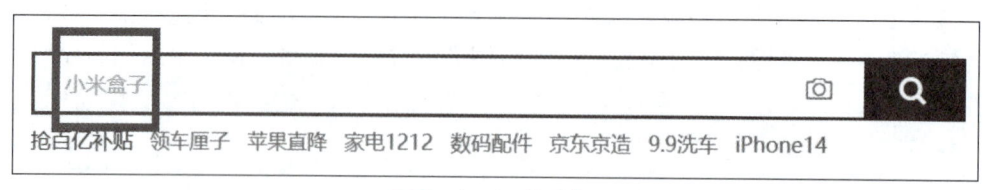

图7-1-4　搜索框

（2）搜索框下方推荐关键词：在搜索框下方推荐平台热门活动或热门关键词，如图7-1-5所示。

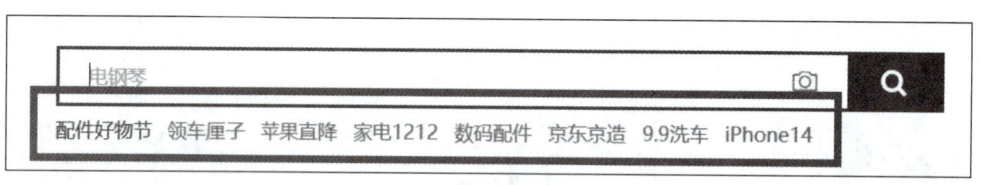

图7-1-5　搜索框下方推荐关键词

（3）搜索框拓展关键词：在搜索框中输入关键词后，下方会有以输入词为开始的拓展关键词，如图7-1-6所示。

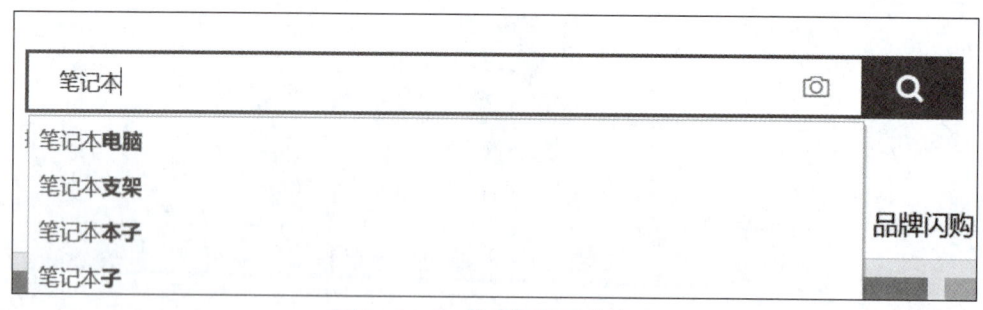

图7-1-6　搜索框拓展关键词

（4）历史搜索词：在手机端APP点击搜索框后有历史搜索关键词记录，方便用户点击选择，如图7-1-7所示。

在搜索历史下方，有搜索发现推荐的京东活动、热门关键词、根据用户标签和搜索历史推荐的关键词。

2）搜索判定

（1）判定搜索词中搜索的商品是什么。

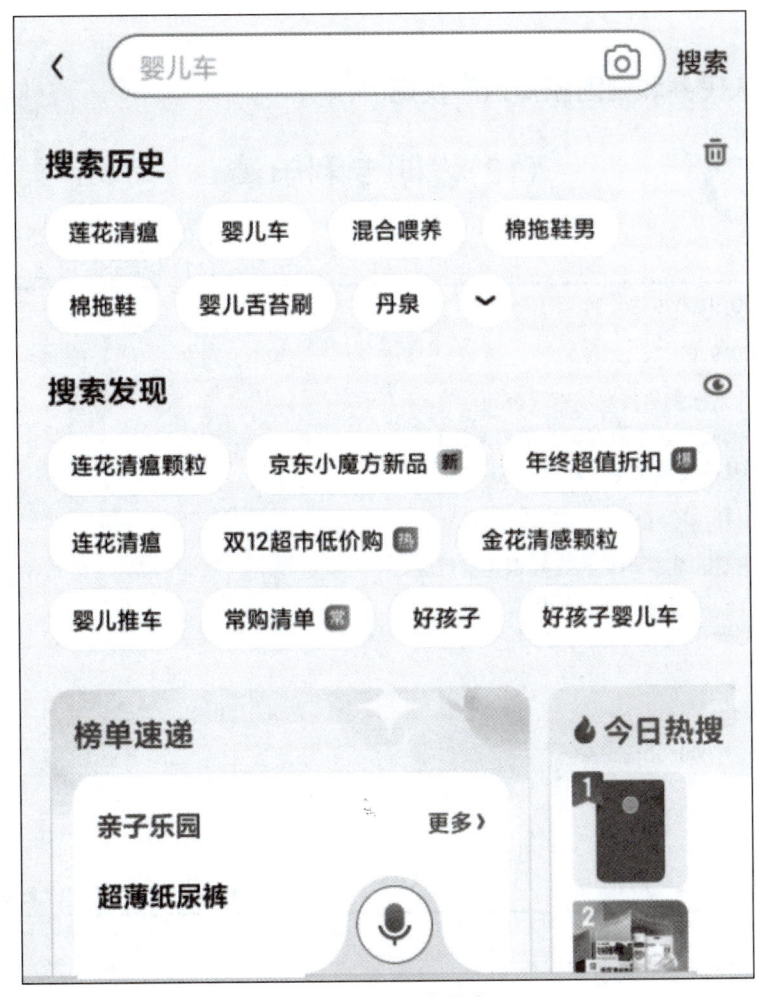

图 7-1-7 历史搜索词

（2）判定用户搜索的商品所属的类目。

（3）判定用户的性别。电商平台系统会根据用户本身的标签属性判定其性别，不同性别的用户搜索同一个词，展现内容会区别开，最熟悉的例子就是服装。

（4）判定平台中哪些商品符合用户搜索词。系统会对搜索词进行联想和拓展，将同用户搜索词含义相近、意义相似的商品展现在搜索结果中。

3）搜索匹配

在上一步中找到很多商品符合用户的需求，而其中排名权重越高的商品搜索排名越靠前，在影响排名权重的因素中，其中一项是用户搜索词和商品之间的相似度，系统会通过数学算法计算其相似度。

搜索词权重发明专利如图 7-1-8 所示。

(19) 中华人民共和国国家知识产权局

(12) 发明专利申请

(10) 申请公布号 CN 109815396 A
(43) 申请公布日 2019.05.28

(21) 申请号 201910039480.5

(22) 申请日 2019.01.16

(71) 申请人 北京搜狗科技发展有限公司
地址 100084 北京市海淀区中关村东路1号院9号楼搜狐网络大厦9层01房间

(72) 发明人 石翔　陈炜鹏　许静芳

(74) 专利代理机构 北京华圣典睿知识产权代理有限公司 11510
代理人 赵景平

(51) Int.Cl.
G06F 16/9535(2019.01)
G06F 17/27(2006.01)

权利要求书2页　说明书14页　附图6页

(54) 发明名称
搜索词权重确定方法及装置

(57) 摘要
本发明公开了一种搜索词权重确定方法及装置，该方法包括：接收搜索语句；对所述搜索语句进行分词处理，得到各搜索词；确定各搜索词的重要度识别特征，所述重要度识别特征包括统计特征，并且利用预先基于点击日志构建的短语词典确定所述统计特征；利用所述重要度识别特征及预先构建的重要度模型，确定所述搜索词的权重。利用本发明，可以提高搜索词权重的准确性。

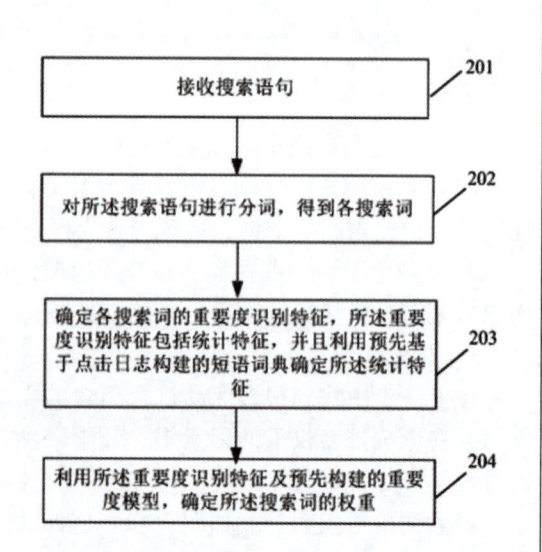

图 7-1-8　搜索词权重发明专利

四、搜索排名的影响因素

搜索排名的影响因素主要是描述质量权重、相关性权重、服务质量权重、商品权重等。搜索引擎会为以上因素赋予权重，计算商品的排名得分，根据排名得分为商品排名。

1. 描述质量权重

描述质量是指网店中商品标题、主图、所属类目、属性、详情页内容等商品描述的质量。

描述质量的高低会直接影响用户的体验和行为，影响商品的数据表现；描述内容越完善、描述质量越高，商品点击率、转化率等各方面的数据越好，进而可提高商品权重，搜索排名也就会越靠前。

2. 相关性权重

相关性是指搜索关键词和网店标题、类目、属性的相关性匹配程度。在搜索匹配时，相关性越高，排名就会越靠前。

3. 服务质量权重

服务质量是指在电商平台中网店服务好坏程度。服务质量一般有定量的数据表示，比如淘宝店铺中的动态评分（DSR），拼多多中的店铺星级和榜单成就，京东中的店铺星级和评分，如图7-1-9所示。

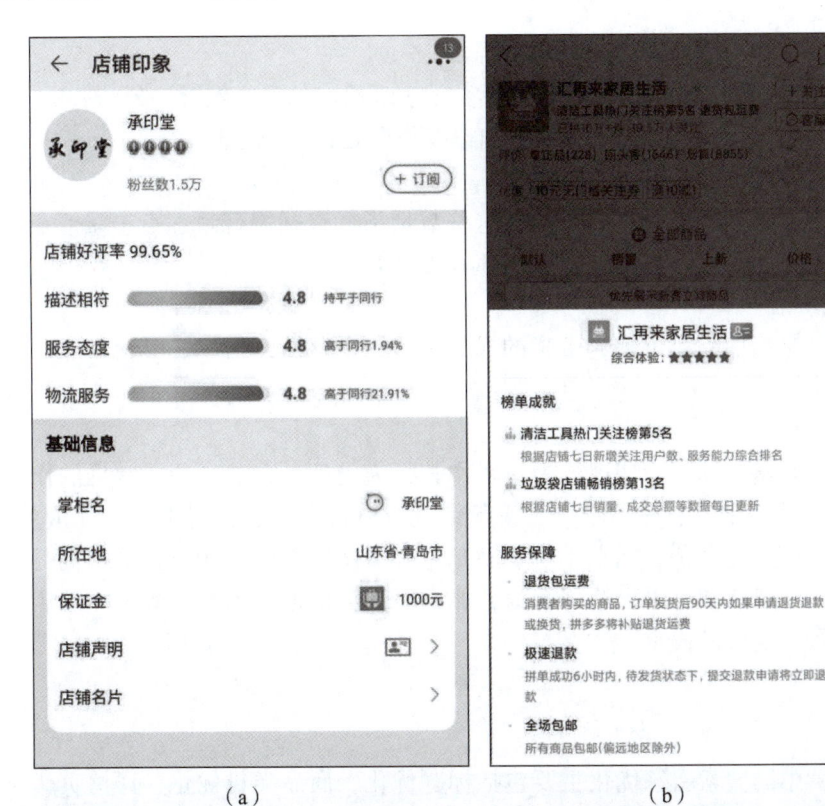

（a） （b）

图7-1-9　不同电商平台店铺服务质量得分

（c） （d）

图 7-1-9　不同电商平台店铺服务质量得分（续）

4. 商品权重

商品权重是指电子商务平台根据商品数据表现给出的一个综合评分。

商品权重主要由商品人气、商品产出以及作弊处罚三个方面决定。

1）商品人气

商品人气是指商品吸引人的数量，这些数量指标包括展现量、点击量、点击率、销售量、转化率、收藏量、收藏率、加购量、加购率。

2）商品产出

商品产出是指商品单位曝光带来的成交金额，主要由点击率、转化率、客单价三个数据指标决定。

3）作弊处罚

作弊处罚是指店铺因为违规行为或者作弊行为受到平台的处罚。常见的作弊行为包括类目错放、属性错选、标题堆砌、重复铺货、广告商品、描述不符、计量单位作弊、商品超低价、商品超高价、运费不符、SKU（最小存货单位）作弊、更换商品、炒作信用及销量等。如果店铺有以上违规行为，那么平台会依据行为严重程度扣除店铺的信用分，这会直接影响商品权重。

五、网店运营中的搜索引擎优化

网店运营中的搜索引擎优化主要包括标题优化、商品类目优化、详情页优化、相关性优化、权重优化等，通过搜索引擎优化可以让网店在用户访问电商平台时获得更多的平台推荐机会，在用户搜索关键词时排名更靠前，这样网店展现的机会增加、用户的点击率更高，从而为网店带来更多的点击量。如图 7-1-10 所示。

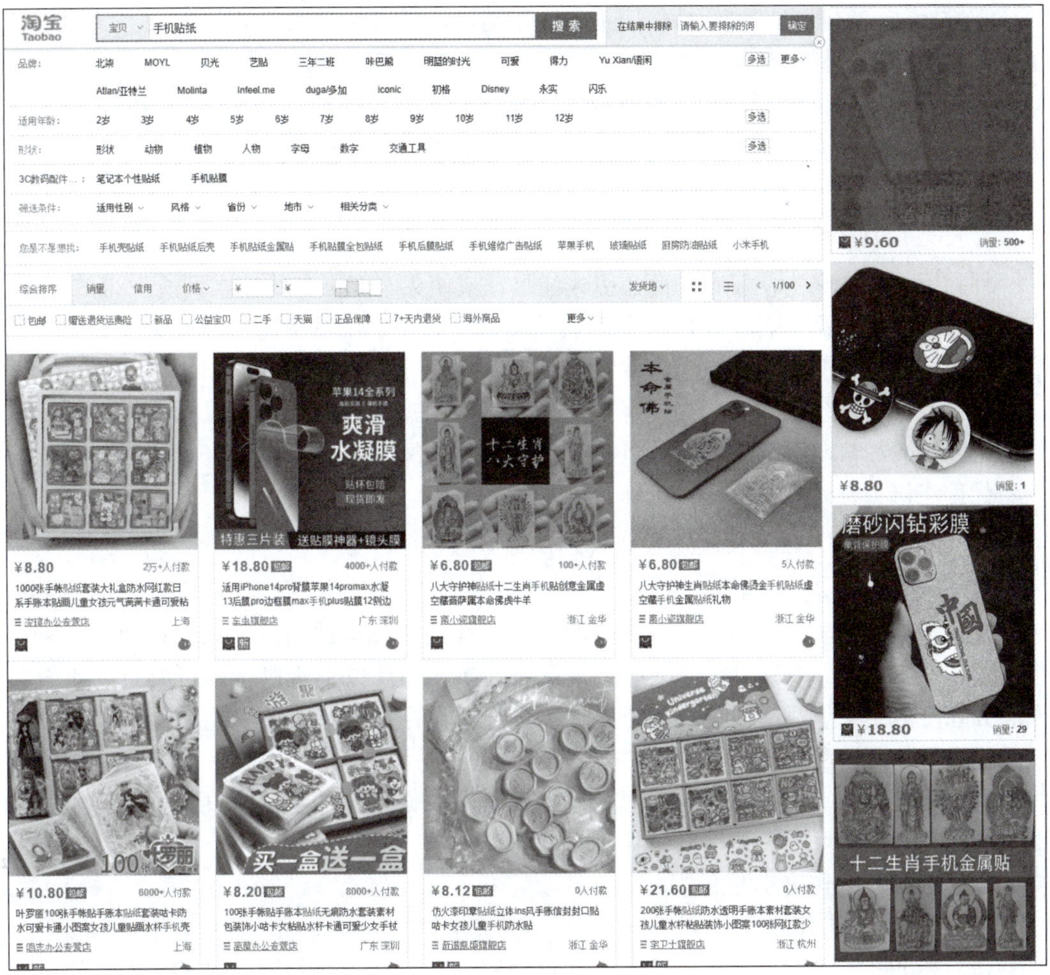

图 7-1-10　淘宝搜索引擎优化"手机贴纸"结果

这就需要网店运营人员懂得电商平台中的搜索引擎排序规则，在了解规则后有针对性地进行优化，使得网店及网店中的商品能更容易被搜索到，被搜索到后能够获得靠前的排名，更容易吸引普通用户的浏览和点击。

六、淘宝搜索排名作弊行为

十大淘宝搜索排名作弊行为评判标准、降权处理、优化建议如下：

1. 换宝贝

评判标准：换宝贝是指卖家为了累积销量或人气，修改原有商品的标题、价格、图片、详情等，变成另外一种商品继续出售。这是一种严重炒作销量的行为，有这种行为的商品会被淘宝搜索判定为换宝贝，立即降权。

降权处理：系统识别后会立即降权，降权时间根据作弊的不同程度而不同，一般为 30 天左右，严重的可永久降权或屏蔽。

优化建议：删除该商品。

2. 虚假交易（包括炒作信用和炒作销量）

评判标准：虚假交易包括炒作信用和炒作销量。以增加"会员积累信用"为目的或通过炒作商品销量提高商品人气而发布的商品，会被判定为虚假交易。

降权处理：系统识别后会立即降权，降权时间根据作弊的不同程度而不同，一般为30天左右。店铺虚假交易行为过于严重的，全店铺商品都会被降权。

优化建议：删除虚假交易的商品。

3. 标题滥用关键词

评判标准：卖家为使发布的商品引人注目，或使买家能更多地搜索到所发布的商品，在商品名称中滥用品牌名称或用与本商品无关的字眼，使消费者无法准确地找到需要的商品。有这种行为的商品会被淘宝搜索判定为标题滥用关键词商品。

降权处理：系统识别后会立即降权，降权时间根据作弊的不同程度而不同，标题滥用关键词的商品修改正确后，最早可在5天内结束降权。

优化建议：将商品标题修改正确。

4. 重复发布、重复铺货或重复铺货式开店

1）重复发布、重复铺货

评判标准：品质完全相同以及商品的重要属性完全相同的商品，只允许使用一种出售方式（从一口价、拍卖中选择一个），发布一次。违反以上规则，即可判定为重复发布，并在搜索结果里靠后展现或不予展现；对于不同的商品，必须在商品的标题、描述、图片等方面体现商品的不同，否则将被判定为重复铺货。

降权处理：系统识别后会立即降权，降权时间根据作弊的不同程度而不同，重复的商品删除后，最早可在5天内结束降权。

优化建议：删除重复的商品。

2）重复铺货式开店

评判标准：重复铺货式开店指卖家通过同时经营多家具有相同商品的店铺，达到重复铺货的目的，这种行为严重干扰其他卖家的正常经营秩序，并破坏买家的购物体验，属于搜索作弊行为。

屏蔽处理：系统识别后，保留其一个主营店铺，其余店铺屏蔽。

优化建议：保留一个主营店铺，其余店铺关闭。

5. 错放类目和属性

评判标准：商品属性与发布商品所选择的属性或类目不一致，或将商品错误放置在淘宝网推荐各类目下，淘宝搜索会判定为错放类目或属性。

降权处理：系统识别后会立即降权，降权时间根据作弊的不同程度而不同，错放类目和属性的商品调整正确后，最早可在5天内结束降权。

优化建议：将商品放到正确的类目和属性中。

6. 标题、图片、价格、描述等不一致

评判标准：卖家所发布的商品标题、图片、价格、描述等重要信息缺乏或者有多种信息相互不一致的情况，淘宝搜索判断为标题、图片、价格、描述等不一致。

降权处理：系统识别后会立即降权，降权时间根据作弊的不同程度而不同，标题、

图片、价格、描述等不一致的商品修改正确后，最早可在5天内结束降权。

优化建议：将商品修改正确，使其标题、图片、价格、描述等一致。

这种降权对某些特殊类商品不受影响。

某些特殊类商品指赠品、换购、无实际商品的专拍链接、代购服务费等商品，这类商品由于往往价格过低，会在价格排序下排名靠前，这种靠前的非正常商品对用户体验是一种非常大的伤害。为了保证广大买家能买到价廉且正常的商品，这类商品将在所有宝贝、人气宝贝排序下靠后展示，价格排序、销量排序、信用排序下默认不展示。但这类特殊商品的降权不会影响其他商品和店铺的正常销售。

7. SKU作弊

评判标准：SKU作弊指滥用商品属性（如套餐）设置过低或者不真实的一口价，从而使商品排序靠前（如价格排序），淘宝搜索将这种商品判定为SKU作弊商品。

降权处理：系统识别后会立即降权，降权时间根据作弊的不同程度而不同，SKU作弊商品修改正确后，最早可在5天内结束降权。

优化建议：将SKU商品修改正确。

8. 广告商品

评判标准：广告商品指商品描述不详、无实际商品、仅提供发布者联系方式以及非商品信息的商品（住宅类除外），淘宝搜索判定为广告商品。

降权处理：系统识别后会立即降权或屏蔽，降权时间根据作弊的不同程度而不同，广告商品修改正确后，最早可在5天内结束降权。

优化建议：删除该广告商品，或将其修改成正确的商品。

9. 邮费不符

评判标准：邮费不符指发布商品的一口价很低，邮费不符合市场规律或所属行业标准（包含但不仅限于如下情况："雪纺吊带衫"，一口价1元，平邮100元），淘宝搜索判定其相关商品为邮费不符商品。

降权处理：系统识别后会立即降权，降权时间根据作弊的不同程度而不同，邮费、价格严重不符的商品调整正确后，最早可在5天内结束降权。

优化建议：按照市场规律和所属行业标准，将商品邮费、价格调整正确。

10. 价格不符

评判标准：价格不符指发布商品的定价不符合市场规律或所属行业标准，滥用网络搜索方式使其发布的商品排名靠前，影响淘宝网正常运营秩序，淘宝搜索判定其相关商品为价格不符商品。

降权处理：系统识别后会立即降权，降权时间根据作弊的不同程度而不同，价格严重不符的商品调整正确后，最早可在5天内结束降权。

优化建议：按照市场规律和所属行业标准，将价格调整正确。

【思政任务】

想一想

搜索引擎优化技术可分为两大类：白帽技术与黑帽技术。

白帽技术（Whitehat）：在搜索引擎优化行业中，使用正规符合搜索引擎网站质量规范的手段和方式，使网站在搜索引擎中的关键词获得良好的自然排名的一种技术。

黑帽技术（Blackhat）：是指在搜索引擎优化行业中，通过一些类似作弊的方法或技术手段，以不符合主流搜索引擎优化发行方针规定的手法来获得短时间内较好的搜索引擎优化的一种技术。

对一个正常的商业网站和大部分个人网站来说，做好内容，正常优化，关注用户体验，才是通往成功之路。

要做好白帽技术，就必须了解黑帽技术包括哪些，避免无意中使用了黑帽技术，有些黑帽技术，风险很大，网络近乎一律被封杀。只要被发现，网站一定会被惩罚或者删除，比如隐藏文字。有的黑帽技术，风险要低一点，搜索引擎还会考虑到网站的其他一些因素，惩罚比较轻微，也有恢复的可能，比如关键字堆砌。

做白帽技术就要花更多的精力，而且并不能保证百分之百一定能作出一个成功的网站，但相对来说白帽技术也更安全，一旦成功，网站就可以维持排名和流量，成为一份高质量资产。

黑帽技术常常见效非常快，实施成本低，问题在于被发现和惩罚的概率也很高，而且会越来越高。一旦被惩罚，整个网站就不得不放弃了，一切要重新开始。长久下去，很可能做了几年后，还是没有一个真正高质量、能被称为资产的网站。

思考：多角度看待问题，技术是否有好坏之分？

【实训任务】

做一做

使用站长工具查询网站信息，包括网站的描述信息、备案信息、权重、流量、收录情况，填写网站信息表格。

（1）打开 https://seo.chinaz.com/，如图 7-1-11 所示，通过 SEO 综合查询可以查到该网站在各大搜索引擎的信息，包括收录、反链及关键词排名，也可以一目了然地看到该域名的相关信息，比如域名、年龄、相关备案等，及时调整网站优化。

图 7-1-11　SEO 综合查询

(2) 在网页区域点击右键,在菜单中选择"查看网页源代码",在源代码中找到网页描述信息,如图 7-1-12 所示。

图 7-1-12 查看网页源代码

在网页源代码中,可以看到网站拥有者对网站的描述信息,这个信息会被搜索引擎读取并记录。

(3) 在 SEO 综合查询搜索框中输入 www.taobao.com,查询淘宝网站信息,如图 7-1-13 所示。

图 7-1-13 SEO 综合查询淘宝网站信息

点击查询,查看网站信息,包括 SEO 信息、网站排名、域名信息、备案信息、网站信息、关键词信息、页面 TDK 信息(标题描述关键词)、竞争网站信息等,如图 7-1-14~图 7-1-18 所示。

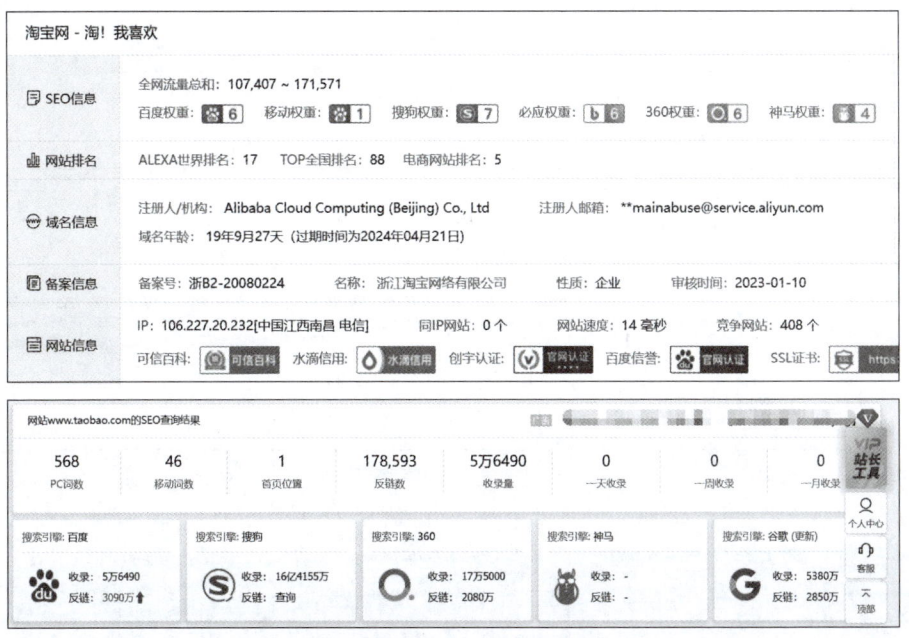

图 7-1-14 SEO 信息

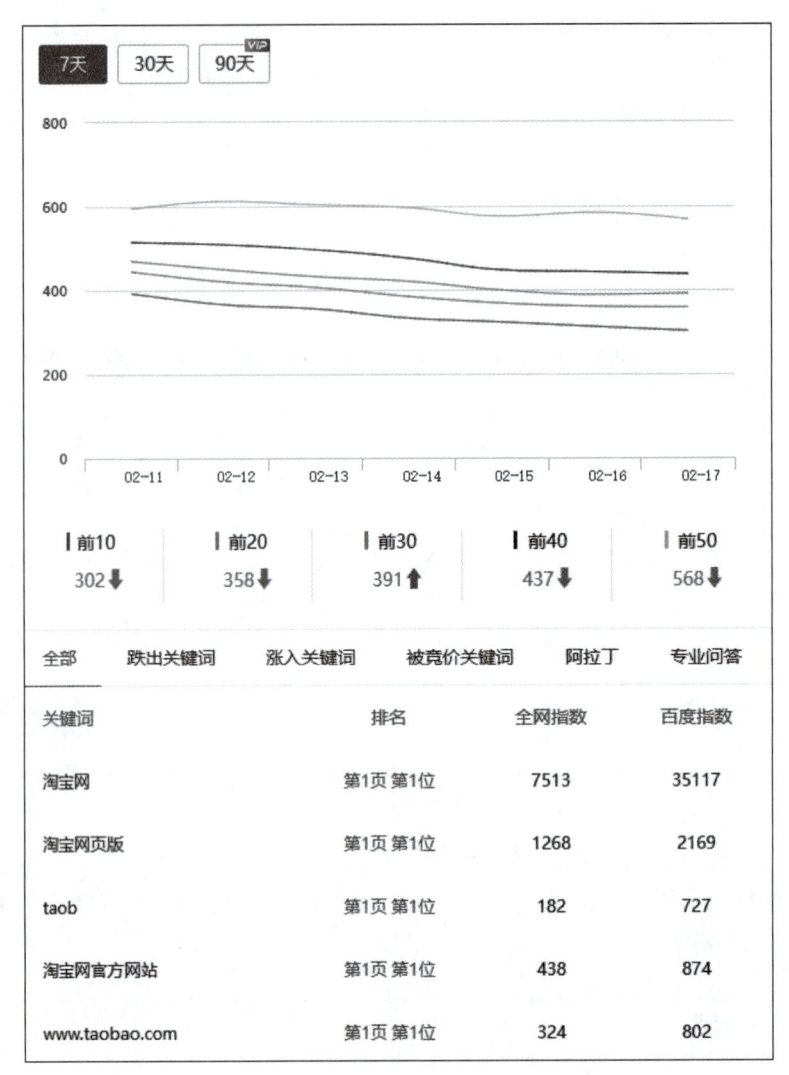

图 7-1-15 关键词信息

图 7-1-16 页面 TDK 信息

图 7-1-17 竞争网站信息

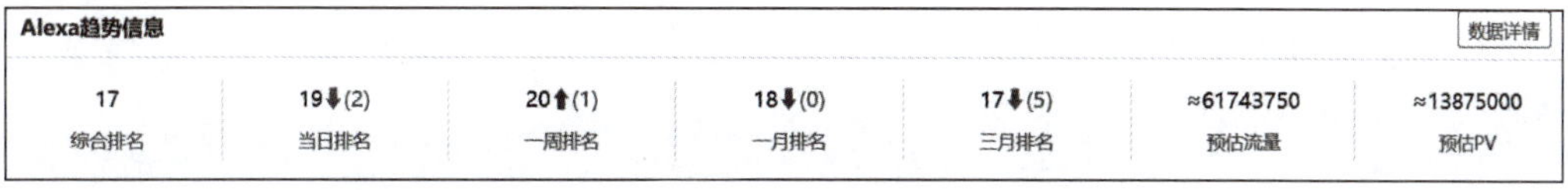

图 7-1-18　淘宝网排名信息

（4）选择一个网站，使用站长工具查询网站信息，并将信息填入表 7-1-1。

表 7-1-1　网站信息表

网站名称	
网址	
网站权重	
全网流量总和	
网站排名	
域名年龄	
备案名称	
竞争网站数量	
关键词数量	
反链数	
收录量	
网页标题	
网页关键词	
网页描述	

【重难点总结】

答一答

重点总结：SEO 一般是指搜索引擎优化（Search Engine Optimization），是一种通过了解搜索引擎的运作规则来优化网站/网店，以提高目的网站/网店在有关搜索引擎内的排名。

难点总结：搜索引擎的基本工作原理包括如下三个过程：

（1）在互联网中发现、搜集网页信息；

（2）对信息进行提取和组织建立索引库；

（3）由检索器根据用户输入的查询关键字（词），在索引库中快速检出文档，进行文档与查询的相关度评价，对将要输出的结果进行排序，并将查询结果返回给用户。

任务二　关键词

【学习目标】

1. 理解关键词的含义及关键词的分类；
2. 能根据商品信息提取关键词并制作商品关键词表格。

【建议学时】

2 学时。

【情境导入】

融一融

看一看关于网站运营推广和网店运营推广的工作岗位，如图 7－2－1 所示，了解一

淘宝京东网店客服、运营助理 5-7千

深圳-宝安区 | 1年经验 | 大专 | 10-27发布

一档社保 包住宿 绩效奖金 节日福利 年终奖金 下午茶

职位信息

1、熟悉淘宝/京东后台的操作系统，了解平台相关规则；
2、回答客户售前售中售后的相关问题；引导客户在网店进行购买，促成交，达成公司销售目标；
3、能处理店铺产品的上下架，活动店铺的报名活动；
4、协助运营完成活动的策划、推广和执行；
5、进行店铺日常维护，保证店铺的正常运作，优化店铺及商品排名；
6、需要能接受早晚班工作，晚班（12:30-16：30，18:00-22:00），正常班是8:30-18:00（中间休息1.5小时）每天8小时，每周6天；
7、薪资构成：底薪+绩效考核+提成。

任职资格：
1、打字快、淘宝、天猫、京东等网店客服/运营助理工作经验半年以上。
2、年龄20-35岁，中专学历以上。
3、电脑操作熟练，有责任心，良好的团队协作能力、客诉处理能力。
4、懂得消费者心理,有良好的语言表达能力,喜欢并善于沟通交流,学习能力强,为顾客解答售后问题。
5、有敏捷思维，有良好的服务意识和工作态度，有耐心，热情，喜欢与客户聊天沟通。

晋升路线：运营助理-运营专员/店长-运营经理-运营总监

公司优势:
公司有各销售平台布局，有完整的操作模式及一定的数据积累
公司自产产品有一定的技术壁垒，同行竞争少，有很大的发展空间

福利及考勤:
1、新公司新团队，更大的发展空间，更多的晋升机会；
2、园区、办公室环境优美，松岗&后亭双地铁口；
3、入职后即统一购买五险，日常员工不定期活动；
4、试用期2-3个月，表现优异者可跟上级申请提前转正；
5、工作时间：8小时*6天制，早上8:30开始上班，法定节假日按国家规定放假；
6、每周下午茶福利以及各种节假日福利。

职能类别：电商运营

关键字： 客服 运营 电商运营 淘宝客服 淘宝运营 天猫客服 电子商务 客服专员

(a)

图 7－2－1 SEO 职位信息

```
SEO/SEM 网络推广优化主管                          8千-1万

上海-奉贤区 | 3-4年经验 | 大专 | 10-27发布 | 普通话良好

五险一金  年终奖金  补充医疗保险  补充公积金  员工旅游  餐饮补贴  交通补贴  绩效奖金


| 职位信息

底薪+提成+***；

现阶段主要以公司官网、发布高质量文章等内链为主，文字功底要强；外链推广为辅

岗位职责：
1、公司网站、建设、维护与推广、公司网站的SEO优化，包括友情链接、外链推广等工作，为企业建立品牌运营和渠道；
2、分析网站关键词，有针对性地进行优化；
3、分析竞争对手并关注搜索引擎变化，随时做出调整；
4、跟踪分析网站流量及流量转化问题，为提高网站转化率提供相应方案；
5、公司百度、阿里巴巴等网络推广的跟进与维护；
6、公司网络的安全维护及电脑、打印机等硬件设备的简单维护；
7、主管交办的其他工作。

任职资格：
1、具有丰富的实际操作经验，熟悉搜索引擎的优化算法，具有外链资源挖掘执行力和外链建设的丰富经验；
3、对搜索引擎原理和算法有自己的认知和一定的见解；有门户SEO经验并拥有成功案例者优先；
4、熟悉网站推广流程，能熟练利用各种互联网资源、相关行业网络媒体、论坛、博客、邮件等方式开展网站推广工作，提高公司网站访问量。
5、有良好的沟通协调能力，工作细致、思想活跃、具有团队合作意识；能够独立完成工作。

工作时间：夏季8：00-17：00；冬季8：30-17：00；每周六9：00-11：30

职能类别：SEO/SEM

关键字：  SEO   网络推广   SEM   公众号   互联网   视频   优化   建筑业   建材
```

(b)

图 7-2-1 SEO 职位信息（续）

下岗位名称、岗位职责、任职资格、职能类别以及最后的关键字（词）等，这里的关键字（词）是什么意思？有什么作用？

图 7-2-2 为两张淘宝搜索结果截图，比较一下这两个搜索结果截图，看有什么不同点？

图7-2-2 两张淘宝搜索结果截图

【内容讲解】

学一学

一、关键词的概念

关键词指的是用户在搜索引擎中输入的单词，以表达他们的个人需求。

当用户无法描述自己的需求时，搜索引擎会发挥其智能，猜测用户想搜索的内容，如图7-2-3所示。

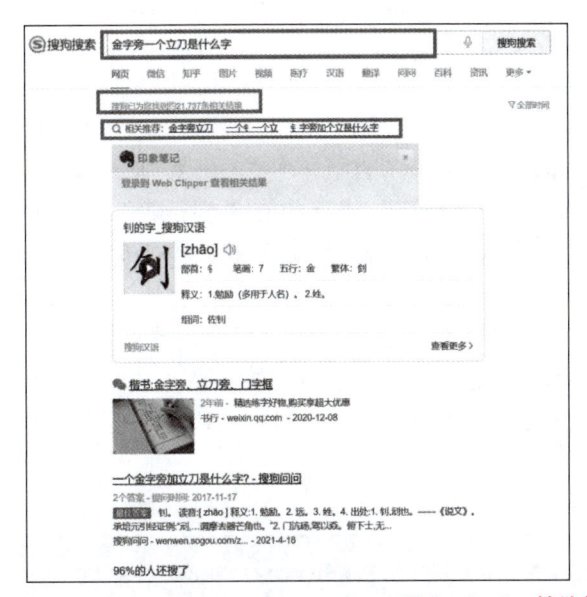

图7-2-3 搜狗搜索关键词

二、关键词的分类

当用户在搜索框中输入一个关键词搜索时，搜索引擎需要对用户输入的关键词进行词性识别，并根据关键词不同的词性和类别分配不同的权重，找到核心词和用户的需求、网店的商品相匹配的内容，并展现符合用户需求的商品搜索结果。因此，熟悉并掌握关键词的分类是一项非常重要的技能。

搜索引擎中常见的关键词类型有核心词、品牌词、属性词、营销词、长尾词。

1. 核心词

核心词是能准确表达商品是什么的关键词，是和商品关系紧密的关键词。核心词是商品标题中最重要的组成部分，标题中的其他相关关键词往往可以围绕核心词组合、延伸、展开。

1) 核心词的特点

核心词一般是短词、热词、大词，买家搜索量大，核心词会导致竞争激烈。

例如，在淘宝搜索框选择"店铺"并搜索"裙子"，得到的搜索结果如图7-2-4

所示，找到相关店铺1 258 824家。这里的"裙子"就是核心词，是一个大词，同时又因为女装行业本身竞争激烈，因此搜索裙子时搜索的店铺数量非常多。

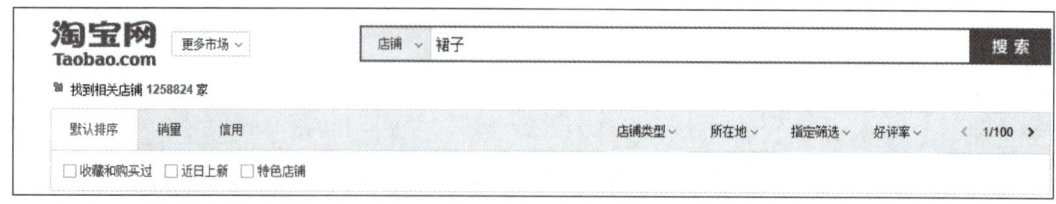

图7－2－4 在淘宝网搜索框搜索"裙子"

如果用户只搜索"裙子"两个字，因为范围太广，搜索出的结果多，买家会很难挑选，所以核心词的转化率往往偏低。

2）核心词的分类

核心词可以分为商品名称词和类目词。

（1）商品名称词是指商品的名称，例如"行李箱""自行车""平板拖车"等。要注意的是，有的商品会有多个不同的名称，与"行李箱"相近的有"旅行箱""拉杆箱"，"自行车"可以叫"单车""脚踏车"，搜索"平板拖车"的买家还会搜索"小拖车""小推车""手推车"，等等。

（2）类目词是指商品所属类目的名称，电商平台为了更好地进行商品导航和管理，会将商品进行分门别类，买家可以从大类到小类定位找到自己需要的商品，平台可以对商品做到细致的划分和管理。类目可以细分为一级类目、二级类目、三级类目等。在淘宝平台中，热门一级类目如图7－2－5所示。

图7－2－5 淘宝热门一级类目

点击淘宝首页商品分类链接，可以查看主题市场的热门推荐类目，如图7-2-6所示。

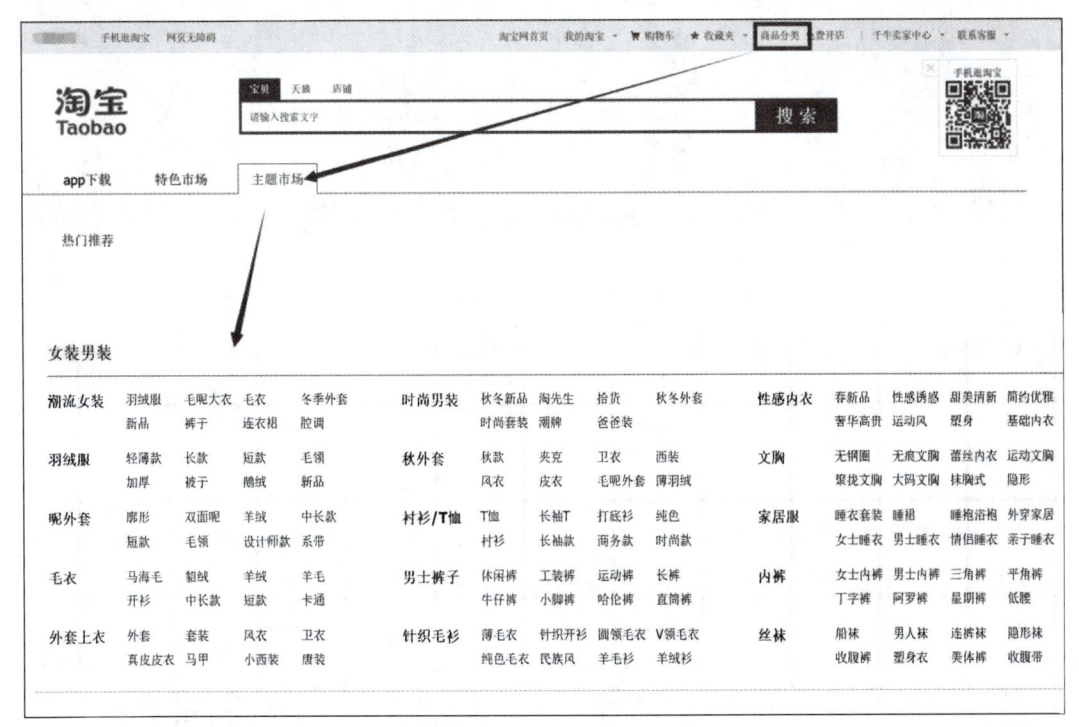

图7-2-6　淘宝网热门推荐类目

如果要查看完整类目，可以进入卖家中心，点击发布商品后，选择商品类目查看，如图7-2-7所示。

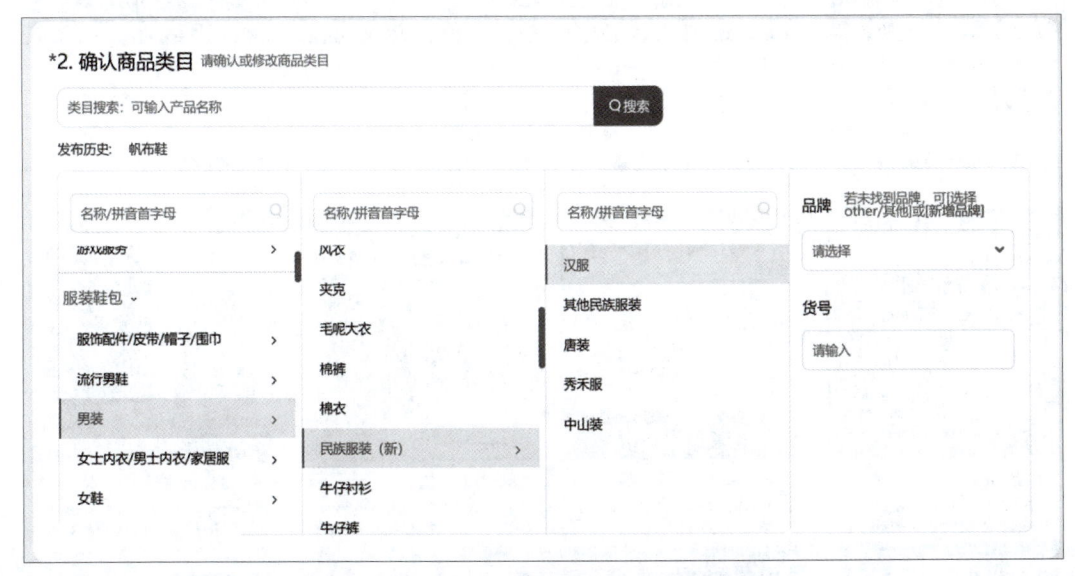

图7-2-7　在发布商品界面选择商品类目

这些类目名称都可以作为核心词出现在商品的标题中，如图7-2-8所示。

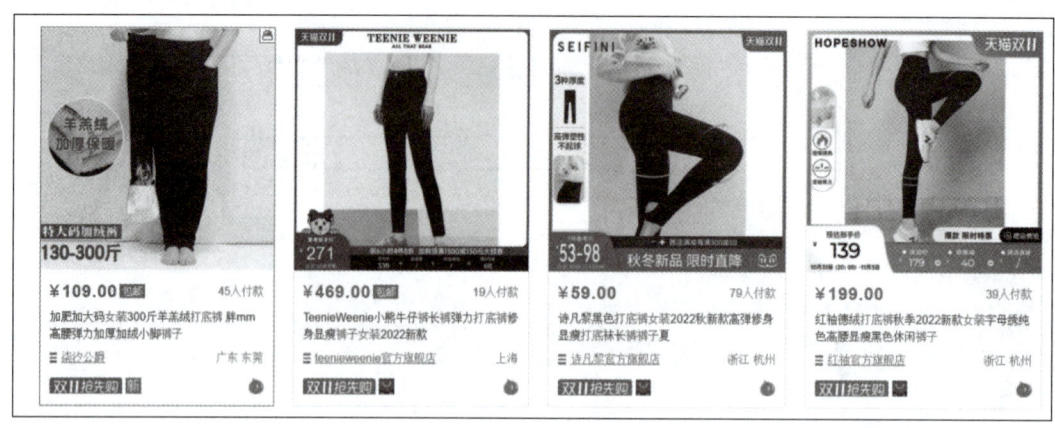

图7-2-8 商品标题中的类目词

2. 品牌词

品牌词是商品的品牌名称。例如"小米""苹果""华为"等品牌名称，如图7-2-9所示。一些电商平台或广告系统会有专门的品牌词识别库，如果不是自己的品牌词

图7-2-9 品牌词

而有些商家不当使用，平台或者系统会识别并禁止使用。如果平台没有识别并禁止使用，这种侵权行为可能会被品牌方举报、投诉。长远来看，平台或者系统迟早会对品牌词进行识别和保护。

3. 属性词

属性词是指描述商品规格、参数、特征的关键词。如商品的尺寸、大小、重量、容量、体积、材质、颜色、型号、样式、功能、用途等。当用户在平台中搜索一个关键词时，平台可以将商品属性匹配的商品展现给用户，用户通过商品标题中的属性词能迅速了解商品的属性。某品牌商品属性查找界面如图7-2-10所示。

所有分类 >								收起筛选 ∧
品牌：	华为	honor/荣耀	vivo	MIUI/小米	纽曼	OPPO	小辣椒	多选
手机类型：	拍照手机	智能手机	时尚手机	音乐手机	商务手机	直板手机	女性手机 电视手机 三防手机	多选
附加功能：	双卡双待	重力感应	光线感应	手电筒	OTG	重力传感器、环境光传...	距离感应 反蓝光护眼	多选 更多∨
运行内存RAM：	8GB	6GB	3GB					多选
筛选条件：	网络类型∨	机身内存ROM∨	像素∨	CPU品牌∨	相关分类∨			

图7-2-10 属性词

例如，用户搜索"华为双卡双待智能拍照手机"，其中"双卡双待""智能""拍照"都是手机的属性词。用户通过属性词描述自己的需求，如果商品包含这些属性，将影响用户的购买决策。

4. 营销词

营销词是指具有营销性质的关键词，它可能与商品无关或关联不大，是为了突出商品本身或者店铺服务优势以吸引顾客点击了解、购买商品而设置的关键词，可以是以卖点、优惠、活动、服务为前提的关键词。

1）以卖点为前提的关键词

前面的商品属性词或提炼的商品卖点词可以是营销词的一种，因为描写商品属性或卖点是为了营销，达到增加销量的目的。比如描述服装款式的宽松、韩版、学院、气质、显瘦、设计感、淑女、优雅、文艺范、明星同款、甜美、垂坠感、质感、潮流、活力、帅气、千金、高级感、精致、复古、轻熟、小众、小香风、慵懒风、软糯等；描述电子产品的高性能、节能、环保、绿色材质、循环、神器等，比如通用的新款、新品、爆款、月销万件、热销产品、店主推荐、礼物、礼品、正品、专柜等。

2）以优惠为前提的关键词

比如特价、促销、团购、买就送、打折、折扣、秒杀、优惠、限时打折、限时秒杀等。

3）以活动为前提的关键词

比如全民疯抢、年中大促、天天特价、爆款、甩卖、热销产品、店主推荐、节日特惠、会员有礼、新品上市等。

4）以服务为前提的关键词

比如包邮、免邮费、可试用、定制、可印字、可印LOGO、定做等。如图7-2-11所示。

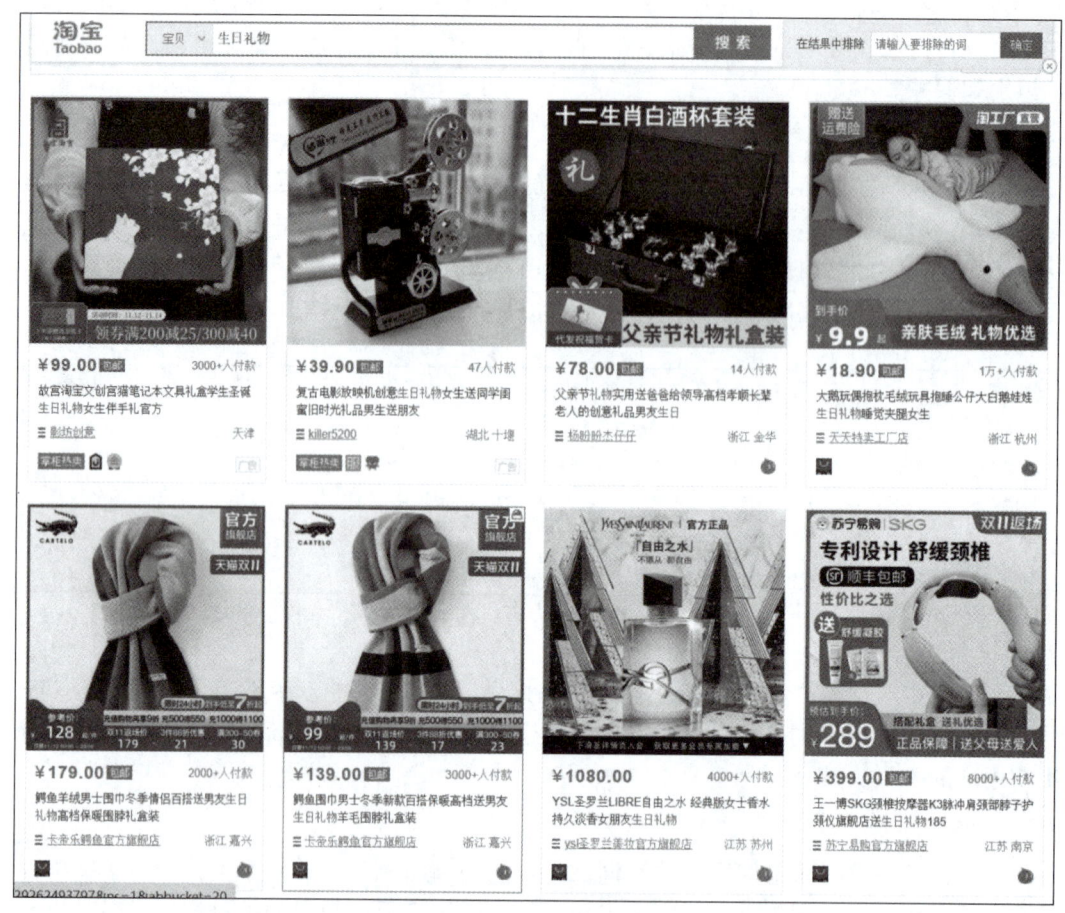

图 7-2-11 营销词

在写营销词需要注意不能夸张,要真实可靠,不能违反平台规则。

例如采用"新品上市"这个营销词,那么商品就应当是新品,而不能是已经上市很久的老款商品。

使用"店主推荐"这个营销词,就应当给出店主推荐的理由,例如店主是因为商品价格低、质量好或是性能优越而作出的推荐等。

例如采用"火爆热卖"这个营销词,但是实际上商品的销量并不大,这就会让顾客产生上当受骗的感觉,会影响店铺的信誉度。

如果采用"特价"这个营销词,那么商品的价格就要打折或采用其他低价手段。

5. 长尾词

长尾词即长尾关键词,是由2个以上关键词组合而成的关键词,甚至是较短的句子。

随着互联网的发展,越来越多的用户把搜索引擎当成一个智能机器,搜索的词五花八门,有些甚至是句子。某些长尾词也许是个别用户才会搜索,数年才搜索一次,所以单个长尾词流量很少,搜索频率极低,但是搜索的用户意向更加准确。

比如,用户搜索"哪款智能手机价格低质量好"这个长尾词,那么这个客户很有可能处在打算购买手机,正在积极寻找信息的阶段,是一个潜在客户。而如果只是搜索

"手机"这个关键词,那么很难确定用户的意图,也许用户只是想下载手机屏幕图片。

单个长尾关键词流量少,但是如果有大量的长尾词,那么流量将是惊人的,但大量的长尾词需要大量的内容支撑,需要网站生产大量的网页内容。

> **练习:**
> 针对手机产品,想一想自己的需求,构建3个长尾关键词,并通过搜索引擎搜索,查看搜索结果。

三、提取商品关键词、制作商品关键词表格

下面以淘宝网店中的一件商品为例,提取此商品对应的各种关键词,并用表格形式保存起来。商品信息如图7-2-12所示。

图 7-2-12 商品信息

描述文案如下：

高性价比星系列青春版锐龙本，可选 IPS（平面转换）全高清屏 16.5mm 窄边框，长效续航 145 分钟。

锐龙 5 处理器推荐人群：大学生、白领、讲师、刷剧狂人；实力宣言：网课、高效办公、视频讲课、畅快刷剧。全新"Zen3"架构兼具性能与续航，可选锐龙 5 – 5625U 处理器，配合 AMD Radeon Graphics 核显，学习娱乐更流畅，续航更持久。程序秒开秒载入，海量资料轻松存，高频内存 + 高速固态，双强合璧，响应更快更流畅，性能释放更充分。惊艳至美，轻巧随行，采用磨砂工艺，质感高级细腻；纤薄机身，宛如 A4 纸大小，外观精致出彩，出街便是时尚焦点；逼真色彩纤毫毕现，每一帧画面都光彩夺目，14 英寸 IPS 高清大屏，高达 80% 屏占比，可选 100% sRGB 高色域，画质细腻逼真，还原真实色彩，身临其境般的臻彩视觉体验，低光亦能超清晰，双阵列麦克风搭配 TNR（时域降噪）功能，能够有效降低周边杂音，顶置 HP True Vision 高清摄像头，即使身处弱光嘈杂的环境下，也能静享高质量视频画面，开会上网课交流更高效；疾速快充长时续航电力满满，轻松工作一整天，41W 长效快充电池，45 分钟快充 50%，一顿午饭时间即可"满血"回归；全新小型充电器，携带便捷，出行无忧；全面接口轻松拓展多功能 Type – C，畅联不受限，配备多种接口，支持 Type – C、HDMI（高清晰度的多媒体端接口）、储存卡等多种连接形式，彻底甩掉"小尾巴"。已预装正版 Windows 11 全新界面，简洁高效。爱护环境，惠普在行动，惠普坚持环保理念，包装采用可回收材料，经过能源之星认证，致力于一个安全、环保、可持续发展的未来。

根据以上商品属性参数和商品描述信息对商品关键词进行提炼、拓展、总结并分类，如表 7 – 2 – 1 所示。

表 7 – 2 – 1　关键词

词类	关键词
核心词	电脑、笔记本、办公本、学生本、游戏本、轻薄本、锐龙本
品牌词	HP、惠普、星系列、星 14
属性词	8GB、16GB、固态硬盘、512GB PCIe、AMD R3 5300U、共享系统内存、无光驱、18.0（含）~20.0mm（不含）、R5 – 5625U、1（含）~1.5kg（不含）、触摸板、非触摸屏、一级能效、轻薄、核芯显卡、Windows 11、学生、家庭影音、女性定位、商务办公、高清游戏、3 芯锂电池、蓝牙、无线网卡、FHD IPS 显示屏、1 920px×1 080px、14 英寸、60Hz
营销词	全国联保、人气推荐、畅玩版、畅玩升级版、急速升级版、高色域畅玩版、高色域旗舰版、大屏进阶版、性能核显、标准套餐、+79 元购黑色无线包鼠标套装、+379 元购、银色 500G、移动固态硬盘、高性价比、青春版
长尾关键词	笔记本电脑、惠普笔记本、惠普星笔记本、惠普轻薄笔记本、独立显卡笔记本、14 英寸笔记本、笔记本 AMD

不同的用户会搜索不同的词，所以关键词成千上万，各不相同。

不同需求的用户会根据商品不同的属性、功能、功效、场景组成关键词进行搜索，最常见的搜索词是属性词 + 核心词，用属性词描述自己对商品的个性需求，用核心词确定需求的商品是什么。

需求越明确的用户，搜索的关键词或者直接为商品品牌、型号，或者为包含多个关键词的长尾词，用户会将自己的需求用关键词组合在一起体现出来。

四、关键词对于自然搜索排名的影响

平台在进行搜索匹配时，需要将用户搜索的关键词和平台中商品进行匹配，商品和用户搜索的关键词相似度越相近，在用户看到的商品搜索结果页商品的排名越靠前，平台会通过数学算法计算用户标签和用户搜索的关键词的向量集合，同时根据商品标题、类目、属性、详情页等计算商品的向量集合，将两个向量集合进行对比，越相似，权重越高。这个权重属于描述质量的权重，权重越高，商品的排名越高。

【思政任务】

想一想

刘德华回应奥迪品宣传片抄袭事件：
对原创百分之百尊重，个人深感遗憾

刘德华回应奥迪品宣传片
抄袭事件：对原创百分之百
尊重，个人深感遗憾

2022年5月22日17时许，刘德华方面就奥迪"小满"营销文案抄袭事件发文回应称："对原创我是百分百的尊重，今次事件，对于广告团队在创作过程中出现的问题，以及对满哥造成的困扰，我个人深感遗憾。Audi 和广告公司现正认真处理中。"如图 7-2-13 所示。

图 7-2-13 刘德华微博回应

5月21日，奥迪联合艺人刘德华发布了一则以小满节气主题的品牌宣传片引起热议，刷屏后一度被称为"神作"。然而，就在当晚，抖音用户"北大满哥"指该片文案与去年5月21日他发布的一则视频的文案内容高度一致，质疑该片制作方涉嫌抄袭。此事在当天随即冲上热搜。

5月22日上午10时许，奥迪就该事件发布声明致歉，随后下架该视频。

随着事件的持续发酵，细心的网友也发现，其实该文案在 2017 年的时候就出现在名为"yoli 尤琳"的微博上，如图 7-2-14 所示。对此，"yoli 尤琳"也对整个事件的"反转"回复称："是我写的，但是我相信这是每个深入了解二十四节气的人都有的发现，不算是什么独创性思想。"

图 7-2-14 "yoli 尤琳" 2017 年微博

然而，此事在发酵过程中不断被"套娃"。因为亦有网友表示"yoli 尤琳"微博上的内容也疑似抄袭了 2016 年某博客上的内容。

ChatGPT（聊天机器人程序）让很多人看到人工智能的作用和可能产生的不良结果，比如使用 ChatGPT 做作业和写论文，你怎么看待互联网上的抄袭现象？如何看待互联网新技术的使用？

【实训任务】

做一做

提取以下商品的各类关键词，如图 7-2-15 所示，并填入表 7-2-2 中。

品牌：TP-LINK	型号：TL-WDR5620千兆版	成色：全新
网络标准：802.11b 802.11g 802.11...	颜色分类：千兆版 Mesh一键互联（...	套餐类型：标准套餐
生产企业：普联技术有限公司	有线传输率：千兆端口	无线传输速率：1200Mbps
USB接口数量：不支持	无线网络支持频率：2.4G&5G	是否无线：是
无线传输速度：1167M	适用对象：小户型 大户型	是否支持WDS：是
是否支持WPS：否	是否可拆：不可拆	保修期：12个月

图 7-2-15 商品属性信息

表 7-2-2 关键词

词类	关键词
核心词	
品牌词	
属性词	
营销词	
长尾关键词	

商品描述信息如下：

（1）Wi-Fi 无缝连接信号无处不在，AC1 200 千兆端口易展 Mesh（一种多节点、无中心、自组织的无线多跳通信网络）分布式路由器，AC1 200 双频千兆无线路由器 TL-WDR5 620 千兆易展版；全千兆有线端口，无须区分 WAN/LAN（广域网/局域网），支持网口盲插，TL-WDR5 620 千兆易展版提供 4 个全千兆有线端口，榨干运营商每一兆带宽，使宽带费用每一分钱都物有所值。无须区分 WAN/LAN，支持网口盲插，使入户网线插入路由器的任一网口即可开始配置上网。

有易展，扩展 Wi-Fi 很容易，什么是易展，TP-LINK（品牌名）易展系列采用 TP-LINK Mesh 技术，将同型号或不同型号多台易展路由器，通过简单的"一键互联"，不需要专业知识，免配置，解决单台路由器无线覆盖不够用的问题，让扩展 Wi-Fi 很容易。所有带有 TP-LINK 易展功能的，任何规格、任何形态、任意易展产品均可"一键互联"。

换路由器，免配置，新旧路由器一键同步，彻底解决换路由器，忘记宽带账号密码，不会配置新路由器的问题。只需同时按下新老路由器上的易展按键，便可一键同步老路由器的所有网络设置，无须打开手机电脑进行任何路由器设置，忘记宽带账号密码也不用担心，真正做到插上电马上就能用。

新老路由器都需支持易展功能，新的更好用，老的还能用。家里网络升级，换了新的性能更强的易展路由器，老易展路由器仍然可以充分利用，和新路由器互联，作为易展网络的一分子，发挥余热。

无须区分主/子路由器，组网更智能，无须区分 WAN/LAN，支持网口盲插；易展路由器之间采用 2.4G+5G 双背板，更强的背板带宽，意味着更强的峰值性能和更广的覆盖。

（2）双频，1 200Mbps 酣畅上网；TL-WDR5 620 千兆易展版在 2.4GHz 频段无线速率可达 300Mbps，在 5GHz 频段用新一代 11AC 技术，通过提升频宽，提高频率调制效率，无线速率可达 867Mbps，可以轻松支持高清（1 080P）电影播放、在线视频、3D 游戏等高网速应用。

用 TP 双频路由器，手机上网快 6 倍。

由于功耗原因，无论连接 150Mbps、300Mbps、450Mbps，还是 600Mbps 的 2.4GHz 单频无线路由器，手机 Wi-Fi 理论速率会被迫调降至 72Mbps。所以，手机最终获得的 Wi-Fi 连接速度都只有 72Mbps。TP-LINK 双频路由器提供 2.4GHz 和 5GHz 双频段，5GHz 频段更纯净，速率更快。手机连接 5GHz 频段，至少能获得高 433Mbps 的 Wi-Fi 速度。一个 72Mbps，一个 433Mbps，差距高达 6 倍以上。

（3）4 根天线科学布局，信号更强，覆盖更广。

外置 2 根 2.4GHz 单频天线和 2 根 5GHz 单频天线，通过更为科学的整体布局，在有限的壳体空间内，使同频天线之间获得更大的隔离度，有效降低同频干扰，获得更优异的传输性能。同时，通过精密和专业的天线内部结构设计，可获得更高的天线增益功能，无线信号更强，覆盖更广。

（4）多频合一，智能选择。

TL-WDR5 620 千兆易展版采用多频合一技术，将 2.4GHz、5GHz 多个频段合并为 1 个共同的 SSID（Service Set Identifier，服务集标识），使用相同的配置。可以根据终端实时上网速率，自动适配更优的信号，智能为用户选择网速更高、干扰更少的上网频段。

充分发挥多频段优势，智能优化用户体验。

（5）支持访客网络，家庭网络安全有保障。

支持访客网络，将主人网络和客人网络分离，既方便客人来访的时候上网，也保障家庭网络安全。并且可以对网络的上下行网速进行限制，设置简单，方便安全。

（6）支持 IPv6。

大容量、高效率、强安全的 IPv6 具有更大的地址空间，更加适合大量手机、PAD、电脑、智能家居设备接入。IPv6 提高了路由器转发效率，并具有更高的安全性，游戏更酣畅、网购更放心。随着全球 IPv6 技术发展，也更加方便用户访问国内外知名的教育网和丰富的学术资源。

（7）具有网速控制、上网时间控制等多样功能。

提供设备管理功能，可对连接到路由器的每一台设备的上网速度进行控制，避免个别用户使用 BT、迅雷等软件占用过多带宽。同时能够设置允许上网时间段，有效管理设备的上网时间，更加方便家长对于孩子上网时间进行管控。

（8）手机 APP，管理随时随地。

通过 TP – LINK 手机 APP，轻松掌控家中网络和设备，状态一目了然，在线升级、远程管理以及安装体验新应用等，路由器管理，随时随地。

根据以上商品属性参数和商品描述信息对商品关键词进行提炼、拓展、总结并分类。

【重难点总结】

答一答

重点总结：掌握关键词分类，这是撰写商品标题的前提，同时也是 SEM 推广关键词的基础知识。

难点总结：把商品关键词提取出来并分类，分类时容易混淆的是营销词和属性词。

任务三　商品信息 SEO 优化

【学习目标】

1. 学会使用关键词撰写商品标题；
2. 熟悉商品类目，学会准确填写商品上架的各种信息。

【建议学时】

2 学时。

【情境导入】

融一融

新学期开始了，小明同学准备网购一个双肩背包供平时上课使用，也可以在外出休闲游玩时使用,上课时用来装课本、笔记本电脑等电子产品、水杯雨伞等生活用品,外出休闲游玩时可以装充电宝、充电线、折叠伞、衣服、帽子、零食、饮料、水杯、学生证等用品。确定了用途,小明考虑了一下自己的偏好和个性化的需求。

首先,背包材质需要能够防水,以防上学或者外出时突然遇到下雨天气,同时又没有带伞。

其次,上学时需要带课本、笔记本电脑、作业本、充电宝、电源线等,需要背包空间足够大,能够分成多层空间,分别放置不同物品,需有专门的笔记本电脑层。

为了方便喝水,需要侧面能够放水杯、雨伞;背包需要有一些小口袋用来装一些小物品,包括学生证、文具、零钱等。

最后,在外观上,因为喜欢漫画,小明希望背包凸显个性爱好,有一定二次元元素。

有了以上需求,小明开始在网上寻找心仪的背包产品,他选择在淘宝上搜索,首先,他搜索"双肩背包"这个关键词,搜索结果如图7-3-1所示。

你认为他应该搜索一些什么关键词来找到自己心仪的背包呢?

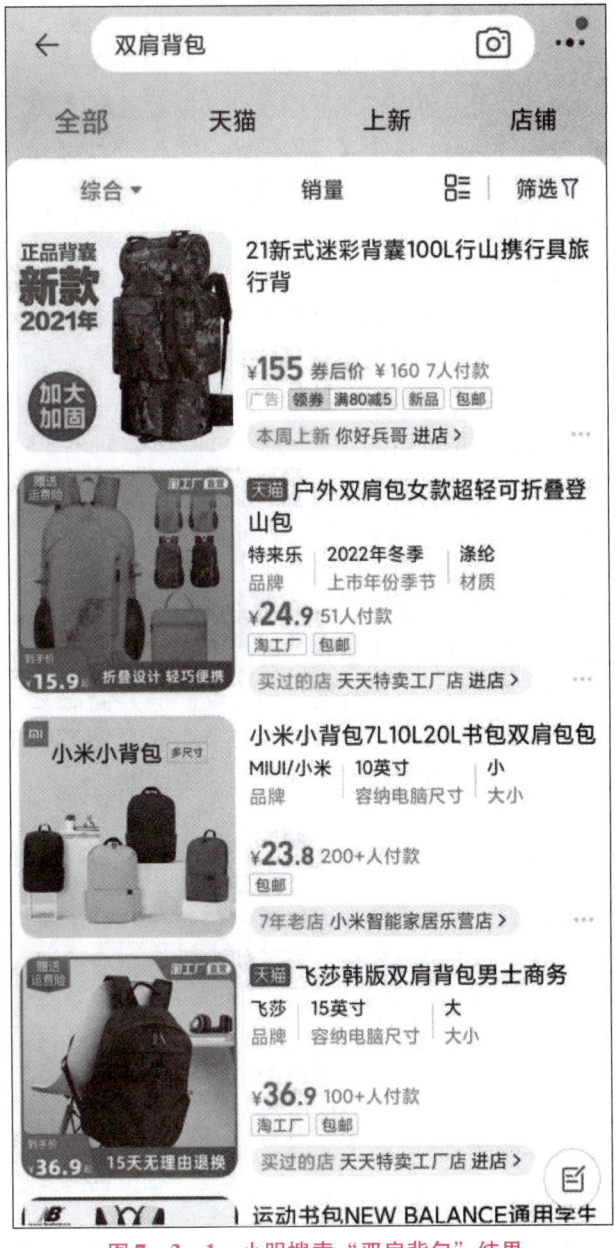

图7-3-1 小明搜索"双肩背包"结果

【内容讲解】

学一学

一、商品标题

商品标题是描述商品的名称。当买家在电商平台搜索关键词后,展现的商品标题可以直观告诉买家商品的类别、属性、特点等信息。网店商品标题由多个关键词组成，标题中包含核心词、属性词、营销词、品牌词等，商家需要选择合适的关键词组成一条商品标题。以淘宝为例，淘宝网店商品标题最多由 60 个字符组成（一个数字、英文字母或空格为 1 个字符，一个汉字为两个字符），所以商品标题最多有 30 个汉字，网店在制作商品标题时要填满 30 个汉字的空间。

那么怎样才算是一条好的标题呢？

（1）买家从标题一眼就能看出商品是什么，有哪些特点、卖点。

（2）符合搜索引擎分析的规则，搜索引擎从标题就能够得知商品最重要的信息。

（3）标题中的关键词能够为网店带来搜索流量。

关键词的类别不同，搜索人气就不一样，同时竞争积累程度也大不相同。当店铺竞争力强时，选用搜索人气高的"大词/核心词"也能够排名靠前，能够为店铺带来大量自然搜索流量。比如小明同学搜索"双肩背包"，这是一个商品类目词，是一个核心词，搜索的人非常多，如果网店的商品能够在买家搜索"双肩背包"时展现，就能够为网店带来大量的流量。但是这种词也有缺点，因为当一个核心词覆盖的商品范围太广，是一个"大词"时，展现的商品多种多样，差别比较大，这样的搜索结果对于用户来说不一定精准，不一定满足小明同学的需求。

买家搜索的关键词与商品标题及商品其他描述信息的相关性是搜索引擎进行商品排序时的重要因素。当标题中包含买家搜索的关键词，且关键词与商品信息相关性较高时，商品才更容易被搜索引擎展现到靠前的位置。

二、撰写商品标题

商品标题由多个关键词组成，包含核心词、属性词、营销词、品牌词等。在制作商品标题时，网店需要从众多关键词中找到合适的关键词，用这些合适的关键词组成一条标题。

撰写商品标题的步骤如下：

1. 制作关键词词表

根据商品信息，制作关键词词表。

2. 找到关键词数据信息

找到关键词数据信息，从关键词展现量、点击率、转化率等指标筛选出优质关键词。

那么如何找到关键词数据信息呢？

（1）商家可以通过生意参谋—市场—搜索词分析工具，查看平台整个市场里的行业关键词数据，如图 7-3-2 所示。

（2）商家可以通过生意参谋—流量—选词助手，查看自己网店的引流搜索关键词数据、竞店搜索关键词数据、行业相关搜索词数据，如图 7-3-3 所示。

3. 确定标题关键词排序

从买家的角度考虑，买家会如何组合关键词进行搜索，以及买家看到什么关键词顺序比较习惯。比如，买家会用"防水双肩背包"还是"双肩背包防水"进行搜索？"双肩背包"要放在标题整个句子前边还是后边？

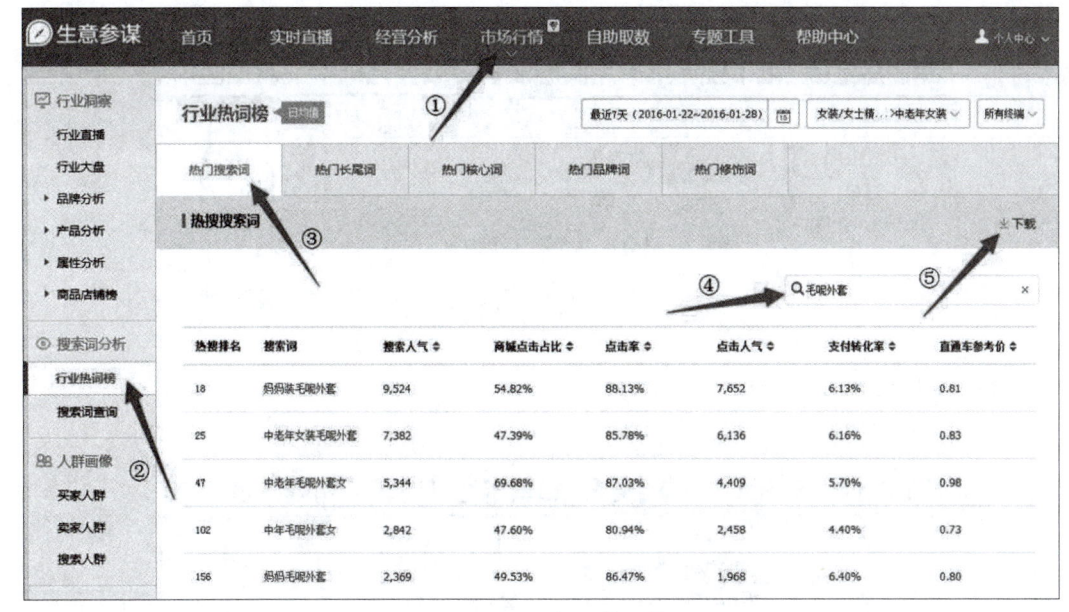

图7-3-2 行业热词榜

图7-3-3 选词助手

4. 确定商品标题

撰写完整的商品标题，确保标题具有一定的吸引力，易于被买家阅读和理解，读取到商品的名称、类别、卖点、属性等。

以下是现实中淘宝店铺的一些标题例子，我们一起分析一下标题的组合撰写方式。

商品标题案例一（图7-3-4）：

案例一组词方式：属性词+核心词+核心词+营销词+属性词+营销词+核心词+核心词+品牌词+核心词。

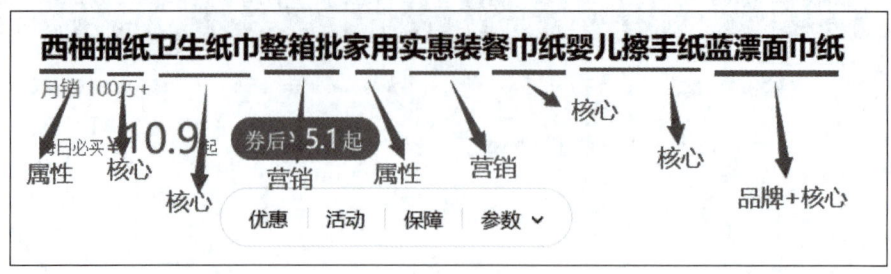

图 7-3-4 商品标题案例一

商品标题案例二（图 7-3-5）：

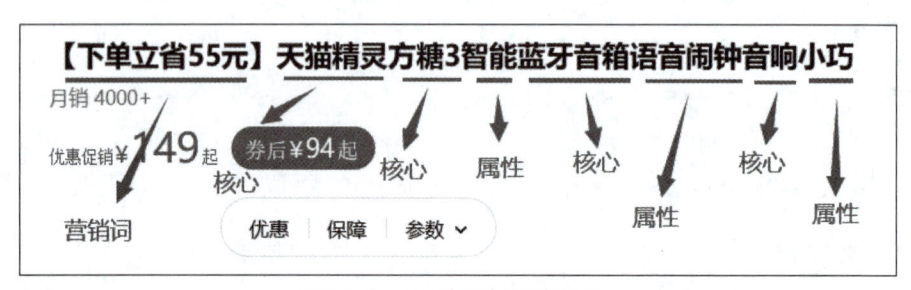

图 7-3-5 商品标题案例二

案例二组词方式：营销词＋核心词＋核心词＋属性词＋核心词＋属性词＋核心词＋属性词。

我们发现这两个案例中都是核心词数量最多，属性词或者营销词加上属性词这样的排列方式让整个句子比较通顺。

三、优化商品标题

商品标题写好之后，标题中的关键词就会发挥作用，在买家搜索时，搜索词和标题关键词如果一样或者相关，就有可能为网店带来搜索流量。有了流量，网店商品才能积攒人气，带来收藏、加购和订单，这些数据影响网店的权重，为关键词排名助力，这是一个正向影响的过程，所以不要小看商品标题产生的作用。

商品标题并不是一成不变的，在合适的时间可以优化商品标题，优化商品标题有一些基本准则和技巧。

1. 商品标题的字数空间要写满

比如淘宝的 30 个汉字空间，写满关键词才能覆盖更多买家搜索词，商品被搜索到展现的机会就增加。关键词需要和商品一致，不能随意添加一些无关的热门关键词。比如商品是"双肩包"，就不能在标题上加上"单肩包"，没有属性的关键词也不要随意添加。要选择和商品相关的关键词，不能随意堆砌无关关键词。

2. 重要关键词要放置在标题靠前的位置

人的视觉是从左到右来看的，30 个汉字的标题句子一般来说人的视觉容易集中在开头和结尾，放在开头的关键词更有可能被买家第一眼看到，这会给买家第一印象，让买家知道商品的信息。所以商品的核心词可以尽量放在标题靠前的位置。

3. 关键词种类要覆盖广泛

核心词、属性词、营销词、品牌词、长尾关键词要都能够覆盖到，这样买家人群更广泛，搜索流量更多。

除了以上技巧，还需要从关键词数据分析进行商品标题优化。

可以根据引流搜索关键词看出商品标题中哪些关键词真正为网店带来了流量，针对标题中没有带来流量的关键词进行优化，包括针对关键词进行上架商品信息的完善、详情页相关性提升、删除更换新的关键词等。

可以把竞店搜索关键词中数据好的拿来优化标题，也可以找到对方有的关键词而你没有的关键词优化。

可以用行业相关搜索词找到热搜的飙升的关键词来优化标题。

不管是引流关键词、竞店搜索关键词还是行业相关搜索词，如果发现关键词搜索一直在上升，竞品宝贝数又特别少，那一定要抓住机会，这很可能是蓝海市场。

四、上架商品

1. 商品类目

每个电商平台的商品类目大多一样，只是在排序上有些差别，下面以淘宝和京东电脑端首页为例，查看它们首页的商品类目。从事电商工作要对所处商品类目有较深入的了解，可以从电商平台的商品类目着手了解，如图7-3-6和图7-3-7所示。

图7-3-6 淘宝商品类目导航

2. 上架商品

在网店开设后，需要上传商品信息，在上传商品时需要选择商品类目。

以淘宝为例，上架商品界面如图7-3-8所示。

图 7-3-7 京东商品类目

图 7-3-8 千牛电脑端上架商品界面

（1）点击发布新商品，上传商品主图，如图 7-3-9 所示。

（2）在上传商品主图后，需要确认商品类目，如图 7-3-10 所示。一是可以直接在类目搜索框搜索网店对应的商品类目；二是可以在搜索框下方类目列表中查看并选择对应准确的类目。如果类目选择不对，会影响搜索引擎对商品的判定，当用户搜索正确类目词时，如果商家的商品因为类目设置错误，那么商品将不会被展示，从而丧失大量展现机会。

项目七　SEO优化

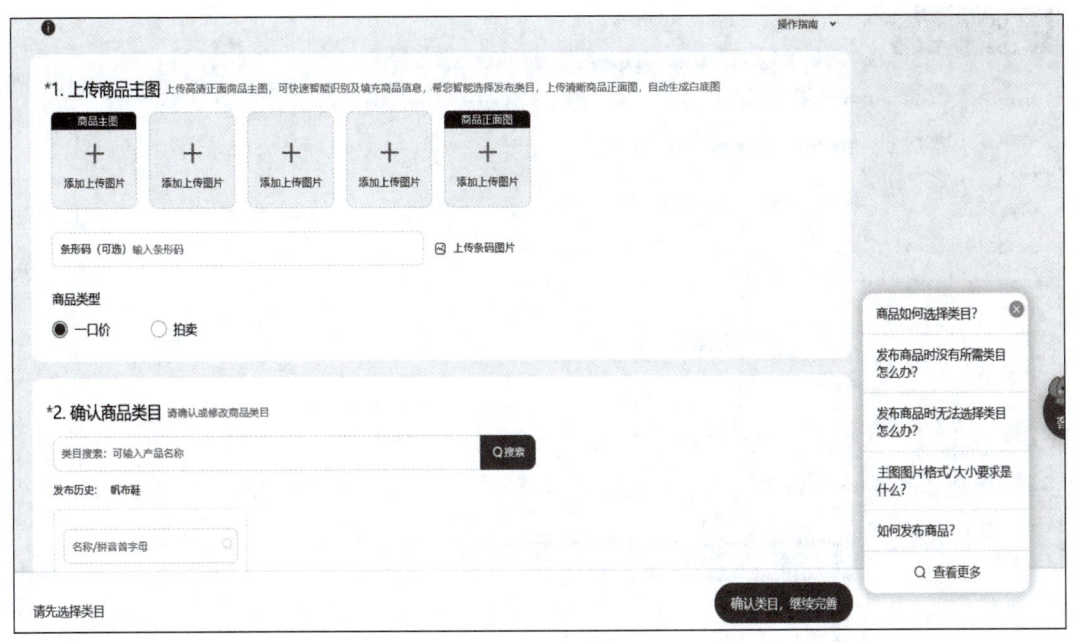

图7-3-9　上传商品主图

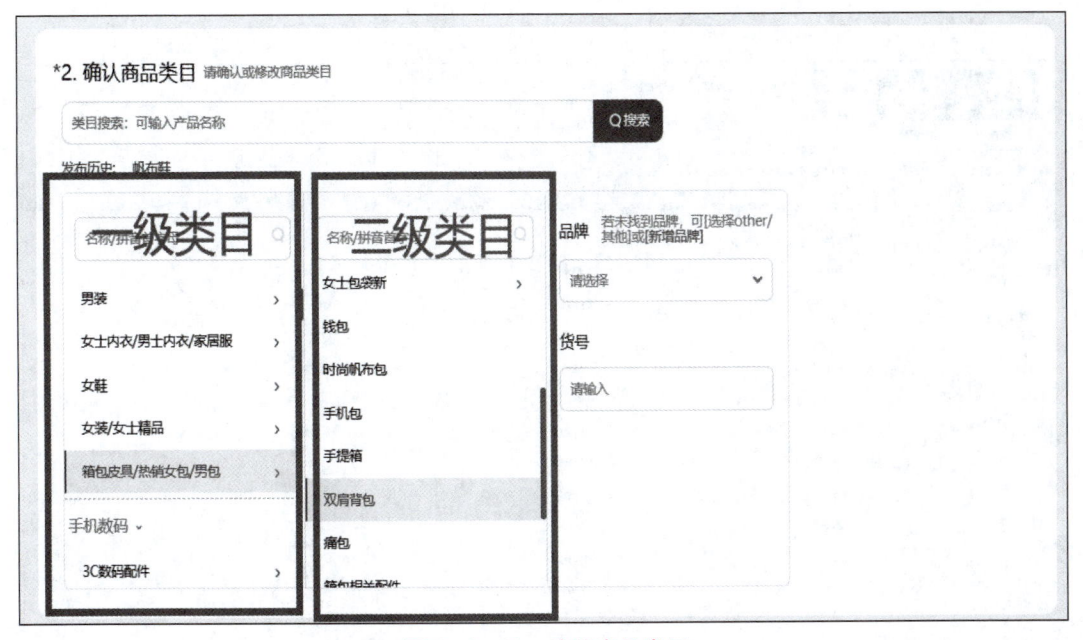

图7-3-10　确认商品类目

（3）选择好类目后，填写商品信息，如图7-3-11和图7-3-12所示。

图 7-3-11　填写宝贝标题

图 7-3-12　填写类目属性

【思政任务】

想一想

标题党

如图7-3-13所示的这个"震惊体"的标题,并不会直接跳转到某个猎奇的故事,相反,它们会将浏览者直接带到博客里的帖子上,让他们能够免费阅读全章的经典小说——莎士比亚的《罗密欧与朱丽叶》。

"悲剧!少女哄骗男友自杀,两个家族都心痛欲裂。"

图7-3-13 "震惊体"标题

"笑疯体"(图7-3-14)"爱国体""逆天体""男默女泪体"等也是标题党常见的套路。"社会网络与数据挖掘"就研究过标题党背后的逻辑,发现正是这些看起来很傻的标题,反而能引起人的分享欲。

图7-3-14 "笑疯体"标题

有时仅仅改动一个标题,就可以让文章的点击率增长1 600%。标题党利用大众的好奇心及猎奇心理,为媒体贡献着源源不断的流量。标题党的盛行,迎合了现代泛阅读化的发展趋势,同时也反映出部分媒体从业者语言能力的退化。文章标题变得越来越像、越来越喧宾夺主地"剧透"正文。

标题本该是一篇文章的灵魂,然而现在却沦为一个个预设好的陷阱。用标题党的形式吸引更多人读名著,之所以能受到热捧,是因为名著本身的吸引程度远远大于标题本身。

标题固然可以套路,但优质的内容才是第一生产力。一贯以断章取义、夸大其词、无中生有的标题作为攫取流量手段的媒体,终将会被读者所抛弃。

想一想，文章标题和商品标题过分夸大、标题内容和文章或者商品内容不一致等会带来哪些问题？生活中言行不一、表里不一会对个人带来什么问题？

【实训任务】

做一做

申请自己的淘宝店铺，并上架一件新宝贝，采集商品属性信息，提炼商品特点和卖点，制作商品关键词表，如表7-3-1所示。根据关键词撰写商品标题，在上架商品中选择商品类别，填写商品标题和属性信息，确保正确选择商品类别、准确填写商品属性信息。

表 7-3-1 关键词

词类	关键词
核心词	
品牌词	
属性词	
营销词	
长尾关键词	
商品标题	

【重难点总结】

答一答

重点总结：撰写商品标题。商品标题文字给予平台对商品的理解，并将商品展示给搜索的买家，同时给予买家对商品的第一印象，因此，撰写一条符合平台规则、符合撰写技巧的标题是很重要的。

难点总结：优化商品标题。在优化商品标题时需要结合关键词数据进行合理选择，知道如何使用数据工具找到关键词数据，从大量数据中筛选出优质关键词，其中对数据指标的理解和运用，具有一定的难度。

【练习题】

一、选择题

1．（单选）搜索排名影响因素可以主要提炼为（　　）。
A. 描述质量权重　　B. 相关性权重　　C. 服务质量权重　　D. 商品权重

2．（单选）描述质量是指（　　）。
A. 商品标题　　B. 商品主图　　C. 所属类目、属性　　D. 详情页

3．（多选）相关性是指搜索关键词与（　　）的相关性。
A. 商品标题　　B. 类目　　C. 属性　　D. 评论

4. (多选) 关键词类型有（　　　）。
   A. 核心词　　　　B. 品牌词　　　　C. 属性词　　　　D. 营销词
   E. 长尾词
5. (多选) 下列属于核心词的有（　　　）。
   A. 单车　　　　B. 公路车　　　　C. 可折叠自行车　　　D. 捷安特
6. (多选) 下列属于营销词的有（　　　）。
   A. 爆款　　　　B. 正品　　　　C. 团购　　　　D. 可印字
7. (单选) 淘宝网店商品标题最多由（　　　）个字符组成。
   A. 30　　　　B. 40　　　　C. 50　　　　D. 60
8. (多选) 以下属于淘宝网类目的有（　　　）。
   A. 呢外套　　　　B. 潮流女装　　　C. 精品男包　　　D. 印度特色
9. (多选) 淘宝关键词挖掘常见方法有（　　　）。
   A. 搜索下拉框　　　　　　　B. 生意参谋选词助手
   C. 商品属性信息　　　　　　D. 竞争对手商品标题
10. (单选) 关键词"正品"是（　　　）。
    A. 核心词　　　　B. 属性词　　　C. 营销词　　　D. 长尾词

二、判断题

1. 核心词一般是热门关键词，流量大。　　　　　　　　　　　　　（　　）
2. 如果是新品，应该多选用长尾词写商品标题。　　　　　　　　　（　　）
3. 如果是爆款商品，可以选择核心词撰写标题。　　　　　　　　　（　　）
4. 长尾词竞争小，核心词竞争大。　　　　　　　　　　　　　　　（　　）
5. 换商品属于正常操作，不是作弊行为。　　　　　　　　　　　　（　　）
6. 撰写商品标题只需考虑搜索引擎，不需考虑用户是否看得懂。　　（　　）

三、简答题

1. 关键词有哪几种类别？分别举例。
2. 淘宝商品标题应该如何撰写？
3. 搜索排名影响因素有哪些？

项目八
SEM 推广

【知识目标】

1. 掌握 SEM 的概念；
2. 了解 SEO 与 SEM 的差别；
3. 了解搜索引擎营销的原理；
4. 理解搜索引擎营销的作用；
5. 明确搜索引擎营销的方法。

【技能目标】

1. 能说出 SEM 的基本概念；
2. 能区分 SEO 与 SEM；
3. 会辨别 SEM 推广内容；
4. 能完成店铺 SEM 推广。

【素质目标】

1. 树立学习目标；
2. 养成遵守规则的意识；
3. 善于发现事物间的联系；
4. 尊重原创和知识产权。

【建议学时】

12 学时。

【知识导图】

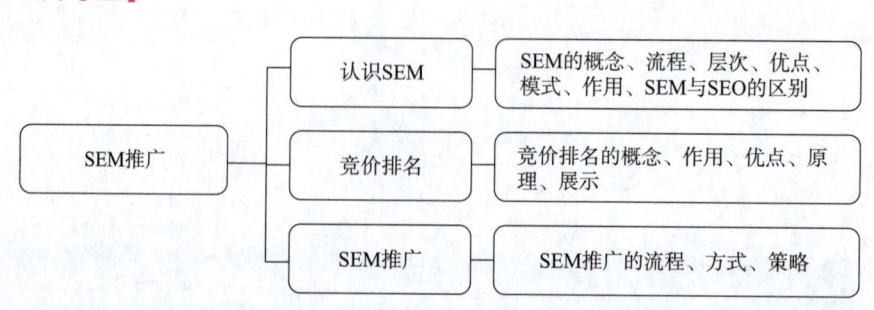

SEM推广	认识SEM	SEM的概念、流程、层次、优点、模式、作用、SEM与SEO的区别
	竞价排名	竞价排名的概念、作用、优点、原理、展示
	SEM推广	SEM推广的流程、方式、策略

【项目导言】

全面依法治国是国家治理的一场深刻革命,关系党执政兴国,关系人民幸福安康,关系党和国家长治久安。必须更好发挥法治固根本、稳预期、利长远的保障作用,在法治轨道上全面建设社会主义现代化国家。在竞价排名中,搜索引擎推广背后隐藏的是社会责任和法治规范,我们需要坚定走中国特色社会主义法治道路的理想和信念,同时强化社会责任担当。

任务一 认识 SEM

【学习目标】

1. 掌握 SEM 的概念;
2. 了解搜索引擎营销的发展历程;
3. 了解搜索引擎营销的工作原理;
4. 理解搜索引擎营销的作用。

认识搜索引擎营销

【建议学时】

4 学时。

【情境导入】

融一融

小明在完成学校布置的实训任务——"奶粉行业研究分析"中收集资料信息时发现,在各大搜索引擎中搜索奶粉,总是无法轻易地找到自己想找的资料信息,但却总是优先在页面头条位置看到关于奶粉的广告或者推广信息,如图 8-1-1 和图 8-1-2 所示。这引起了小明的兴趣,他想知道为什么总是优先看到这些消息资讯。

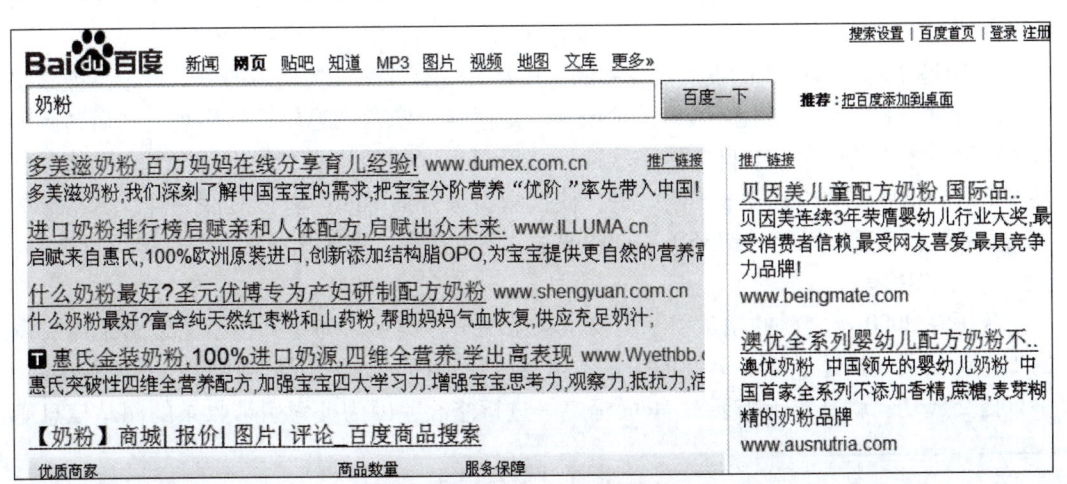

图 8-1-1 搜索引擎营销例子①

图 8-1-2 搜索引擎营销例子②

【内容讲解】

学一学

一、SEM 的概念

1. SEM 的概念

搜索引擎营销（Search Engine Marketing，SEM）就是基于搜索引擎平台的网络营销，利用人们对搜索引擎的依赖和使用习惯，在人们检索信息的时候将信息传递给目标用户。搜索引擎营销的基本思想是让用户发现信息，并通过点击进入网页，进一步了解所需要的信息。企业通过搜索引擎付费推广，可以让用户直接与公司客服进行交流，实现交易。

2. SEM 的发展历程

SEM 是紧随搜索引擎的发展而发展的。1994 年，以 Yahoo 为代表的分类目录型搜索引擎相继诞生，并逐渐体现出网络营销价值，于是搜索引擎营销思想开始出现。随后，新的搜索引擎技术不断产生，如自动提交软件、基于 Meta[①] 标签检索、优化与排名自动检测软件，等等。这些新的检索技术不断改进，使搜索引擎营销不断向着针对性更强、更精准的方向发展，而后搜索引擎营销经历了自然搜索、简单搜索、专业化搜索三个发展阶段。

1）自然搜索

我国在 2000 年之前的搜索引擎主要从人工编辑分类目录为主，搜索引擎营销需要做的工作包括网站描述、准备关键词等基本信息，免费提交给各个搜索引擎，并保持跟踪。一旦提交成功，就基本不需要对 Meta 标签等进行修改，因为搜索引擎收录的网站信息等

---

① Meta 标签是用来描述一个 HTML 网页文档属性的专有名词，如作者、日期、时间和关键词等。

内容不会因为网站的修改而随之改变。

2）简单搜索

我国在 2001 年之前，搜索引擎营销是以免费分类目录登录为主。2001 年到 2003 年期间，由于出现了按点击付费的搜索引擎关键词广告，带来了收费问题，加上网络经济环境的因素，搜索引擎营销市场进入了调整期，传统网络分类目录的推广作用日益减弱，甚至有人预言其将消失。从 2003 年后期开始，以 Google 为代表的第二代搜索引擎渐成主流。网站建成后无须人工提交，于是，基于自然检索结果的搜索引擎优化开始得到重视。同时，搜索引擎广告进入了快速增长期，出现了以 Google AdSense 为代表的基于定位内容的搜索引擎广告。

3）专业化搜索

2004 年开始，新的搜索引擎不断出现，搜索引擎营销效果逐渐被企业机构认可，搜索引擎广告进入快速成长时期，搜索引擎全面引领着互联网经济，企业机构开始普遍认可搜索引擎营销的价值。随着网站数量的快速增长，优质的搜索引擎推广资源成为企业机构争夺的对象。同时，国内外多家搜索引擎都看准中国搜索引擎营销服务市场。人们对搜索引擎认识的逐步加深使搜索引擎营销逐渐发展成了具有专业化的知识体系。2007 年我国搜索引擎用户规模已达 1.72 亿人，超过美国的 1.65 亿人，同时，搜索引擎请求量月均超过 110 亿次，也超过了美国，中国已经成为搜索引擎用户最多的国家，2022 年中国搜索引擎用户规模已达 8.29 亿。目前国内的搜索引擎以百度为主，其他搜索引擎的市占率较低。从国内搜索引擎占有率数据来看，百度依然牢牢占据龙头地位，PC 端市场占比 81.26%，移动端市场占比 80.62%。

随着搜索引擎技术的不断升级，搜索商业产品的多元化、智能化特征已经日益显现，对企业的搜索引擎营销能力提出了更高的要求。

二、SEM 的流程

1. 用户购买角度的 SEM 流程

用户购买角度的 SEM 流程如图 8-1-3 所示。

1）产生兴趣	2）激发需求	3）搜索	4）浏览	5）购买
广告、周边环境、口碑、自身需求等因素都会触发用户产生兴趣	通过多重因素激发用户了解商品的欲望或购买需求	通过搜索引擎搜索需求或目标关键词，并点击广告（SEM竞价广告）	点击并进入网站浏览，通过网页内容获取有效信息	咨询并完成购买行为

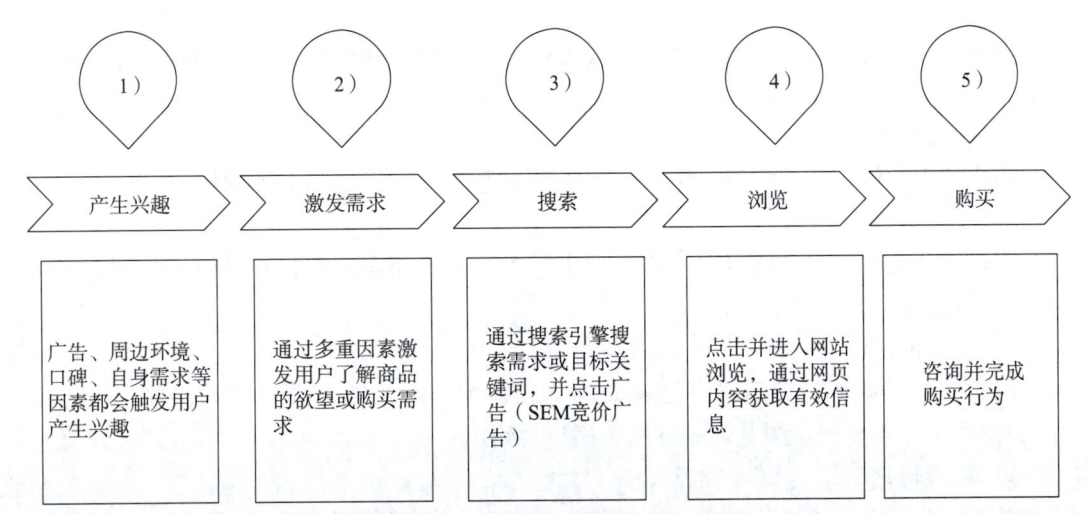

图 8-1-3　用户购买角度的 SEM 流程

1）产生兴趣

广告、周边环境、口碑、自身需求等因素都会触发用户产生兴趣。

2）激发需求

通过多重因素激发用户了解商品的欲望或购买需求。

3）搜索

通过搜索引擎搜索需求或目标关键词，并点击广告（SEM 竞价广告）。

4）浏览

点击并进入网站浏览，通过网页内容获取有效信息。

5）购买

咨询并完成购买行为。

2. 企业推广角度的 SEM 流程

企业推广角度的 SEM 流程如图 8-1-4 所示。

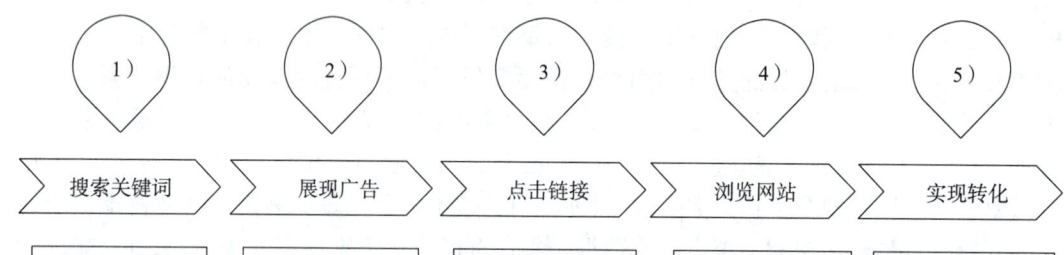

1) 搜索关键词	2) 展现广告	3) 点击链接	4) 浏览网站	5) 实现转化
用户通过关键词搜索信息，企业需要进行关键词挖掘和分析，布局结合产品的高质量的关键词	用户搜索关键词后，搜索引擎平台将展现企业广告，广告被展现在特定位置	用户此时会选择自己感兴趣的广告点击，对于企业而言，需要有吸引力的创意来吸引用户的点击行为	用户浏览网页是要找到对自己有效的信息，企业需要结合自身产品，并"投其所好"，制作干净、易读、浏览体验好的页面呈现给用户	对于企业而言，一切营销活动均以营利为目的，前期所做的推广都是为了提高转化，带来实际收益，此处要求页面必须包含必要的营销元素，如产品、电话、咨询等

图 8-1-4 企业推广角度的 SEM 流程

1）搜索关键词

用户通过关键词搜索信息，企业需要进行关键词挖掘和分析，布局结合产品的高质量的关键词。

2）展现广告

用户搜索关键词后，搜索引擎平台将展现企业广告，广告被展现在特定位置。

3）点击链接

用户此时会选择自己感兴趣的广告点击，对于企业而言，需要有吸引力的创意来吸引用户的点击行为。

4）浏览网站

用户浏览网页是要找到对自己有效的信息，企业需要结合自身产品，并"投其所好"，制作干净、易读、浏览体验好的页面呈现给用户。

5）实现转化

对于企业而言，一切营销活动均以营利为目的，前期所做的推广都是为了提高转化，带来实际收益，此处要求页面必须包含必要的营销元素，如产品、电话、咨询等。

SEM 的流程涉及企业、平台、用户三个方面，企业在进行搜索引擎营销时，需要考虑多方面、多环节因素，才能更好地进行网络营销推广，实现更好的转化及收益。

三、SEM 的层次

SEM 可分为四个层次，分别为存在层、表现层、关注层和转化层，如图 8-1-5 所示。

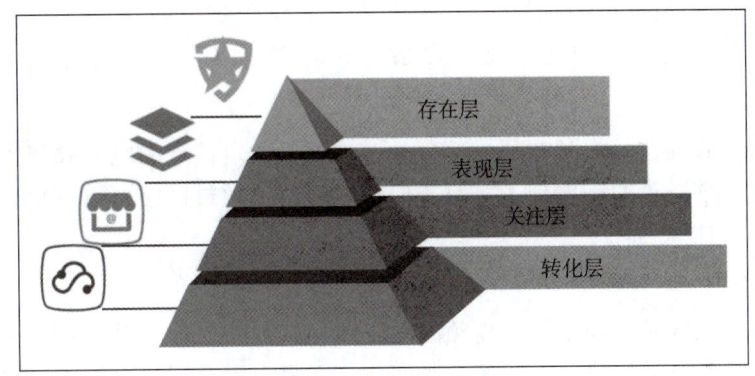

图 8-1-5　SEM 的层次

1. SEM 的存在层

SEM 的存在层有两个步骤：
（1）在搜索引擎中被收录。
（2）通过竞价排名出现在搜索引擎中。

这两个步骤实现了网页的搜索引擎可见性。其中，搜索引擎登录有免费登录、付费登录、搜索引擎关键词登录。

2. SEM 的表现层

SEM 的表现层，顾名思义，就是好好表现便于被目标用户发现，好好表现排在前几名，只有这样才能增加关注度，从而增加浏览量。那些关键词搜索时排名靠后的网站，企业可以采用关键词广告、竞价广告来增加网站浏览量，来实现盈利目标。

3. SEM 的关注层

SEM 的关注层，就是为了增加罗列出的结果的点击率来提高网站浏览量。对搜索引擎效果的调查显示，仅仅做到被搜索引擎收录且在搜索结果中排名靠前，还不能很好地达到企业期望值，想要通过 SEM 来实现访问量的增加，需要从全局对搜索引擎进行优化，并充分规划关键词广告等有价值的搜索引擎服务。

4. SEM 的转化层

SEM 的转化层是战略层次的目标，目的是把顾客浏览量转化为企业最终的利润来源。

四、SEM 的优点

SEM 作为网络时代一种以搜索引擎网站为依托的营销方式，与电视、报纸、杂志、户外广告、户外摊点等传统的广告方式相比，主要有以下优点：

1. 精准性强

广告效果难以准确衡量，投入存在较大的盲目性，这一直是传统营销方式的困扰点。但在搜索引擎营销中，企业可以通过设定与自己业务相关的关键词，通过相关搜索结果页和网站上有针对性的信息与搜索引擎用户进行互动，来达到营销的目的。用关键词来对业务进行细分，直接与目标受众建立联系，使得广告具有较好的精准性。

2. 覆盖面广

传统广告方式往往只能影响到一部分人，比如，选定特定的电视频道投放广告，只能覆盖到喜欢看该频道的一部分人。但是搜索引擎营销通过网络可以将目标地域内有相关需求的目标群体一网打尽。

3. 性价比高

传统的广告模式基本都是收取高额的固定费用，且不保证营销效果。搜索引擎营销的主流广告手段都是采用按点击付费的收费方式，只有潜在用户在搜索引擎结果页上点击了企业的网站链接，才收取相应的费用，且费用较少。另外，通过改变关键字的出价和设定预算，还可以灵活控制广告费用。

4. 广告内容灵活

传统广告模式，一旦确定了广告内容，在一定时期内无法对具体内容或者展现形式予以变动，即使可以变动，也具有固定的周期限制。但在搜索引擎营销中，可以方便快捷地改变要推广的内容，且不需要付出任何额外费用，即便主营业务发生变化，也可以通过调整搜索引擎结果页与之相关的标题和创意的撰写方式进行相应改变，先前缴纳的推广费用也可以继续使用。

也正是由于搜索引擎营销具有如此多的优点，它才被越来越多的广告主认可，成为网络时代市场规模增长最快的营销方式之一。即便是在网络广告市场最低迷的时候，搜索引擎营销市场仍保持着强劲的增长态势，带动整个网络经济复苏。

五、SEM 的模式

1. 免费登录分类目录

免费登录分类目录是最传统的网站推广手段。由于目前大多数搜索引擎都开始收取费用，免费登录分类目录的营销效果已经不尽如人意，以当前的发展趋势，这种方式已经逐步退出网络营销的舞台。

2. 付费登录分类目录

付费登录分类目录是当在网站缴纳相应费用之后才可以获得被收录的资格。固定排名服务是在付费登录基础上展开的。此类模式与网站本身的设计基本无关，主要取决于费用，但其营销效果也存在日益降低的问题。

3. 搜索引擎优化

搜索引擎优化（Search Engine Optimization，SEO）是按照一定的规范，通过对网站功能和服务、网站栏目结构、网页布局和网站内容等网站基本要素的合理设计，增加网站对搜索引擎的友好性，使得网站中更多的网页能被搜索引擎收录，同时在搜索引擎中获得较好的排名，从而通过搜索引擎的自然搜索尽可能多地获得潜在用户。SEO 的着眼点在于不仅考虑搜索引擎的排名规则，而且更多地考虑到如何为用户获取信息以及服务提供方便，此外，细分目标客户群，分析消费者心理，研究他们对关键词的界定，帮助企业在关键词的选择上有的放矢。

4. 关键词竞价排名

竞价排名即在网站缴纳费用后才能被搜索引擎收录，费用越高者，排名越靠前。竞价排名服务，是由客户为自己的网页购买关键词排名，然后按点击计费的一种服务。通过修改每次点击付费价格，用户可以控制自己在特定关键词检索结果中的排名，也可以通过设定不同的关键词捕捉到不同类型的目标访问者。竞价排名的见效快，只要充值并设置关键词价格后，即刻进入搜索引擎排名前列，但 SEO 的效果较慢，一般要三个月以上才能见效。同时竞价排名具有精准投放和关键词无限量等优势。但其同时也存在费用高和有可能被竞争对手和广告公司恶意点击等缺点。竞价排名和网站优化各有优势，对于预算充足的公司，可以先做竞价排名，与此同时进行 SEO，当 SEO 工作结束，排名达到要求后，再停止竞价排名，这样可以顺利过渡，也不会对营销造成影响。

5. 固定排名

固定排名是一种收取固定费用的推广方式，企业在搜索引擎购买关键词的固定排位，当用户检索这些关键词信息时，企业的推广内容就会出现在检索结果的固定位置上。这种方式可以避免非理性的关键词价格战，但当某一关键词变成"冷门"时，可能会使企业资源浪费。

6. 购买关键词广告

购买关键词广告即在搜索结果页面显示广告内容，实现高级定位投放，用户可以根据需要更换关键词，相当于在不同页面轮换投放广告。关键词广告显示的位置与搜索引擎密切相关，有些出现在检索结果页面的最前面，有些出现在检索结果页面的专用位置。

搜索引擎营销是在吸引用户注意力的基础上带动点击率，以提高业务转换率，最终为企业带来市场、客户和真金白银。对于企业来说，应根据自身情况合理使用搜索引擎模式，以提高营销效果。

六、SEM 的作用

SEM 的作用包含网站推广、产品推广。SEM 可以对具体产品进行有针对性的推广，让更多的用户发现产品的信息，满足顾客的购买需求，提升网站或企业的网络品牌。通过 SEM 可以实现企业自主品牌飞速崛起，搜索引擎有大量客户群，因此比传统的网络广告有更强的针对性。商家嗅到潜在的商业良机，通过搜索引擎很容易获得各种各样的商业信息，从这些信息中能挖掘出有含金量的信息。随着搜索引擎技术的不断优化，企业对 SEM 给予了高度的肯定以及关注。

中国搜索引擎行业用户规模逐年增加，从 2017 年的 6.4 亿人增长至 2021 年的 8.29 亿人，复合增长率为 6.67%，使用率从 2017 年至 2021 年波动不大，差额在 5% 左右。

中国搜索引擎行业市场规模逐年攀升，截至 2021 年，市场规模已达到 1 240 亿元，2015 年到 2021 年的复合增长率为 9.8%。预计 2025 年中国搜索引擎行业市场规模将达到 1 680 亿元。

七、SEM 与 SEO 的区别

SEM 和 SEO 最主要的区别是最终目的不同：SEM 主要是为搜索引擎中所带来的商业价值，策划有效的网络营销方案，包括一系列的网站运营策略分析并实施，对营销效果进行检测。SEO 主要是为了关键词的排名、网站的流量、网站的结构、搜索引擎页面收录的数据。

SEM 见效比较快，一般为一两天即可达到排名的预想，但是 SEM 具体排名与预算金额高度相关。账户内余额不足，排名不能被保证。总结成一句话就是"排名上升快，排名下降快"。SEO 见效比较慢，一般为 3 个月左右，但是效果比较持久；同一个关键词，选择 SEO 和 SEM 在搜索引擎中属于竞争关系，SEO 在排名上属于弱势群体，但是 SEO 的 ROI（投资回报率）高于 SEM。

对有价值的关键词，商家选择进行 SEM 和 SEO 双重排名，达到营销的最终目的。SEO 可以先做一些容易排、不确定绩效的词，因为 SEO 的成本较低，投入也就相对较少，当确定某一关键词有绩效的时候，再通过 SEM 的手段对有价值的关键词进行双重排名；SEM 先做一些绩效确定、不容易通过 SEO 获得良好排名的关键词，比如某一行业的通用词。同时也可以借助 SEO 来获得品牌专区和品牌推广下面的排名，因为搜索引擎排名第一的网站并不是获得 100% 流量的。

【思政任务】

想一想

在这个网络营销的时代，百度 SEM 推广成了一种不可或缺的推广方式，但是这种推广方式却存在种种弊端，尤其是恶意点击的问题，让许多商家头痛至极。

恶意点击指的是在线搜索广告中按点击付费模式中的一种恶意行为。因为现在有很多广告是以点击付费的，使用计算机或者是手动点击的方式来模仿正常的用户来点击广告会产生费用。人们通常把这种对于广告本身没有兴趣，而是为了通过点击来获取收入的现象，叫作恶意点击。

有人通过点击自己对手的竞价广告来提高对方的广告成本，提高对方的广告预算，提高自身的竞价广告在搜索引擎中的排名。这种恶意点击成了竞价广告领域提高对手竞争成本的恶性竞争方式，不利于建设良好的网络环境。那么，我们需要用什么方法来打击这种恶意竞争行为呢？

【实训任务】

做一做

学生分成学习小组，按照小组进行搜索引擎营销知识点总结，各自扮演店家、搜索引擎平台，模拟恶意点击的过程，并总结防范、避免恶意点击的方法。之后角色互换，互相交换意见。

【重难点总结】

答一答

重点总结：搜索引擎营销，利用人们对搜索引擎的依赖和使用习惯，在人们检索信息的时候将信息传递给目标用户，让用户发现信息，并通过点击进入网页，进一步了解所需要的信息。

难点总结：搜索引擎营销需要考虑多方面、多环节的因素，通过免费登录分类目录、付费登录分类目录、搜索引擎优化、关键词竞价排名、固定排名、购买关键词广告等模式可实现更好的转化及收益。

任务二　竞价排名

【学习目标】

1. 了解竞价排名的概念；
2. 了解竞价排名的规则；
3. 开展竞价排名。

搜索引擎营销竞价排名

【建议学时】

4 学时。

【情境导入】

融一融

李丽在"蓝依时尚坊"实习近三个月了，主要工作是担任运营部刘部长的助手；在此期间她尽职尽责，认真完成各项任务，表现特别突出，被刘部长视作重点培养对象。接下来的三个月，刘部长布置更多推广任务给李丽，以此来培养她的推广技能，促使她成为优秀的推广专员。李丽接下来的任务就是熟悉网店推广，进行站外推广，并开展竞价排名。

【内容讲解】

学一学

一、竞价排名的概念

1. 竞价排名的概念

竞价排名是把企业的产品、服务等以关键词的形式在搜索引擎平台上做推广,它是一种按效果付费的新型而成熟的网络推广方式,由百度在国内率先推出。用少量的投入就可以给企业带来大量的潜在用户,可有效提升企业销售额。企业在购买该项服务后,通过注册一定数量的关键词,其推广信息就会率先出现在网民相应的搜索结果中。如企业在百度注册"电气设备"这个关键词,当消费者寻找"电气设备"的信息时,企业就会优先被找到,并且百度按照给企业带去的潜在用户访问数收费。

竞价排名的基本特点是按点击付费,推广信息出现在搜索结果中(一般是靠前的位置),如果没有被用户点击,则不收取推广费。

2. 互联网广告的计费方式

1)按展示计费

CPM:每千次展示费用[一条广告每展示 1 000 次(印象)的费用]。CPM 是最常用的网络广告计费方式之一。

CPTM:经过定位的用户的千次展示费用(如根据人口统计信息定位)。

CPTM 与 CPM 的区别在于:CPM 是所有用户的展示数,而 CPTM 只是经过定位的用户的展示数。

2)按行动计费

CPC:每次点击的费用,即根据广告被点击的次数计费,如关键词广告一般采用这种计费方式。

PPC:根据点击广告或者电子邮件信息的用户数量来计费的一种网络广告定价方式。

CPA:每次行动的费用,即根据每个访问者对网络广告所采取的行动而收费的计费方式。对于用户行动有特别的定义,包括形成一次交易、获得一个注册用户,或者对网络广告的一次点击等。

CPL:按注册成功计费的方式。

PPL:根据每次通过网络广告产生的引导而收费的计费方式。例如,广告客户为访问者点击广告完成了在线表单而向广告服务商付费。这种方式常用于网络会员制营销模式中,是为联盟网站制定的计费方式。

3)按销售计费

CPO:根据每个订单/每次交易来计费的方式。

CPS:按营销效果计费的方式,营销效果是指销售额。

每种计费方式所针对的广告产品投放渠道都有不同,运营者需要足够了解自己产品的受众人群,选择有效的投放方式进行推广,从而达到效益最大化。

二、竞价排名的作用

在搜索引擎营销中，竞价排名的作用如下：

（1）按效果付费，费用相对较低；

（2）出现在搜索结果页面，与用户检索内容高度相关，增加了推广的定位程度；

（3）竞价结果出现在搜索结果靠前的位置，容易引起用户的关注和点击，因而效果比较显著；

（4）搜索引擎自然搜索结果排名的推广效果是有限的，尤其对于自然排名效果不好的网站，采用竞价排名可以很好地弥补这种劣势；

（5）企业可以自己控制点击价格和推广费用；

（6）企业可以对用户点击情况进行统计分析。

三、竞价排名的优点

1. 见效快

充值并设置关键词价格后即刻就可以进入排名前十，位置可以自己控制。

2. 关键词数量无限制

可以在后台设置无数的关键词进行推广，数量自己控制，没有任何限制。

3. 关键词不分难易程度

不论多么热门的关键词，只要你想做，都可以进入前三甚至第一。

四、竞价排名的原理

竞价排名的原理包含广告检索、广告排序两部分内容。

1. 广告检索

广告检索，是指在搜索引擎输入关键词搜索之后，将与关键词有关联的商品广告进行展示，需要商家在开展搜索引擎营销时将相关关键词添加到推广词汇中，当用户输入相关或相近关键词时，将用该关键词推广的商品予以展示。

1）关键词

关键词是指在竞价系统中添加的用来定位潜在用户的词语。不同关键词定位的潜在用户数量不同，带来的潜在商业价值不同。关键词的主要作用有两个方面：

（1）对于商家而言，关键词即为推广词汇，用户输入关键词可以直接找到商家与商品，为商家带来经济效益，提高网站知名度，提高网页浏览量。

（2）对于用户而言，关键词即为搜索词，用户在搜索引擎输入的关键词体现了用户对搜索的需求，帮助搜索引擎判断用户的搜索需求，并向用户展示满足需求的商品或者服务。

2）关键词匹配方式（图8-2-1）

（1）精确匹配。

匹配条件是在搜索关键词与推广关键词二者字面完全一致的时候才触发的限定条件，

```
        广泛匹配
        短语匹配
   否定匹配  短语精确匹配  短语同义匹配
        精确匹配
```

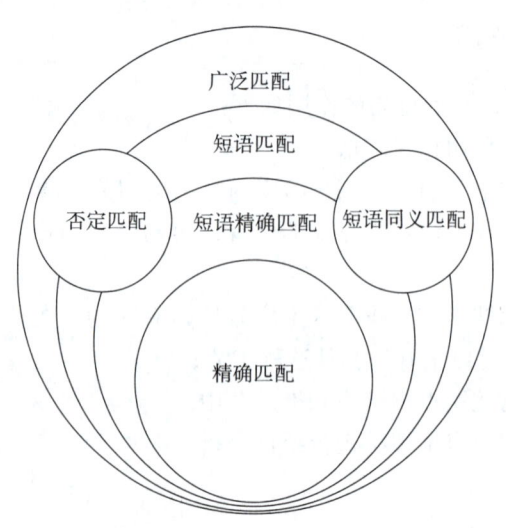

图8-2-1 关键词匹配方式

用于精确严格的匹配限制。

（2）短语匹配。

①短语精确匹配：匹配条件是网民的搜索词完全包含商家的关键词，系统才有可能自动展示商家的推广结果。

优势：短语精确匹配能够更精确地定位潜在用户。

劣势：获得的展示次数较少，可能会丧失大量的转化机会。

②短语同义匹配：匹配条件是网民的搜索词完全包含商家的关键词或关键词的变形（插入、颠倒和同义），系统才有可能自动展示商家的推广结果。

优势：更为灵活且能够获得更多的潜在用户访问。

劣势：获得的展示次数介于短语精确匹配与短语核心匹配之间，转化率没有短语精确匹配高。

③短语核心匹配：匹配条件是网民的搜索词包含商家的关键词、关键词的变形（插入、颠倒和同义）或关键词的核心部分、关键词核心部分的变形（插入、颠倒和变形）时，系统才有可能自动展示商家的推广结果。

优势：与短语精确匹配和短语同义匹配相比，其更为灵活且能获得更多的潜在用户访问，许多之前不能展示的词，现在都可以展示了。不必再绞尽脑汁提词，不必再对每个词做各种遍历枚举。匹配质量较高，点击率高。

劣势：定位潜在用户的准确率不如短语精确匹配和短语同义匹配高。

（3）广泛匹配。

匹配条件是搜索关键词完全包含推广关键词，允许包含部分的字面顺序颠倒或有间隔，是最宽泛的匹配方式，也是默认的匹配方式，系统有可能对匹配条件进行扩展，扩展至关键词的同义词、近义词、相关词，以及包含关键词的短语等。

优势：这是一种既进行高针对性的投放，又接触广泛受众群体的有效方法，能够为商家带来更多的潜在用户访问。

劣势：点击访问的针对性不足，转化率不如精确匹配和短语匹配。有可能会带来大量的点击,触发较多的点击消费。

(4)否定匹配。

否定匹配与短语匹配和广泛匹配相配合使用,对于一些可能被匹配但与推广意图不符合的关键词,可以添加到否定匹配关键词表中来阻止对应推广信息的触发。可以选择其反面或非经营业务类的词作为否定关键词。包含短语否定关键词、精确否定关键词,精确否定关键词是指当商家在账户中添加"精确否定关键词"时,用户的搜索词必须和"精确否定关键词"完全一致,才不会展示商品。

优势:这是商家在通过广泛匹配和短语匹配获得更多的潜在用户访问的同时,通过滤除不能为商家带来潜在用户访问的不必要展示,降低转化成本,提高投资回报率。

劣势:设置否定关键词后,会降低关键词的展示概率,即获得潜在用户关注的概率会降低。

3)关键词四大匹配模式展示概率

不同匹配方式被展示的概率是不同的:广泛匹配 > 广泛匹配 + 否定匹配 > 短语核心匹配 > 短语同义匹配 > 短语精确匹配 > 短语匹配 + 否定匹配 > 精确匹配。可以组合使用多个匹配方式,通常,广泛匹配和短语匹配能够让创意展示在更多潜在用户面前,从而带来更多的曝光机会。

2. 广告排序

广告排序是指用户搜索关键词时,搜索结果将推广商品按照一定的规则排序后,根据排序结果在优势的广告位置展示。排序主要由关键词质量分与关键词出价共同决定,公式为:

$$关键词综合排名指数 = 关键词质量分 \times 关键词出价$$

五、竞价排名的展示

电脑端关键词竞价排名的展示(以百度为例)如图8-2-2所示。

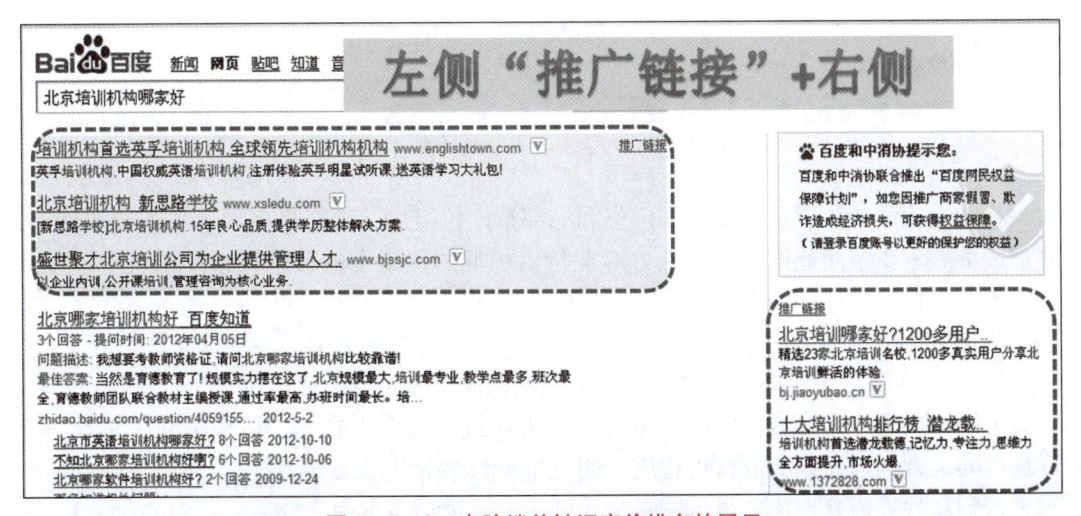

图8-2-2 电脑端关键词竞价排名的展示

电脑端搜索结果首页左侧无底色的"推广"位置，此处最多展示 10 条不同的推广结果；搜索结果首页左侧带有底色的"推广链接"位置，此处最多展示 5 条不同的推广结果，上下两处展示的结果一致；搜索结果首页及翻页后的页面右侧，每页最多展示 8 条不同的推广结果。

移动端关键词竞价排名的展示如图 8-2-3 所示。

图 8-2-3 移动端关键词竞价排名的展示

移动端搜索结果展示由顶部推广位和底部推广位组成，顶部最多展示 3 条商业推广，底部最多展示 3 条商业推广。在部分商业价值较低的搜索词的移动搜索结果页里，顶部不展示推广信息，底部最多展示 3 条推广信息。

展示顺序依据以下公式：

$$关键词综合排名指数 = 关键词质量分 \times 关键词出价$$

关键词质量分是搜索推广中衡量推广结果质量的综合性指标。体现了网民对参与百度推广的关键词以及创意的认可程度。用五星≈数字分值的形式表示。

每颗星代表两分，比如显示三星半，则表示关键词质量为 7 分。

关键词出价是推广信息被点击一次，客户最多愿意出的价格。

关键词综合排名指数是每条商家信息在搜索结果中展示时的排位。由于排名是时时变动的，所以商家可以在数据报告中查看每天的平均排名，如图 8-2-4 所示。

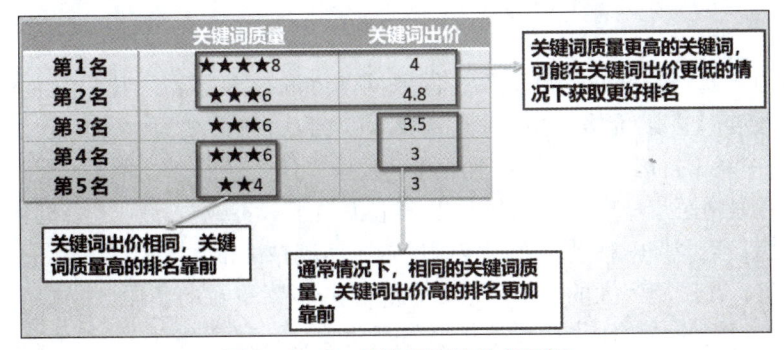

图 8-2-4　关键词竞价排名示例

关键词质量越高，意味着推广的质量越优秀，同等条件下赢得潜在客户（网民）的关注与认可的能力越强。

关键词质量高的可以获得更佳的展示位置、更优的排名、支付更低的推广费用，从而全面提高在搜索推广上的投资回报率。

关键词出价是客户愿意为某一个关键词支付的最高价格，根据关键词能为商家带来的商业价值的大小来设定出价（可借助估算工具设定出价）。商业价值与商家所处的行业、关键词的专业程度等有关，是由市场客观因素决定的，无法人为控制。

在百度推广账户中可以通过关键词查询获得关键词质量指数，如图 8-2-5 所示。

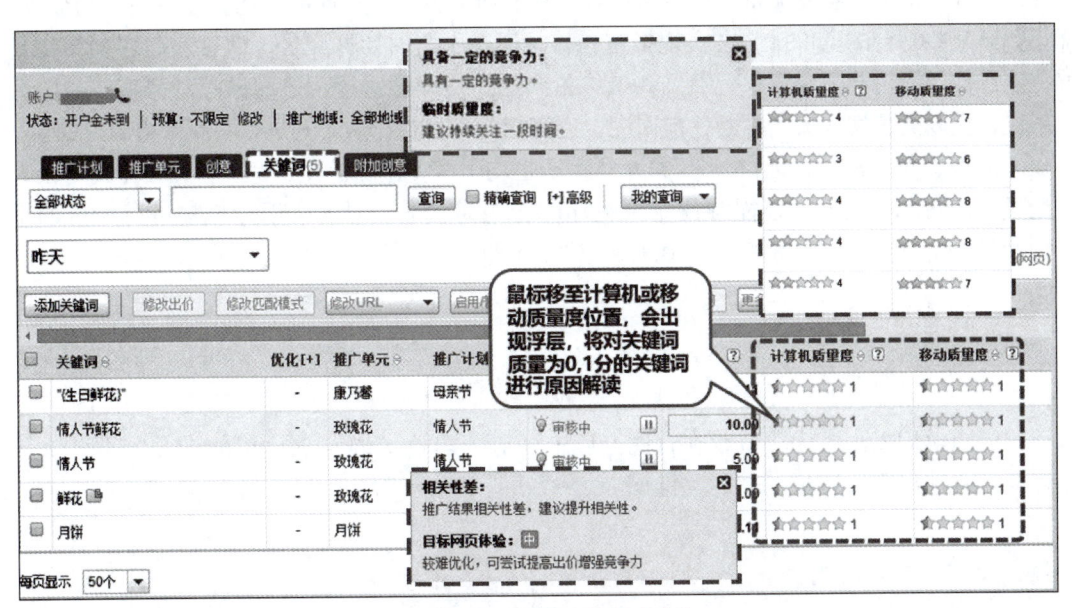

图 8-2-5　关键词质量度查询

在"关键词"选项卡下，鼠标可以查询到电脑端、移动端关键词质量指数，鼠标移至指数位置会对关键词进行质量指数原因解读。

【思政任务】

想一想

两年前的"魏则西事件"曝光后,国家网信办联合多部委入驻相关企业进行调查,督促企业"改变过去以价格为主的排序机制,改为以信誉度为主、价格为辅的排序机制"。也就是对竞价排名模式进行修正,并对医疗广告严格审查。令人意想不到的是,两年后,那些互联网医疗广告乱象虽然从电脑端消失了,可战场转到了手机移动端,搜索同样一个疾病,某些搜索移动端专门定制广告,实现精准推送。

很难想象,在经历巨大的舆情风波之后,某些搜索平台的虚假医疗广告依旧乱象重重。顶着相关部门的整改压力,竞价排名借尸还魂,转移到移动端上,恰恰说明企业对它的巨大成瘾性。事实上,竞价排名是一种正常的广告营销模式,经常被用来和某些平台作对比的谷歌,也大量投放医疗广告,但前提是经过了 NABP(美国药房理事会)和 FDA(食品药品监督管理局)的认证,标识清楚,并且不能压倒自然搜索结果。相对而言,某些平台令人反感之处,在于"给钱就上",只要有钱,贴吧是可以卖的,手机端是可以作弊的,甚至会主动迎合医疗企业的需求,变着法子躲避部门监管,不仅耽误救治病人,还作出了恶劣的社会示范。

某些搜索平台的过去和现在提示人们,进一步推进依法治网、依法管网,要树立起大力规范互联网入口的意识。当前,互联网入口的更新换代速度加快,也更加多元化,任何一项新技术、新业态、新模式都可能引发互联网入口的洗牌。这也意味着,传统的虚假医疗广告,会借助于各种流量入口,实现更加分散却也更具针对性的传播,也更不容易监管。正如同某些平台的竞价排名会实现渠道转移,现在所谓的社群广告、信息流广告,相当具有迷惑性。无论载体和形式怎么变,最终指向的还是虚假医疗、过度医疗的事实。对监管来说,要以此为切入口,不断往前回溯,追究相关平台责任,对其进行有震慑力的处罚。

此外,竞价医疗广告之所以成为顽疾,也与其背后存在的巨大利益驱动有关。在查处滥发广告的平台时,还需盯住竞价医疗广告的需求端,对无良医疗机构进行严厉的整顿和打击。那么,如何治疗竞价医疗广告的顽疾呢?

【实训任务】

做一做

请同学们以小组为单位,在百度推广中针对"白色 T 恤"这一产品进行关键词质量查询,遴选出 5 个质量度高的关键词。

任务三 SEM 推广

【学习目标】

1. 制定 SEM 推广计划;
2. SEM 账户搭建。

【建议学时】

4学时。

【情境导入】

融一融

推广，是一个店铺生存的根本。根据店铺成长的阶段选择合适的推广手段是一件比较复杂的工作。首先，要明确推广目标，清仓还是打造应季爆款？其次，要明确什么样的商品主打站内推广？什么样的商品主打站外推广？再次，要明确什么样的商品在什么时候适合活动推广？最后，要明确什么样的商品在什么时候适合付费推广？这些都是李丽接下来要面对和解决的问题。

【内容讲解】

学一学

一、SEM推广的流程

1. 确定推广目标

在进行搜索引擎营销之前，需要网店经营者确定推广目标，确定的推广目标要合适且可行，具体的推广人员更要明确推广目标。推广的目的是获得流量，但需明确是重点提升曝光量，还是提升点击量、转化率，同样需要设定一个推广预期结果。

2. 确定推广预算

在推广前，需要制定具体的推广策略，并且根据推广策略做好资金的预算分配。明确在推广过程中哪些部分需要重点投入资金，哪些部分应该节省资金。

就此，众多网店都会出现的错误是，未做预算、未做计划，舍不得花钱，或资金投入无依据，盲目推广。

3. 进行店铺质量评估

1）店铺评分

店铺评分又称DSR（Detailed Seller Ratings）动态评分，在淘宝网交易成功之后，买家对交易进行三个方面的评价：宝贝与描述相符、网店经营者的服务态度、物流服务的质量。店铺内的店铺评分系统会持续将过往6个月内的交易数据进行计算，将所有买家给予的评分进行算数平均数计算，获得的评分即为店铺评分。

2）店铺层级

店铺层级是同类目中店铺在近30天内支付金额的排名，总共分7个层级，层级越高，排名越高，表明店铺的交易数据越优质。

二、SEM推广的方式

SEM的推广渠道因为有充分选择媒体的空间，且在产品线相同的情况下也可以通过不同的推广方式采取不同的推广渠道。例如同样是直通车，淘宝直通车与速卖通、百度推广账号内的推广方式都有所不同。

从总体上看，SEM 的推广方式可以分为标准推广、批量推广、智能推广、竞品/行业追踪推广和品牌推广。

1. 标准推广

标准推广是比较普通的一种推广方式，商家需要手动去设置关键词、溢价、人群匹配等，这对技术要求比较高。

2. 批量推广

批量推广是直通车提供的智能化推广功能，只需要进行简单的计划设置，即可开始直通车批量推广。系统会根据选择的宝贝为商家匹配海量的高品质流量，同时支持单宝贝智能投放和多宝贝快捷推广，满足日常销售、新品测款和活动引爆的不同需求。根据批量推广数据有针对性地提供批量推广报告，可以快速准确地进行核心宝贝的甄选、优质关键词的提取和精准人群的识别，并且提供一键迁移至标准推广的功能，轻松实现从批量推广重点宝贝到标准推广重点投放的无缝衔接。

3. 智能推广

智能推广也是直通车为商家提供的智能化推广功能，商家只需要进行简单的设置，设置直通车日限额和出价上限，即可进行直通车智能推广。非常适合新手操作，而且效果也不会太差。但是如果店铺标签和人群标签不精准的话，可能会造成比较大的偏差，不可控的影响会更多。

4. 竞品/行业追踪推广

竞品/行业追踪推广是指通过追踪官网、竞品网站、行业知识网站等，快速获取竞品/行业流量的推广方式。

5. 品牌推广

品牌推广是指通过购买品牌词或者通用词汇的形式，在超大黄金展示位置，以文字、图片、视频等多种广告形式全方位展示推广品牌信息的一种推广方式。

三、SEM 推广的策略

1. 关键词策略

关键词策略可按照商品销售不同的阶段划分为爆款打造关键词策略、日常销售款关键词策略、新品或滞销品关键词策略。

1）爆款打造关键词策略

爆款商品的展示量、点击量、点击率较好，且商品的品质有保证，具有较强的竞争力，可以添加核心词、品牌词等热门搜索词，抢占热门关键词的搜索流量，适当添加精准长尾词抢占精准流量。其核心是与同行业网店经营者竞争最大流量入口，使商品达到行业曝光热度最大化。因此，爆款商品推广关键词的选择应优先选择行业内的热搜词，以引入大量的流量。

2）日常销售款关键词策略

日常销售款虽然没有达到爆款的量级，但每天都会有销量，在大部分店铺中，这类商品数量非常多。日常销售款不具备爆款那样的竞争力，所以在选择关键词时，应该以自己商品的属性词为基础进行关键词拓展，尽力争取和自己商品属性相关度高的流量，避开竞争热度最高的行业大词，让商品达到属性曝光最大化。

3）新品或滞销品关键词策略

新品或滞销品的特点是商品销量较少，市场竞争力较弱。推广策略的核心是通过避开行业竞争大词，争取以大批量低竞争精准关键词的方式实现商品的推广，但精准关键词的流量有限，可以通过适当添加热门关键词的方式抢占局部行业热门关键词流量，保证推广效果。

新品或滞销品的市场竞争力较弱，在出价时可以适当提高精准关键词的出价，最大化地获取关键词流量，另外，还需适当地提高核心词、品牌词、属性词等热门短词的出价，保证推广效果。

2. 根据商品品类制定关键词策略

淘宝上的商品以大类来划分可以分为两类：一类是常说的标品，也就是规格化的商品，主要的特征是有明确的规格、型号、外形等，例如手机线、笔记本电脑、家电等商品；另一类是非标品，也就是无法进行规格化的商品，主要的特征就是没有明确的界定，例如女装类目的连衣裙、上衣外套等商品，无法明确区分商品品类的商品。

1）标品关键词策略

标品的推广费用相对而言要比非标品的高，商品同质化严重，竞争压力大，同一个类型的商品，会有很多店铺竞争，受品牌、销量、价格等影响大，复购率也没那么高。标品类目的关键词较少，大都是属性词或者品牌词等短词，且关键词的竞争度相对较大；精准度较高的长尾词虽竞争较小，但几乎没有流量。因此，在进行推广关键词添加时，不仅要添加具有一定搜索人气的精准长尾词，实现精准引流，还要添加属性词、品牌词、核心词等热门搜索关键词，以保证推广效果。

2）非标品关键词策略

非标品的商品款式多，卖点多，个性化标签比较分明，关键词的选择也更多，非标品的竞争度相对较低，流量的获取渠道也更多，买家更看重的是商品的款式。因此，在添加关键词时，可以根据商品的不同发展阶段有针对性地选择关键词，并设置关键词出价。当商品为新品或者滞销品时，可以通过添加大量精准长尾词的方式抢占大批量精准流量，降低关键词的平均点击花费，并适当添加行业热搜词，抢占部分行业热门关键词流量。

3. 人群定向策略

SEM人群定向策略是指如果网店经营者愿意为指定的流量（访客定向、兴趣点定向或群体定向）人群标签设置溢价比例，当相应的人群出现时，系统会在原来出价的基础上增加相应的溢价比例，使商品推广排名更加靠前，以便优先让精准买家看到。

人群溢价是指愿意为指定的流量加价，也叫人群搜索溢价。通俗地讲，就是出价超出了原定价。人群溢价是建立在关键词的基础之上的，将网店人群细分一下，然后针对细分人群提高溢价，从而通过提高出价达到获取更多流量的目的。人群溢价，不仅能带来更精准的流量，还能提升转化率。

人群溢价是电子商务平台通过大数据分析出搜索人群的特点并提供人群标签，网店经营者根据自己的需求与推广目标选择人群标签并设置溢价，定向人群越精准，购买率就会越高，溢价越高，宝贝排名越靠前，点击率越高。

4. SEM 账户搭建

SEM 竞价账户的所有操作均需要围绕用户行为逻辑来进行，正常人们使用百度搜索一个产品或者文案的时候，都是直接打开 http://www.baidu.com 搜索框，直接输入想要输入的词或者是句子后点击回车，通过浏览网页点击进入想要进入的页面，来获取想要的结果。这整个过程的背后，有一个后台在操控着页面的显示，百度竞价的算法每次刷新页面均不同，这可以理解成"千人千面"，但之所以叫竞价广告，也就意味着点击广告一次，就会花掉一笔钱，那这个钱是怎么花掉的呢，就需要了解广告账户的结构！

广告账户结构分为：账户层级—推广计划层级—推广单元层级（推广组）—关键词层级（定向/人群）—创意层级（普通创意/高级创意），从左至右依次是包含关系；只有完善上面的账户结构，才能算是做完一个完整的广告计划，当然推广计划、推广单元、关键词、创意均可以多个同时存在，用最通俗的话理解，就是一个账户可以有多个计划，一个计划可以有多个单元，一个单元可以有多个关键词和创意。如图 8-3-1 所示。

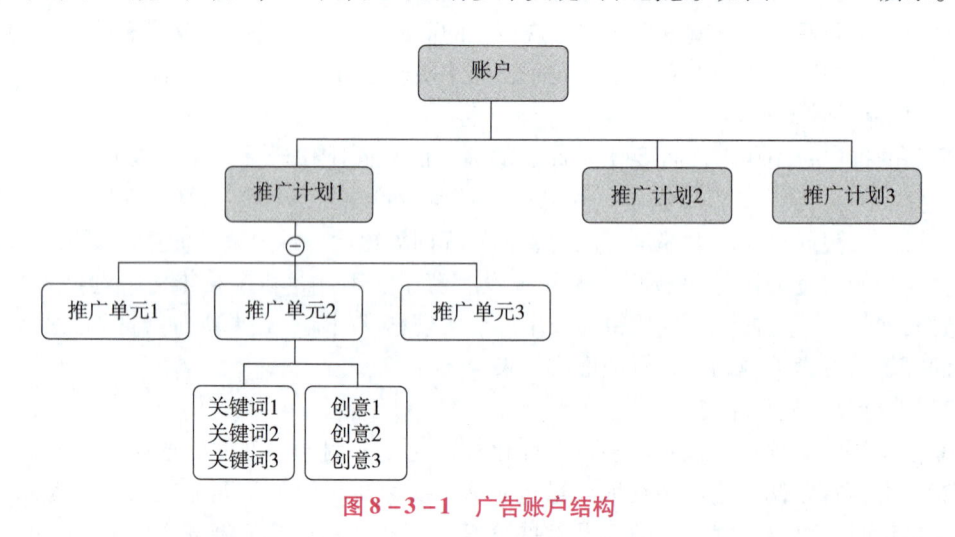

图 8-3-1　广告账户结构

1）账户层级搭建思路

并不是说只要把账户结构填写完毕，就算是一个健康的广告推广账户，答案是否定的，账户结构是一个框架，具体需要搭建什么计划、用什么关键词、创意怎么写等都需要与商家的广告投放目标来靠近，越靠近越精准，需要根据商家的行业或产品来分析和梳理。所以在投放广告前，需要了解几个重要的信息。

（1）了解产品或行业本身。（投放的这个产品到底是干什么的？能给客户带来什么？）

（2）广告投放的目标。（确定方向，如果是乙方，一般由广告主确定。）

（3）需要投放的产品在现有的市场环境下是什么样的？（竞品分析。）

（4）这个产品适合什么人群？（有这种产品需求的人，一般什么时候看广告？看什么内容？）

(5) 搜索什么样的关键词？（用户行为分析，也可以理解为定向。）

(6) 确定以上内容后开始搭建账户。

2）推广计划层级搭建思路

推广计划的命名，一般设置为业务的核心词。

(1) 从用户购买阶段思考（用户行为）。

购买阶段维度又可以称为需求维度，每一个关键词背后都代表一个需求，根据需求的强弱可以划分出三个购买阶段。

第一阶段：发现问题阶段。

当用户产生了某种需求，就会主动去收集与需求相关的信息，比如用户想购买一台冰箱，就会去搜索"有哪些品牌的冰箱""买什么样的冰箱""什么样的冰箱好"等关键词。

第二阶段：需求方案阶段。

在用户获取到想要的信息后，就会寻找解决方案，比如用户想买一个冰箱，就会寻找解决方案，就会搜索"冰箱多少钱""冰箱都有哪些品牌"等关键词。

第三阶段：购买决策阶段。

用户已经决定购买了，但还是有些犹豫，这时候就会货比三家，对某几个冰箱的生产企业口碑、产品好坏进行对比，就会搜索"哪家冰箱性价比高""××冰箱质量怎么样"等关键词。

(2) 产品维度思考（产品本身）。

针对产品维度，大部分适用于多产品的账户，每类产品都设置相对应的推广计划。比如化妆品行业，可能会有眼影、口红、粉底等不同的产品。每一个产品单独建立一个计划，然后再细分推广单元，这对于后期的预算调整和效果监控都很有利。

(3) 地区维度（定向—推广地域设置）。

如果商家的产品是多地区的，那么就需要根据每个地区对产品不同的接受程度和需求，指定相应的转化成本和推广策略，重点投放区域可以提高出价系数。

(4) 时段维度（投放时间段）。

产品性质和目标人群的特性不同，直接决定了搜索的时段和转化的效果，比如中午、晚饭后、下班后等，这些时间段可以相应出价高一些，其他时间段，出价就可以相对较低一些，具体体现在推广时段—选中投放时间段—出价系数中。

(5) 平台维度（终端设备）。

区分如电脑端和移动端等不同设备，按照推广效果来区分不同平台，从而达到更优效果。

搭建一个账户，不会只局限于一个维度。商家通常是以一个主维度做重点，再用一到两个维度作为辅助。这就需要商家根据自身的预算和行业特性来调整。

3）推广单元层级搭建思路

推广单元有两个关键部分：关键词和创意。

建好对应的计划后，就需要仔细考虑如何合理地划分推广单元。

首先，商家要明白，不管是计划也好，还是单元也好，并不是越多越好，而是需要参照推广计划进行合理分配，要细分单元逻辑，减少重复性单元，这样方便后期的管理和评估；其次，在单元内需要放置"词义相近、结构相同、句式一致"的关键词，这样方便后期进行创意撰写，在用户搜索广告时，能够足够吸引用户点击，提高点击率。

关键词一般分为品牌词、核心词、疑问词、长尾词、地域词、人群词，等等，但不管是什么关键词，在推广单元层级搭建时，都需要按照关键词"词义相近、结构相同、句式一致"的逻辑来分布和排列。

无论采取哪种账户搭建方式，都要切记遵守一个原则："划分逻辑清晰、精细化分组，将意义相近、结构相同的关键词，放置在同一个单元内"，这样就能有针对性地撰写创意，保证每一个单元层级下的所有关键词，在使用通配符将关键词串入创意时，能够句子通顺，语义清晰，这就为日后的维护和管理打下了良好的基础。

在商家对业务或产品不熟悉、不知道如何罗列关键词的情况下，可以在账户关键词列表或者搜索页面下拉框去寻找流量很大的词，用作核心词，通过核心词来拓展对应业务所需的关键词，这种方法叫"反推法"。

【思政任务】

想一想

刷单，依附电商平台而起，在运营的初始阶段给电商平台带来过实际的利益，但随着电商的壮大，已逐步成为其发展路上的绊脚石。而目前，国内有上千家专门提供刷单服务的第三方机构。对于刷单行为，电商往往处于又爱又恨的尴尬境地。依靠刷单能给平台店铺带来客流，同时电商平台也有更多店铺进驻，这也许是其屡禁不止的原因。然而这种虚假交易一旦被揭开，对平台声誉是沉重的打击。

我们应该如何面对刷单乱象呢？

【实训任务】

做一做

以学习小组组织同学学习包含商品关键词策略的知识，完成表8-3-1所示实训任务。

表8-3-1 实训任务

序号	任务描述	任务要求
1	关键词策略制定	选择一个爆款，使用所学知识对所选爆款进行关键词策略的制定
2	人群定向策略制定	使用所学的知识，结合店铺定位完成人群定向策略的制定

【重难点总结】

答一答

重点总结：搜索引擎营销网店经营者要确定推广目标，具体的推广人员要明确推广实际目标。

难点总结：关键词策略有爆款打造关键词策略、日常销售款关键词策略、新品或滞销品关键词策略。

【练习题】

一、选择题

1. 时间账户的准备工作不包含以下（　　）步骤。
   A. 市场分析　　　　　　　　　B. 相关推广
   C. 关键词初步规划　　　　　　D. 推广计划搭建
2. 在搜索引擎营销层次中，处于第三层的是（　　）。
   A. 存在层　　　B. 表现层　　　C. 关注层　　　D. 转化层
3. 以下关于推广结果的排序，说法正确的是（　　）。
   A. 推广结果的排序只由出价决定，出价越高，排名越靠前
   B. 推广结果的排序只由质量度决定，质量度越高，排名越靠前
   C. 推广结果的排序由出价和质量度共同决定
   D. 推广结果的排序由账户日预算决定

二、填空题

1. （　　）是利用搜索引擎、分类目录等具有在线检索信息功能的网络工具进行网站推广的方法。
2. 搜索引擎营销的首要目标是（　　）。
3. （　　）是借助百科知识传播，将企业所拥有的对用户有价值的信息传递给潜在用户，并逐渐形成对（　　）和（　　）的认知，是将（　　）最终转化为用户的营销行为集合。

三、简答题

1. 简述搜索引擎营销的层次。
2. 简述搜索引擎营销的特点。
3. 简述 SEM 账户搭建的思路。
4. 说一说你对搜索引擎营销的理解。

项目九
数据分析

【知识目标】
1. 理解运营数据分析的作用；
2. 掌握店铺数据分析工具；
3. 掌握网店运营数据分析方法。

【技能目标】
1. 学会分析店铺基本数据信息；
2. 能够对交易过程中的数据进行分析；
3. 能够利用分析结果调整店铺运营；
4. 能够熟练使用生意参谋等分析工具。

【素质目标】
1. 培养店铺整体的运营意识；
2. 培养综合分析问题的能力；
3. 培养团结协作的团队意识。

【建议学时】
12 学时。

【知识导图】

```
                    ┌── 商品经营现状分析
                    │
        数据分析 ───┼── 基本流量数据分析 ── 基本流量数据指标、基本流量分析
                    │
                    └── 基本运营数据分析 ── 基本运营数据指标、运营数据分析
```

【项目导言】

党的二十大坚持把发展经济的着力点放在实体经济上，推进新型工业化，加快建设制造强国、质量强国、航天强国、交通强国、网络强国、数字中国。数字中国是数字时代推进中国式现代化的重要引擎，是构筑国家竞争新优势的有力支撑。加快数字中国建设，对全面建设社会主义现代化国家、全面推进中华民族伟大复兴具有重要意义和深远影响，数字中国是基于庞大数据处理、数据分析的结果，故需要我们重视数据处理、数据分析。

任务一 商品经营现状分析

【学习目标】

1. 了解商品经营现状分析指标；
2. 掌握行业数据分析；
3. 掌握市场趋势分析。

【建议学时】

4 学时。

数据分析方法

【情境导入】

融一融

今天，李丽参加部门每天的例会。会上刘部长向大家详述了本次节日促销活动的主要内容，同时强调针对本次节日促销活动，公司计划在两周内新上架 50 款女装。随后刘部长向大家展示了这两周的工作进度安排表。安排表中 50 款新上架女装按款式分为 T 恤、衬衫、裙子、背心、马甲、西装、毛衣、风衣、卫衣、裤子 10 类，李丽和其他 2 名同学需要选择一个品类的女装进行运营工作，她们该选择哪个品类呢？

【内容讲解】

学一学

为了完成本次上架的任务，李丽与同学多次商量，并向刘部长请教后，确定要先找出目标人群并进行市场细分，在此基础上确定商品的上架时间、营销推广方式等内容。想要将一款商品打造成爆款，对商品数据的分析非常重要，李丽把任务的关键点定在商品数据分析上，下面看李丽如何完成本次任务。

商品数据分析的内容主要包括排行榜分析、市场趋势分析、市场细分。

公司要求李丽的团队从 T 恤、衬衫、裙子等 10 个品类中选择一类进行运营，李丽有点犯难，于是向刘部长请教。刘部长给她推荐了一款常用的数据分析工具——淘宝指数/阿里指数。使用淘宝指数，可以迅速找到热销类目和关键词排名。

使用浏览器访问淘宝指数 http://shu.taobao.com，点击排行榜，可以看到淘宝热销类目排行。

在女装类目下，点击搜索榜，浏览女装类目热搜关键词，如图 9－1－1 所示。可以发现，女装类目搜索关键词最多的是"连衣裙"，其次是"女式 T 恤"，可见这两个子类目是目前的热搜关键词。

图 9－1－1　女装类目行业指数

通过使用淘宝指数的排行榜功能，可以发现"T 恤"这个子类目在女装大类中处于热门商品。利用好排行榜功能，可以帮助商家迅速查找出淘宝搜索的热门关键词和热门品类，还可以通过淘宝数据库查找各品类成交量排行，帮助商家找到适合自己的类目。

在淘宝指数（老版阿里指数：http：∥index.1688.com）中输入关键词"T 恤"进行查询，并对得到的结果进行分析，如图 9－1－2 所示。

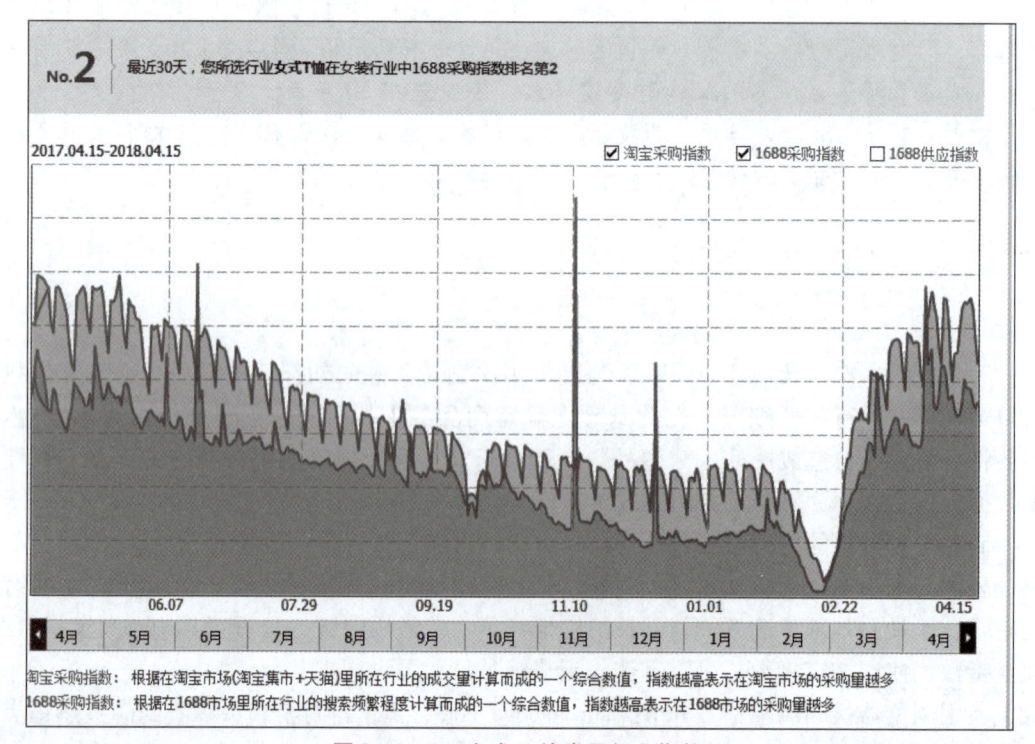

图 9－1－2　女式 T 恤类目行业指数

通过分析，李丽发现一个规律，女式 T 恤淘宝采购指数、1688 采购指数在每年 4 月平均达到最高点，之后开始下滑。由此可分析得出结论，每年 T 恤销售的黄金时期是 4—6 月。但是为了在这个时间段达到最佳效果，一般在 3 月下旬至 4 月初就要开始上架 "T 恤" 类产品并进行推广宣传，为 4—6 月销售旺季提前做好准备。

通过人群定位分析可以发现使用 "T 恤" 关键词进行搜索的性别比例、年龄阶段比例等数据，如图 9-1-3 所示，从而得出女装适合的人群定位。根据目标人群定位确定产品的营销推广策略，可做到有的放矢。

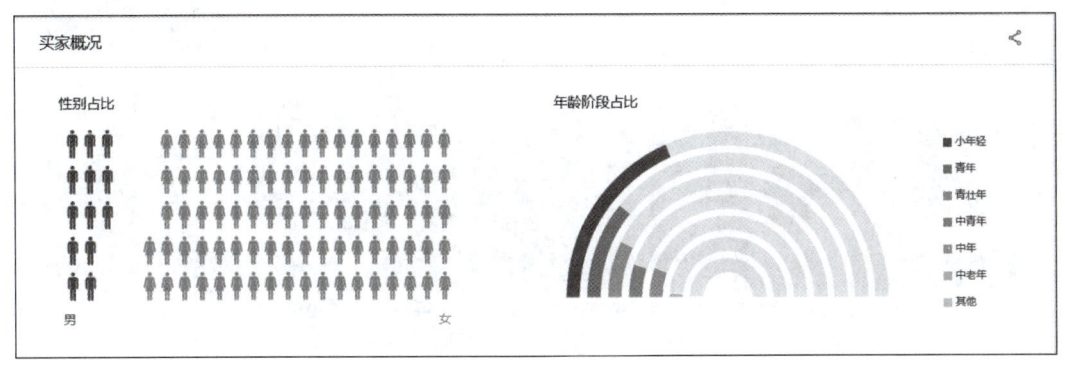

图 9-1-3 女式 T 恤顾客指数

同样的，根据对用户消费层级的比例分析可以发现，T 恤类目产品的消费层级集中在中档价位，如图 9-1-4 所示。

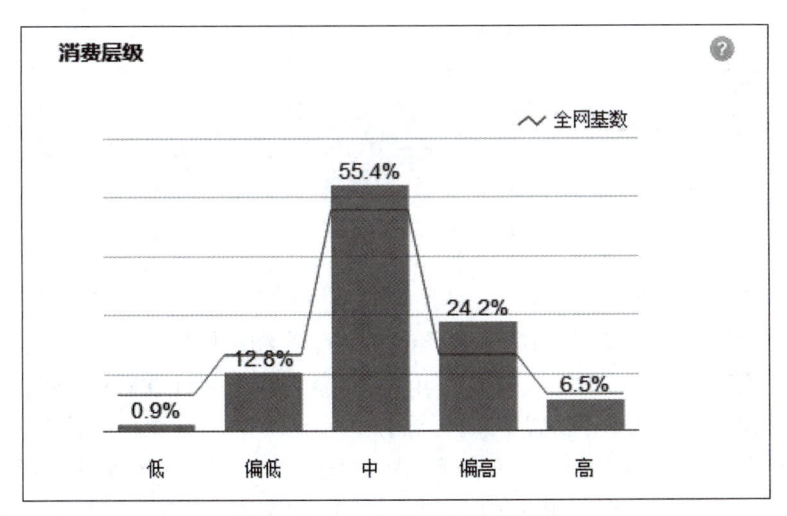

图 9-1-4 女式 T 恤消费层级

具体这个中档价位是多少，可以打开淘宝首页，使用搜索框检索 "T 恤" 关键词，在检索结果中查看综合排序。如图 9-1-5 所示，因为我们在制定 T 恤定价的时候就要考虑到消费层级的因素将定价定在中档价位上，所以选择 60% 的用户都选择的 "35～134 元" 价位的定价。

通过以上分析，李丽了解了 T 恤类目产品的市场趋势，制定了一份详细的运营计划，确定在 3 月底推出 T 恤类目产品进行预热，到 4—6 月打造爆款产品。着重打造女式 T 恤

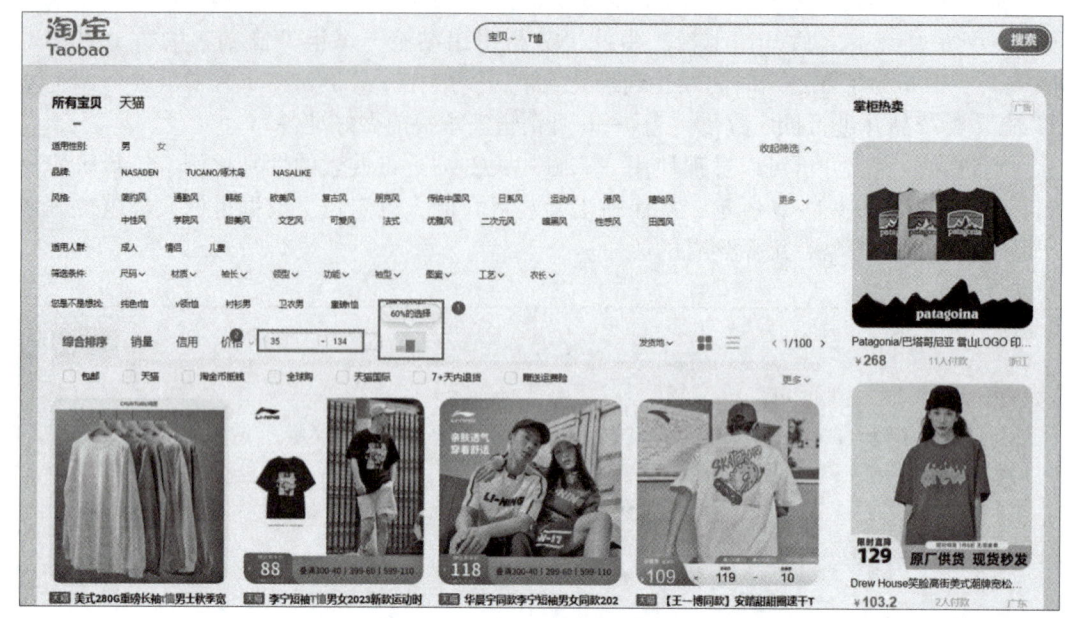

图 9-1-5　女式 T 恤定价区间

类目产品，价格定位在 35~134 元的中档市场。

淘宝指数的市场趋势功能，可以快速了解产品类目的发展趋势、人群定位、消费层级等数据。通过对这类数据的分析，可以帮助商家制定合理的产品运营推广计划，从而促进销量，打造爆款。

【思政任务】

想一想

另辟蹊径，"做自己"

在碳酸饮料横行的 20 世纪 90 年代初期，汇源公司就开始专注于各种果汁饮料市场的开发。虽然当时国内已经有一些小型企业开始零星生产和销售果汁饮料，但大部分由于起点低、规模小而难有起色；而汇源是国内第一家大规模进入果汁饮料行业的企业，其先进的生产设备和工艺是其他小作坊式的果汁饮料厂所无法比拟的。汇源果汁充分满足了人们当时对于营养健康的需求，凭借其 100% 纯果汁专业化的"大品牌"战略和令人眼花缭乱的"新产品"开发速度，在短短几年时间就跃升为中国饮料工业十强企业，其销售收入、市场占有率、利润率等均在同行业中名列前茅，从而成为果汁饮料市场当之无愧的引领者。

那么，如何在行业中"做自己"，在生活中"做自己"？

【实训任务】

做一做

你所在的企业生产了一批韩版修身时尚男款西服，准备投放淘宝市场。请使用淘宝指数的相应功能为该产品的上市制定详细的运营方案。

(1) 使用淘宝指数工具,在男装类目下分析各热销子类目的成交排行及近期涨跌幅形势,并填入表9-1-1中。

表9-1-1 各热销子类目的成交排行及近期涨跌幅形势

排行	热销子行业	涨幅
1		
2		
3		
4		

(2) 小组合作,使用淘宝指数工具分析"西装"关键词的搜索趋势、地域细分、人群定位和消费层级,并填入表9-1-2中。

表9-1-2 "西装"关键词的搜索趋势、地域细分、人群定位和消费层级

排行	搜索趋势（最高的月份）	地域细分（最高的地区）	人群定位（性别年龄）	消费层级（高中低档价位）
1				
2				
3				
4				

【重难点总结】

答一答

重点总结：排行榜分析。
难点总结：市场趋势分析、市场细分。

任务二 基本流量数据分析

【学习目标】

1. 了解基本流量的数据指标;
2. 掌握流量数据分析方法。

【建议学时】

4学时。

数据分析的重要性

【情境导入】

融一融

产品上架后,李丽就开始进行推广,付费的、免费的各种推广手段都运用了,店铺也开始有了一定的销量,但离爆款产品还有很大差距。李丽想知道哪里还需要改进?于是她去请教刘部长,刘部长告诉她,想要知道店铺出了什么问题,就要对店铺的流量、转化率等因素进行综合分析。可以使用淘宝卖家中心的生意参谋工具对店铺各项数据进行分析。

【内容讲解】

学一学

李丽了解到反映店铺运营的数据有很多种,大致可以分为流量数据和交易数据两大类。使用淘宝卖家中心提供的生意参谋工具,可以方便地分析店铺的各项经营数据,包括店铺的流量概况、流量分布等数据。了解并分析这些数据有助于店铺经营者改进营销策略,促进产品销售。

一、基本流量数据指标

1. 网站访问量

网站访问量是指某一段时间内网站被访问的总人次,是网站流量的最重要指标,体现了网站推广的整体效果。

网站访问量的计算原则如下:进入网站的任何一个页面算访问开始。关掉浏览器,或直接关掉网站,算离开网站(一次访问结束)。如果一直没有关掉网站,访问网站的不同页面,算一次访问。一天内不同时间访问网站 N 次,算 N 次访问。

流量分析软件可以按时间,如按照每天、每星期或者每月显示访问数,当然,大多数软件也可以图的方式显示。

2. 唯一身份访问者数

唯一身份访问者数指的是在某一段时间内来自不同计算机的人数。

具体计算这个指标的规则如下:绝对唯一访问者是指某一段时间内用户用同一台计算机访问只算一次,计算的是访问网站的人数,而不是访问次数。从技术层面上讲,用 Cookie[①] 来确定绝对唯一访问者,而不是 IP。

办公室内有 N 台电脑访问,虽然用同一个 IP,但统计时,按 N 次算,同一个电脑访问,即使 IP 换了,但电脑没换,按一次算,相同用户在 24 小时内访问网站的所有次数均被计算为 1 次。

3. 浏览量

浏览量即页面浏览量或者页面访问数,指的是某一段时间内被访问或者说被打开的

---

① Cookie:是一种小型文本文件,是一种储存在用户本地终端上的数据,是一个记录访问数据的功能。

页面总数，不区别 IP，一个 IP 点击几次，就按几次统计。

二、基本流量分析

在与刘部长的交流中，李丽经常听到 UV、PV 这两个概念，而且刘部长说这两个数据对商品的展示和销售至关重要，是流量的基础数据。那么，什么是 UV、PV 呢，如何查询这两个数据？对店铺运营有哪些帮助呢？

李丽打开淘宝卖家中心生意参谋工具（http://beta.sycm.taobao.com），登录自己的店铺 ID（身份标识号）后，查看"经营分析"菜单中的流量分析功能，如图 9－2－1 所示。

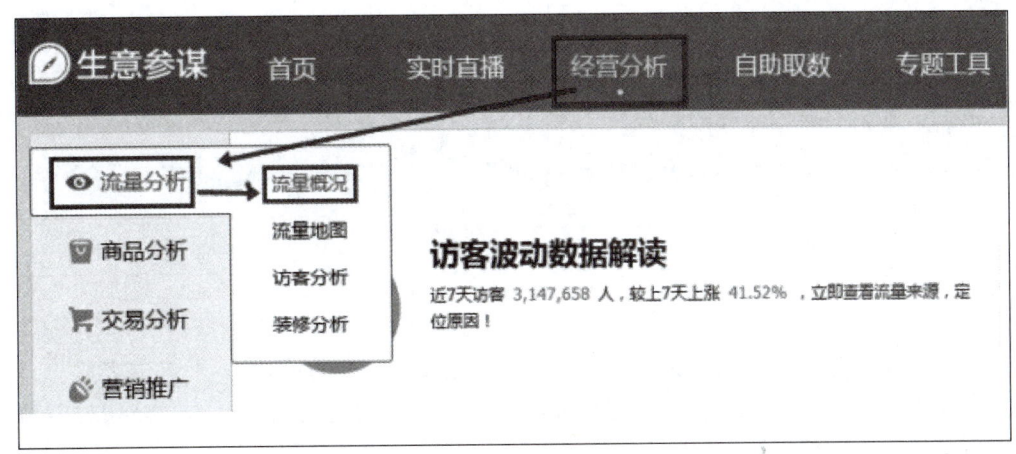

图 9－2－1　流量分析

点击进入流量概况界面，如图 9－2－2 所示，可以查询店铺在指定时间内的相关流量数据。店铺整体流量情况的概貌，能够帮助商家了解店铺整体的流量规模、质量、结构，并了解流量的变化趋势。

图 9－2－2　流量概况

1. 查看流量总览栏目

通过流量概况中的流量总览栏目，可以看到店铺的访客数（UV）、浏览量（PV）、跳失率、人均浏览量、平均停留时间等数据。

通过对流量数据分析可以发现，店铺的访客数和浏览量都比之前有所提高。但跳失率仍然维持在较高数值。这些数据说明：一方面，前期一些营销活动引入的流量不够精准，还需要优化营销策略；另一方面，店铺详情页对访客的吸引力不足，还有改进空间。

2. 分析流量趋势

针对店铺存在的问题，李丽对营销策略和店铺详情页做了一些优化，目前想检验一下效果如何，于是选择了流量趋势功能，如图9-2-3所示。

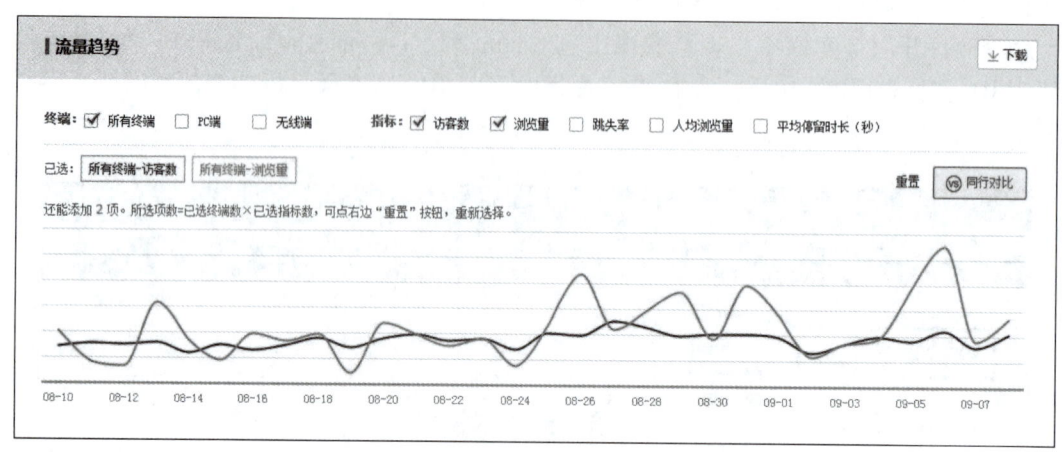

图9-2-3 流量趋势

通过流量趋势图可以发现，这段时间的优化起到了一定的作用，店铺访客数、浏览量有了明显提升，跳失率也有了一定程度的下降。这说明对营销策略的调整和对店铺详情页的改进是有效的。

3. 分析流量地图

打开淘宝卖家中心后台的生意参谋工具，找到"经营分析"菜单下的流量地图工具，如图9-2-4所示。

图9-2-4 流量地图

流量地图分析包括流量来源、店内路径和流量去向几个子工具。通过这些工具，店主可以直观地看到店铺访客是从哪里来的、在店铺各个页面的浏览路径以及离开店铺后去了哪些页面，如图9-2-5所示。

通过分析可以发现，店铺流量来源主要由淘内免费、自主访问、付费流量和淘外流量几个部分组成。淘内免费和自主访问流量是通过淘宝搜索或店铺网址直接进入店铺的

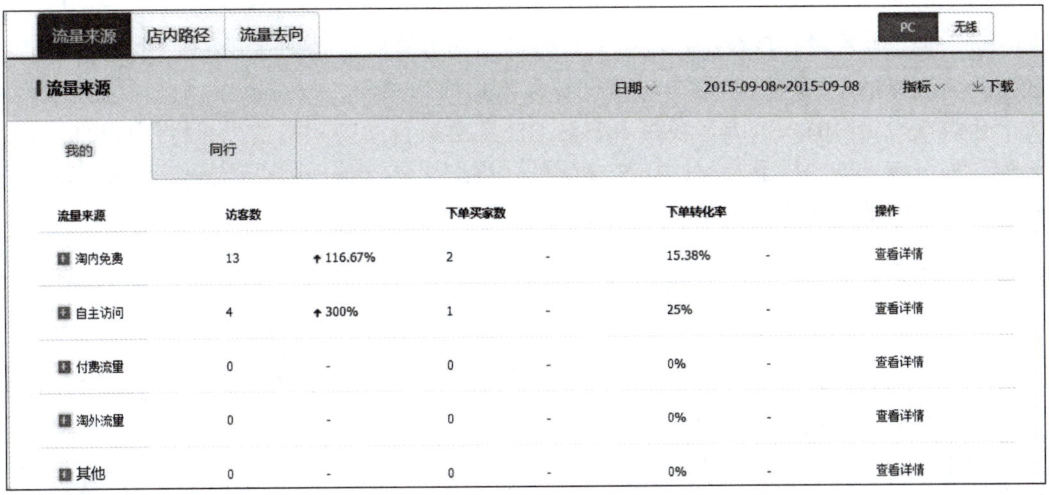

图 9-2-5 流量来源

访客；付费流量主要是直通车和钻石展位等带来的访客；淘外流量则是通过站外营销宣传带来的访客。一般来说，免费流量和付费流量的比例控制在 7∶3 比较合理。

4. 分析引流模式

选择查看同行的流量来源，如图 9-2-6 所示，分析其引流模式，可以帮助商家了解哪些是高流量渠道、哪些是高转化渠道，以及尚未覆盖到的流量渠道，这样才可以根据店铺实际情况拓展高转化渠道，优化网店营销策略。

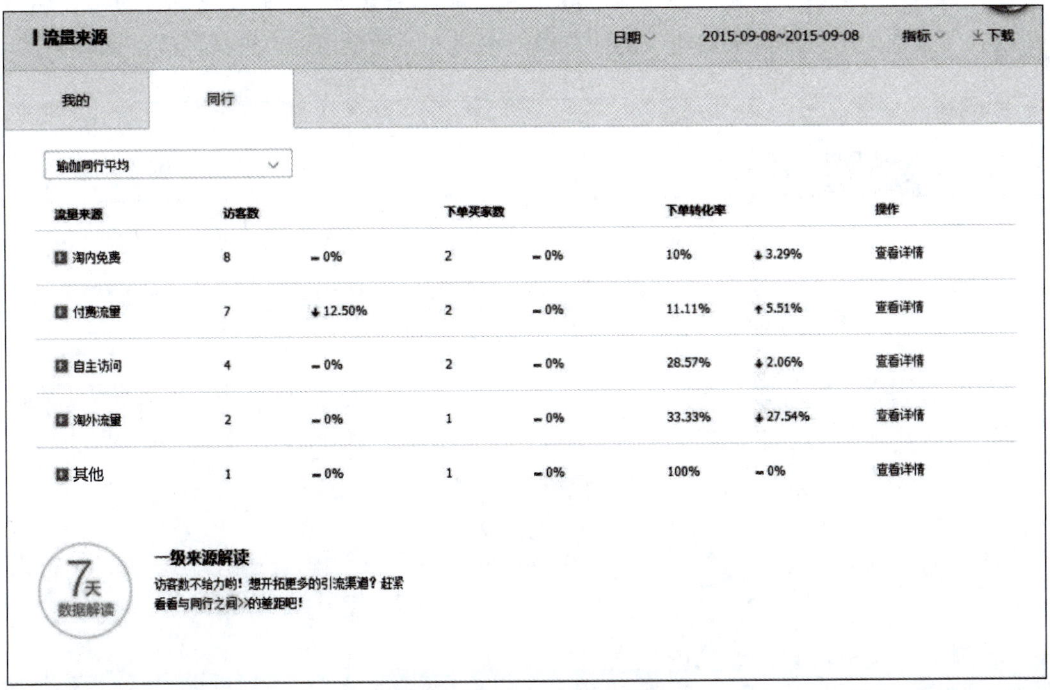

图 9-2-6 同行流量来源

5. 分析流量入口数据

进一步查看流量入口数据。流量入口指的是访客进入店铺的途径，是通过店铺首页还是具体的详情页。跳出率是指访客打开某个页面后关闭，没有继续浏览的人数比例。查看店内各类页面的入口访客和跳出率，关注高引流页面的跳出情况，将低跳出的入口页面作为引流入口的权重加大；修改或调整高跳出的入口页面，降低其作为引流入口的权重，这是店铺优化的常见做法，如图9-2-7所示。

图9-2-7　入口页面分布

通过查看访客访问店内路径，如图9-2-8所示，可以看清访客入店后在不同店铺页面之间的流转关系，验证其是否按照既定路线和比例流转，从而发现问题页面；看清店内各类页面的单页面流量，明确活动页面的冷热度，确定活动力度的调整等。

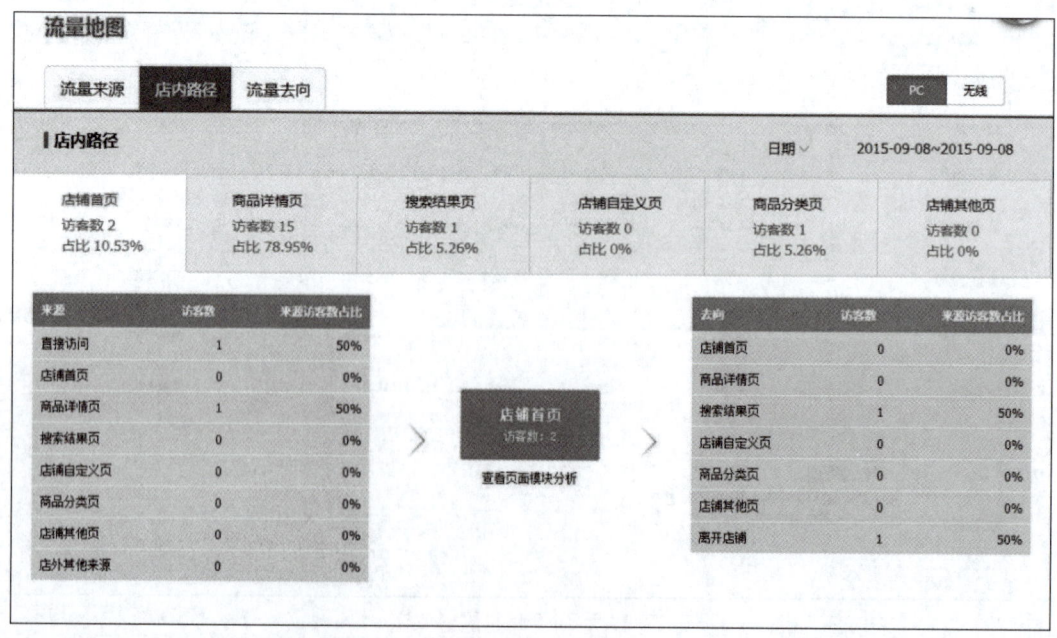

图9-2-8　店内路径

通过流量分析，弄清楚店铺流量的来龙去脉，在识别访客特征的同时，了解访客在店铺页面上的点击行为，验证引流策略是否奏效、各渠道引入流量的转化优劣，发现潜在的高流量渠道、高转化渠道，从而进一步调整引流策略。通过同行来源的查看，可以帮助商家发现行业中的高流量渠道、高转化渠道、未覆盖的空白渠道。

店铺基础流量情况是店铺运营状况的实时反映，通过对各项流量数据指标的分析，可以帮助商家了解店铺经营状况，发现店铺和产品存在的问题，从而有针对性地对店铺进行改进和优化。

【思政任务】

想一想

社会上人们长期有一种误解，认为普通人缺少流量，名人精英、娱乐明星、富商巨贾才有流量，于是热衷于挖掘明星绯闻，汲汲于制作传播不辨真假、不辨香臭的八卦轶事。甚至在一些人的脑海里，"流量"二字已经等同于迎合取悦、贩卖庸俗低俗媚俗。

但事实上，那些普通人的正能量故事，没有豪言壮语，不追求引人轰动，却用实实在在的点击、评论证明：平凡普通的人，如金子般发光的正能量，同样能够带来超高流量，打动人心、感染万众。自带光亮的普通人，就是有形的正能量，是鲜活的价值观，如同春风化雨一般温润心灵，立得住、传得开、留得下。

所以，普通人的故事也有流量，正能量同样吸引人。只要始终和人民群众在一起，将目光投向人民群众的伟大奋斗和火热生活，就一定会源源不断地发现更多值得讲述和传播的普通人正能量故事。

那么，普通人如何传播正能量呢？

【实训任务】

做一做

小组合作，使用淘宝卖家中心的生意参谋工具对自己店铺的流量数据进行分析，并填入表9－2－1中。

表9－2－1 流量数据分析

数据	访客数	浏览量	跳失率
过去一天			
过去一周			
过去一月			

根据表9－2－1中的流量数据，分析店铺存在的问题，并撰写改进方案。

（1）存在的问题：

（2）问题产生的具体原因：

（3）改进方法：

【重难点总结】

答一答

重点总结：基本流量数据是店铺运营状况的实时反映，可帮助商家了解店铺经营状况，发现店铺和产品存在的问题。

难点总结：商家有针对性地对店铺进行改进和优化。

任务三　基本运营数据分析

【学习目标】

1. 了解基本运营数据指标；
2. 掌握基本运营数据分析方法。

【建议学时】

4学时。

【情境导入】

融一融

明白了店铺流量来源，李丽和同学积极开展站外推广，投入了一定的资金做钻石展位和直通车，流量很快有了很大提升，可李丽又犯难了。她发现交易量增加的幅度没有流量那样明显，出了什么问题呢？她向刘部长求助。刘部长给李丽提出了一些建议：分析店铺运营数据不能仅分析流量数据，还要对店铺的交易数据进行全面分析，看看顾客为什么进店后最终没有购买，分析原因，进行优化，才能提高店铺的转化率。

【内容讲解】

学一学

一、基本运营数据指标

1. 分析运营数据的作用

运营数据分析最主要的作用是辅助决策，以前企业运营决策多依赖于以往的经验总结，随着信息化和电子商务时代的到来，企业在经营过程中积累了大量的数据，对这些数据进行分析，能够更精准、更科学地辅助企业发展。

2. 基本运营数据

流量来源、访客地区、流量分布、购物时间和访客退出率等数据都是比较基本而且关键的运营数据，通过对这些数据进行分析，可以帮助网店更好地找到运营方向。

1）分析流量来源

通过对不同的搜索引擎、网站的关键词流量等进行分析，可以使商家对搜索引擎推广有更清楚的认识，并且可以为制定方案提供准确的数据参考。

2）分析访客地区

分析访客地区指对不同地域的买家数量、回购率、销售额、客单价、市场规模等进行分析，制定不同的营销策略，如图9-3-1所示。

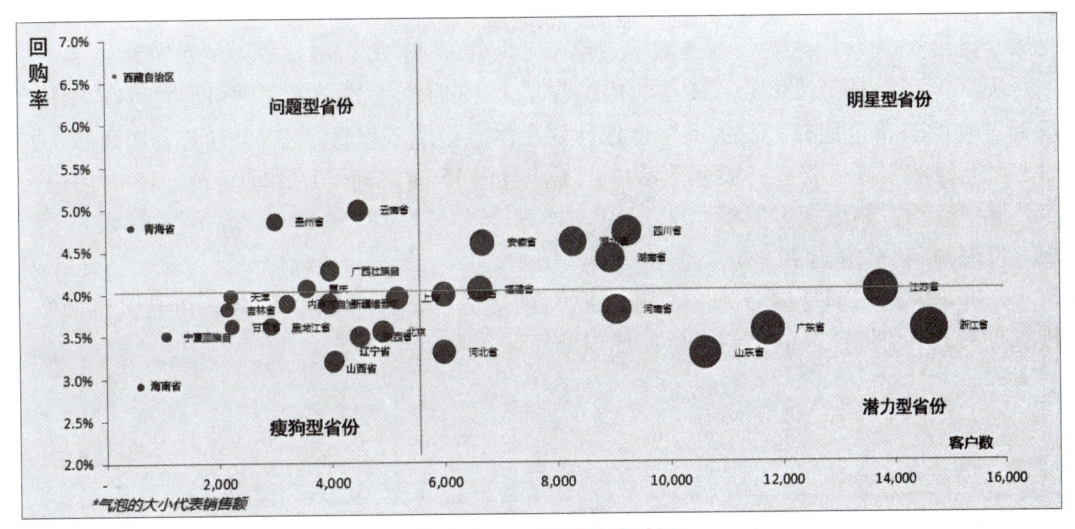

图9-3-1 分析访客地区

3）分析流量分布

分析网站中不同流量分布情况，可帮助商家了解流量来源，由此更精准地将营销费用用在最合适的产品推广渠道中。

4）分析购物时间

分析购物时间，主要是指根据商品的特性来分析目标客户群的常见购物时间段，从而更准确地制定相应的推广方案，如根据客户消费时间安排商品上架时间、按照客户消费时间加大推广投放力度等，如图9-3-2和图9-3-3所示。

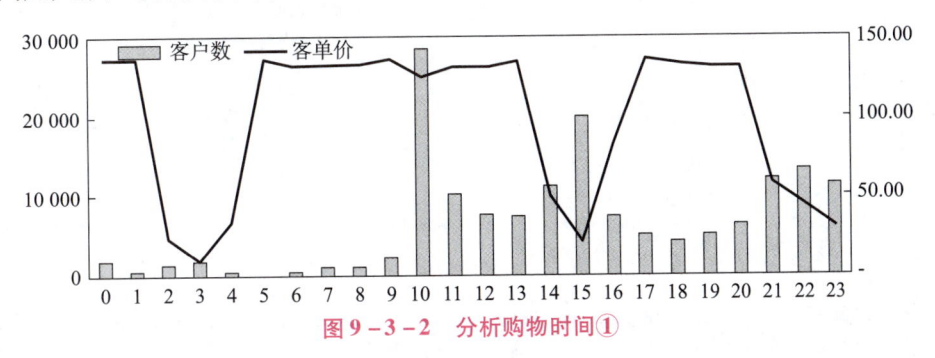

图9-3-2 分析购物时间①

通过图9-3-2可以发现，店铺在10点时客流量最大，客户转化最多，且仍然保持一定的客单价（平均消费金额基本保持不变），说明多数消费者产生平均数额的消费。在15时客流量虽多，但消费金额少，出现低客单价，说明客户此时不易产生大数额购物冲动，适宜针对客户进行合理刺激消费。

图9-3-3　分析购物时间②

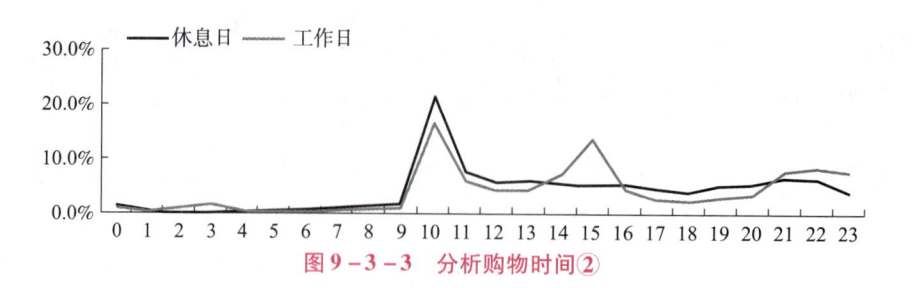

从图9-3-3可以发现，24小时内，在早上10时产生的订单量比率最大，在工作日15时产生的订单量比较大。由此可合理计划在休息日或工作日早上10时前上架商品，并加大力度投放引流广告、开展预热活动；工作日内15时之前开展活动宣传，15时后进行商品促销活动，刺激顾客消费。

5）分析访客退出率

分析访客退出率是指对顾客离开的原因进行分析，分析顾客退出率和退出页面数，帮助商家了解店铺产品的劣势，以便加以修正。

二、运营数据分析

1. 交易数据分析

打开淘宝卖家中心，选择生意参谋工具中经营数据下的交易分析功能，其中交易概况如图9-3-4所示，其中访客数、下单买家数（简称下单数）与支付买家数（简称买家数）是店铺交易数据的主要指标。

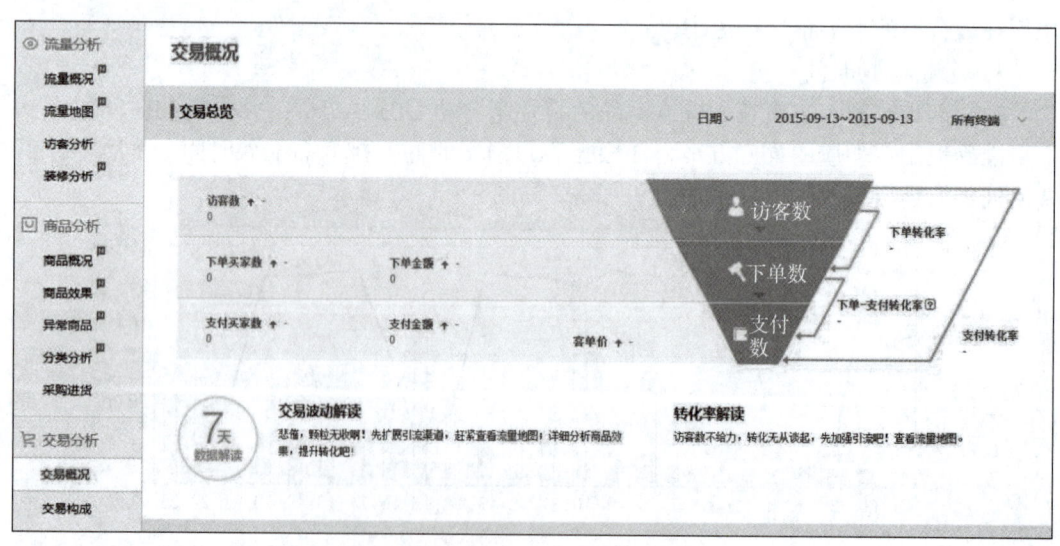

图9-3-4　交易概况

通过分析可以发现，访客数、下单数、支付数是一个明显的漏斗型。其中访客数与下单数的比例就是下单转化率，下单数与支付数的比例就是下单支付转化率，访客数与支付数的比例是总的支付转化率。转化率越高，在相对流量引入的情况下卖家的销量就越大。

使用交易趋势工具,选择在一定时间区间内查看交易数据的变化,如图9-3-5所示。李丽发现访客支付金额在时间上有一定的波动,总体呈上升趋势。除了自己店铺的数据,李丽还可以使用同行的相关数据进行对比分析,从而发现自身问题,改变经营策略。

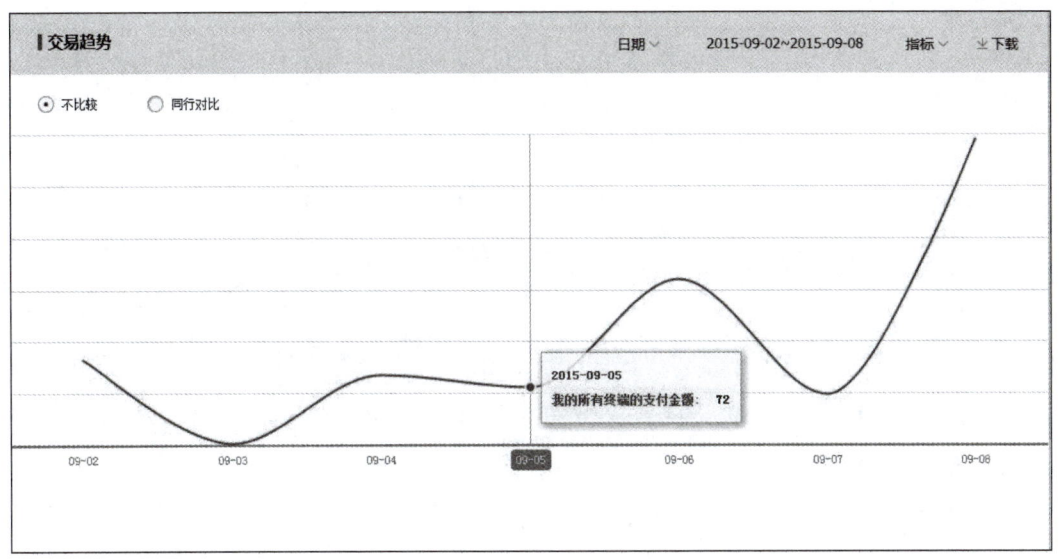

图9-3-5 交易趋势

交易数据是反映店铺运营状况的重要数据,利用生意参谋工具,对店铺交易概况(总销售额、成交量、客单价、订单有效率及退货率)进行分析,发现时间上的趋势和规律,有助于商家更加深入地了解店铺经营状况,为开展营销活动和店铺运营提供依据和数据支撑。

2. 访客来源分析

使用生意参谋工具进行访客来源分析,如图9-3-6所示。

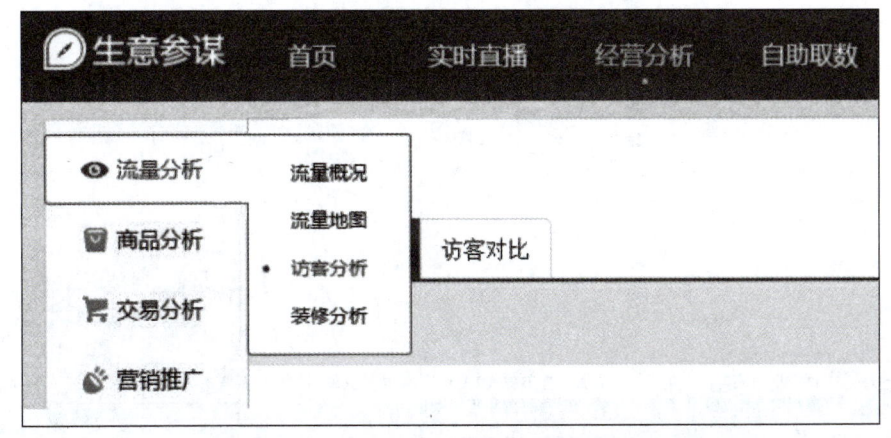

图9-3-6 访客来源分析

如图9-3-7所示，选择日期、终端，查看在对应统计周期内，在各类终端下，按小时段的访客和下单买家数，可以方便地掌握店铺访客来访的时间规律，验证或辅助调整广告投放、引流时段策略。7天时段分布解读，可帮助商家直观地知晓店铺的访客高峰时段。

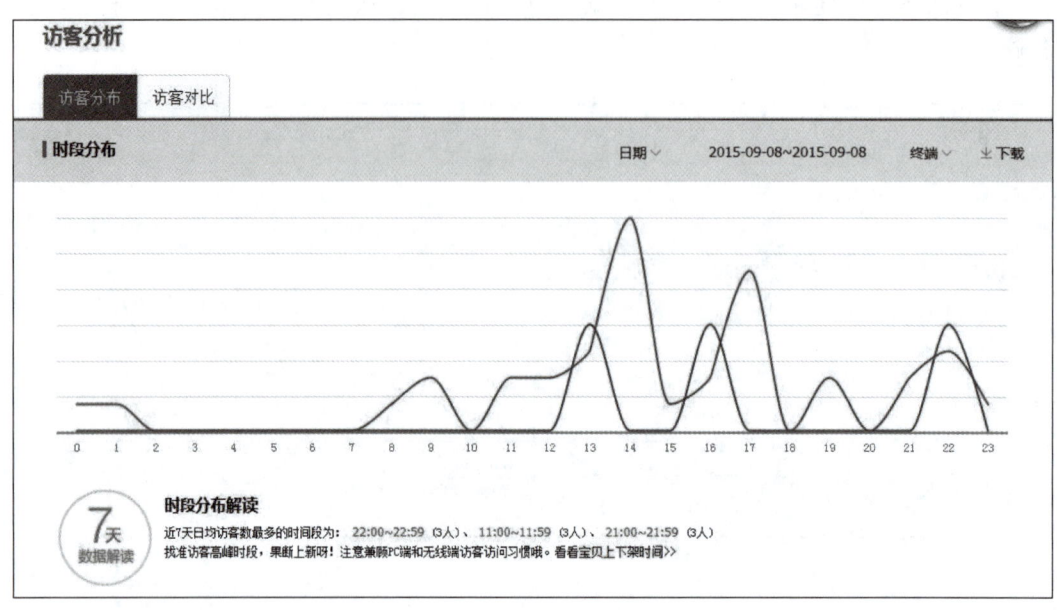

图9-3-7 时段分布

如图9-3-8所示，通过选择日期、终端，查看在对应统计周期内，在各类终端下，访客数的地域排行榜和下单买家数的地域排行榜，同时查看各地域的转化率，验证或辅助调整广告定向投放策略。7天地域分布解读，可帮助商家直观地了解店铺访客的核心地域。

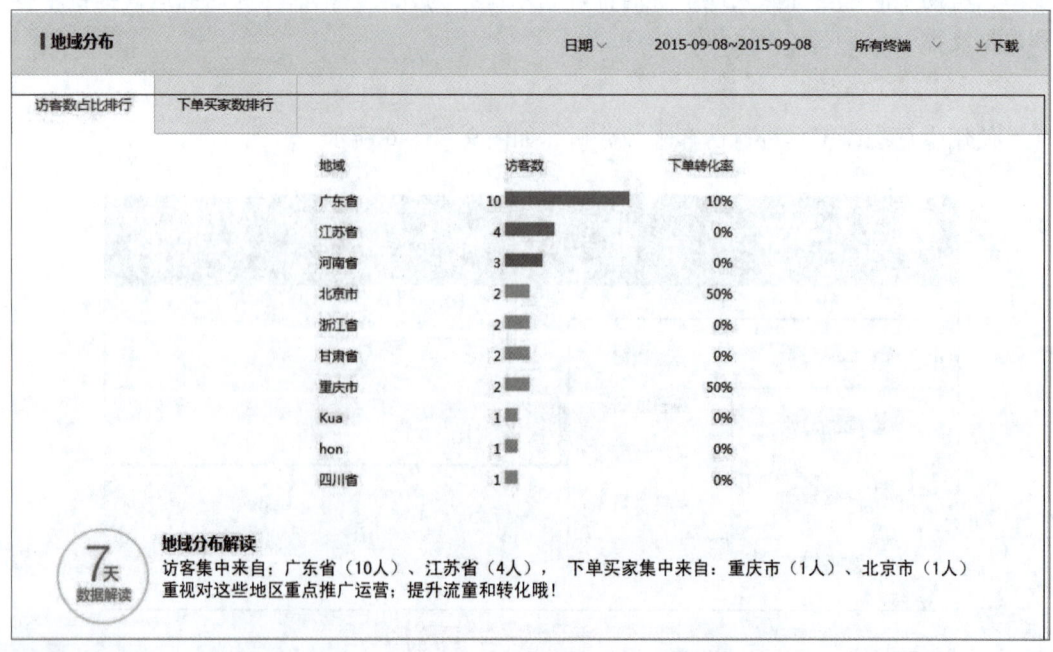

图9-3-8 地域分布

如图9-3-9所示，通过选择日期、终端，查看在对应统计周期内，在各类终端下，访客的会员等级、消费层级、性别、店铺新老客户的分布，验证或辅助调整广告定向投放策略。

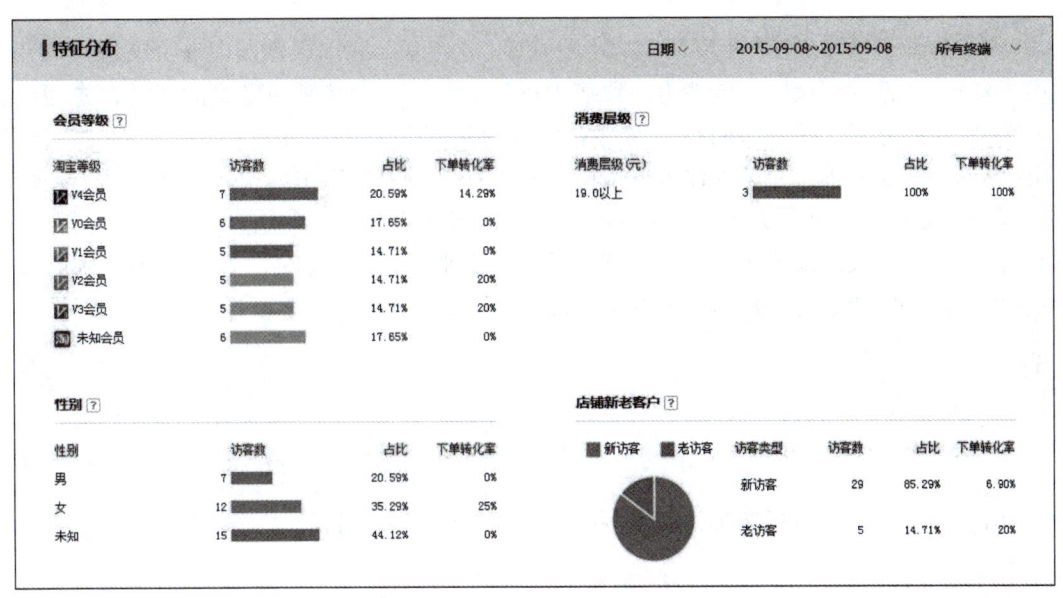

图9-3-9 身份特征分布

3. 访客去向分析

通过了解访客离开后的去向，便可以推断访客离开的意图。以图9-3-10为例，访客去向分为两类，最多的去向是购物车、我的淘宝（买家后台）、收藏夹等，并未前往搜索其他店铺或离开淘宝，可见访客对店铺的不满意程度相对较轻。

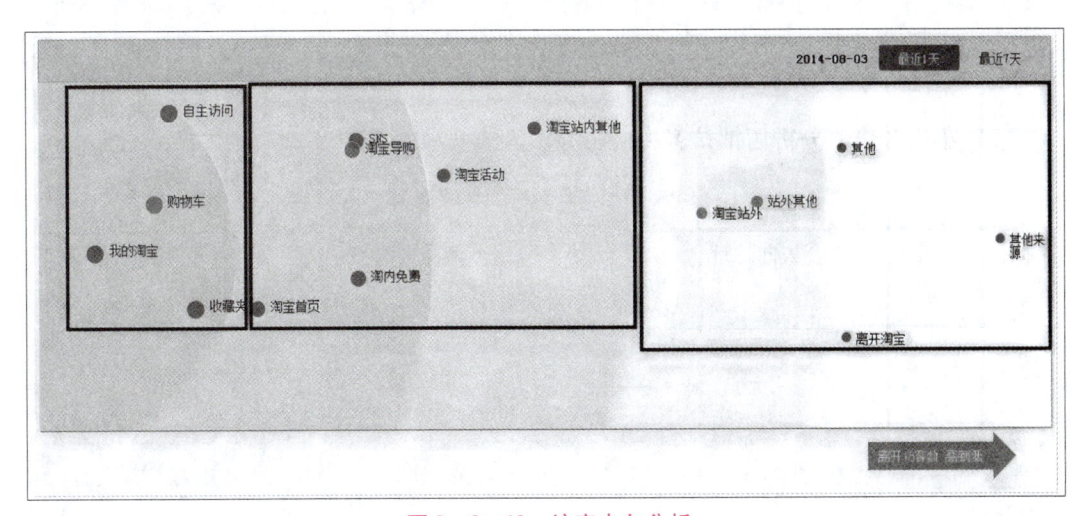

图9-3-10 访客去向分析

通过对访客去向的分析，可以了解访客离开的意图及访客访问店铺页面的路径，从而为店铺页面优化和层次关系改进提供依据。

【思政任务】

想一想

步步为营,步步赢。3年疫情影响了全世界,3年来,我国根据国内外疫情形势的变化,及时对病毒的潜伏期、传播力、致病力进行研判,结合多领域专家的智慧,先后出台了9版防控方案。每一版防控方案都在原有的基础上,充分回应了防疫形势的变化,不断精细、不断完善,并经受住了疫情的考验。在世界卫生组织的报告中,中国因疫情(相关)造成的超额死亡人数为负数,甚至小于疫情前的常年均值。

时至今日,人们逐渐从疫情的笼罩中慢慢走出来了,经济复苏、生活如常。那么商家在电子商务店铺运营中是不是也要像国家一样,步步为营,步步赢?

【实训任务】

做一做

(1)小组合作,分析店铺访客来源,并填入表9-3-1中。

表9-3-1 分析店铺访客来源

排名	访客来源	访客特征
1		
2		
3		
4		
5		

(2)小组合作,分析店铺访客去向,并填入表9-3-2中。

表9-3-2 分析店铺访客去向

排名	去向地址	离开人数/人	离开人数占比/%
1			
2			
3			
4			
5			

(3)小组讨论后,由组长汇总写出店铺访客分析及改进分析报告。

【重难点总结】

答一答

重点总结：分析店铺基本运营数据。

难点总结：利用分析结果调整店铺运营，熟练使用生意参谋等分析工具。

【练习题】

一、选择题

1. （单选）可以通过电子商务网站某种商品的（　　）来预测该商品销量的提升等。
   A. 关键词搜索量　　B. 浏览量　　C. 搜索量　　D. 关键词浏览量

2. （多选）分类型数据，即反映事物类别的数据，以下属于分类型数据的有（　　）。
   A. 商品类型　　B. 地域区限　　C. 品牌类型　　D. 转化率

3. （单选）（　　）是淘宝官方的数据产品，秉承数据让生意更简单的使命，致力于为淘宝卖家提供精准实时的数据统计、多维的数据分析、权威的数据解决方案。
   A. 淘宝指数　　B. 天猫指数　　C. 数据魔方　　D. 生意参谋

二、简答题

1. 图9-3-11为天猫某店铺的推广数据，其中包含展现量、花费、点击量、平均点击率、点击率、总成交金额、投入产出比等数据，试从分析推广效果的角度制作数据采集表，如表9-3-3所示。

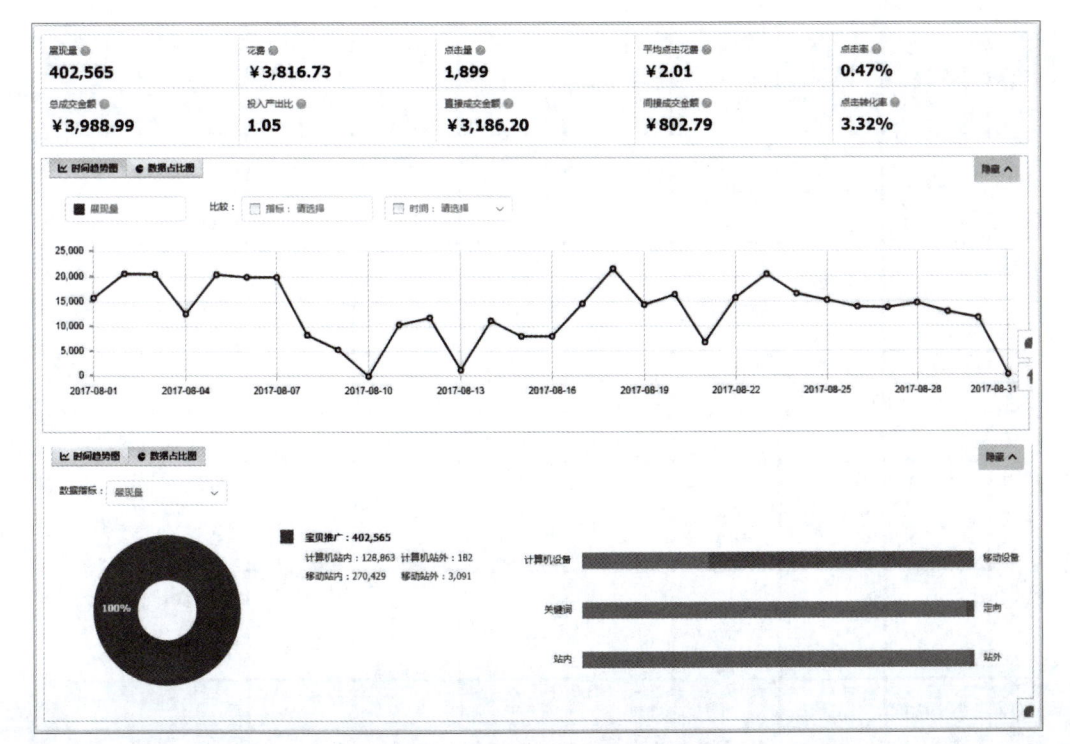

图9-3-11　天猫某店铺的推广数据

表 9-3-3 数据采集表

排序	展现量	花费	点击量	点击率	总成交金额	投入产出比
1						
2						
3						
4						

2. 小雨在一家电子商务公司从事网点选品工作，夏季新品上新工作即将开始，公司要求小雨从 T 恤、衬衫、裙子等产品中分别选择几个款式，请问小雨应采集哪些数据进行选品分析？

项目十
客户服务

【知识目标】

1. 了解网店客服必备的专业知识；
2. 了解售前、售中、售后客户服务的整体工作流程；
3. 掌握良好的沟通技巧；
4. 掌握激励客服人员的方法；
5. 了解客服人员的绩效考核方式；
6. 理解维护客户关系的重要性。

【技能目标】

1. 能开展客服售前、售中、售后工作；
2. 能运用良好的沟通技巧与客户交流；
3. 能根据绩效考核表来提高客户服务质量；
4. 能建立良好的客户关系。

【素质目标】

1. 培养诚信的客服意识；
2. 培养良好的客服心态；
3. 具备爱岗敬业的职业道德。

【建议学时】

10 学时。

【知识导图】

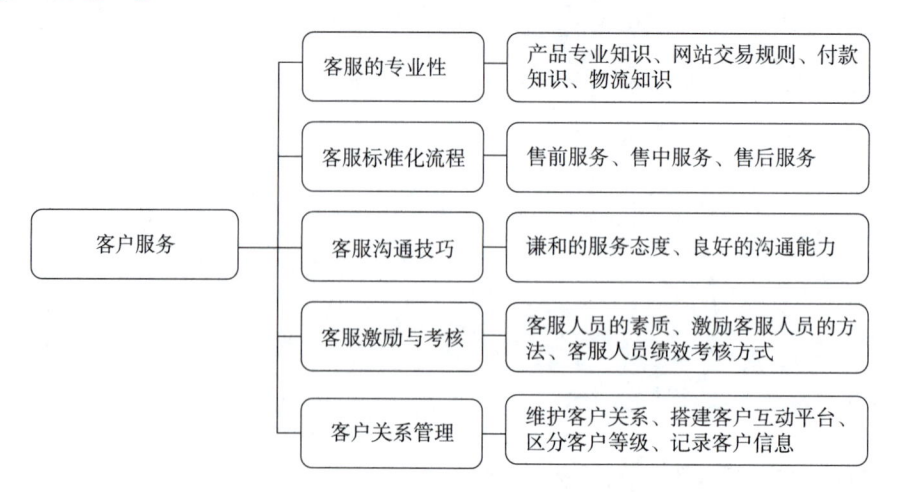

客户服务	客服的专业性	产品专业知识、网站交易规则、付款知识、物流知识
	客服标准化流程	售前服务、售中服务、售后服务
	客服沟通技巧	谦和的服务态度、良好的沟通能力
	客服激励与考核	客服人员的素质、激励客服人员的方法、客服人员绩效考核方式
	客户关系管理	维护客户关系、搭建客户互动平台、区分客户等级、记录客户信息

【项目导言】

开辟马克思主义中国化时代化新境界，必须坚持系统观念。我们要善于通过历史看现实、透过现象看本质，把握好全局和局部、当前和长远、宏观和微观、主要矛盾和次要矛盾、特殊和一般的关系，为前瞻性思考、全局性谋划、整体性推进党和国家各项事业提供科学思想方法。

客户服务是网店运营全局工作中十分重要的一环，我们需要把握好网店运营中全局和局部、当前和长远、宏观和微观、主要矛盾和次要矛盾、特殊和一般的关系，充分利用科学的思想方法，推进网店运营工作。

任务一　客服的专业性

【学习目标】

1. 了解客服的专业性概念；
2. 掌握客服应具备的专业性知识；
3. 能应用专业知识回复顾客咨询。

【建议学时】

2学时。

【情境导入】

融一融

小陈曾经有过这样的经历，到百货公司去买一些电器产品时，同一种产品总有很多种不同的品牌，价格也不一样，作为消费者，他会对不同产品进行比较，但几乎有半数店员不能明确地回答他的问题，甚至有些店员对产品的使用方法完全不知道。虽然电子电器类产品的更新速度非常快，但销售人员专精于自己销售的产品应是需掌握的基本销售功。

【内容讲解】

学一学

知识就是力量，这句话在网络零售业同样适用，拥有丰富产品知识的专家型客服人员更容易让顾客产生信赖，从而产生购买的冲动，因此知识也可以成为推动销售的力量。

客服的专业性是社会分工在电子商务世界中的体现，所谓客服的专业性，是指客服对于自己所从事的行业较为精通，需要掌握的工作技能较为完善，达到了网店设置岗位所预期的要求，具有让人满意的工作能力。

一、产品专业知识

1. 产品自身知识

客服应当对产品自身的种类、材质、尺寸、用途、注意事项等都有所了解，最好还了解行业的有关知识、产品的使用方法、修理方法等。

1）了解产品质量

产品质量指产品的适用性，即产品的使用价值。产品适合一定用途，能够满足人们某种需要所具备的特性，是产品吸引顾客最重要、最稳定的部分，可决定产品的耐用性、安全性、独特性，是顾客最为看重的一点。客户咨询与专业回复如图10-1-1所示。

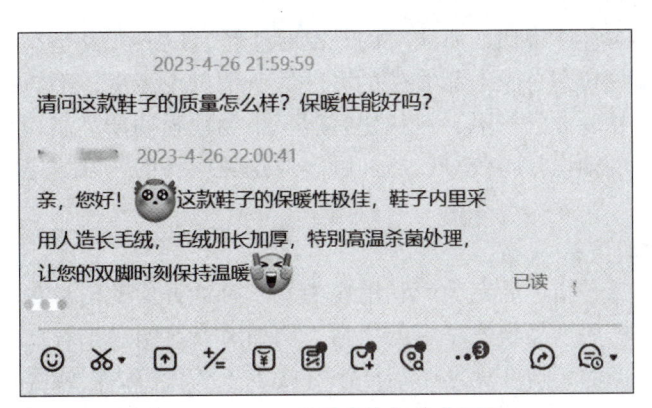

图10-1-1 客户咨询与专业回复

2）掌握产品尺寸

产品的尺寸主要以产品的大小和体积规格来区分，产品的大小尺寸是消费者选择产品造型大小的依据，具体是指产品的各个部位与人体相应部位的具体尺寸，例如鞋码、衣服尺码、戒指尺码的选择；产品的体积大小与产品的容量相关，例如箱子、杯子、家电用具等。产品尺码直接影响着顾客对产品的使用情况，客服可以分别从产品的大小和体积上来把握商品的尺寸规格。尺码表如表10-1-1所示。

表10-1-1 尺码表

尺码	后长	肩宽	胸围	上衣下摆	袖长	袖肥	袖口
155/XS	56.5	37	90	92	21.5	33.7	29.7
160/S	57.5	38	94	96	22	35	31
165/M	59	39	98	100	22.5	36.3	32.3
170/L	60.5	40	102	104	23	37.6	33.6

3）明确产品注意事项

对产品在使用过程中的特别说明，旨在让顾客在使用过程中更大程度地发挥产品的使用价值，更多地享受产品所带来的使用价值体验。客服对产品注意事项的了解主要从产品的使用禁忌和产品的保养两个方面掌握，保证顾客在使用产品过程中的安全性和持久性。

2. 产品周边知识

产品可能只适合部分人群，例如衣服，不同的年龄、生活习惯以及不同的需要，适合于不同的衣服款式。再如，有些玩具不适合太小的婴儿。这些情况都需要客服人员有基本的了解。

产品周边知识是指对顾客选择与了解产品没有直接关系的一些知识，但能在一定程度上指导或影响顾客的选择，能够增加顾客对产品的深度认识，从而加深顾客对客服专业性的肯定。下面主要从产品的真伪辨别和产品的附加信息两个方面来探讨客服对产品周边知识的掌握。

1）产品的真伪辨别

顾客的求真心理往往很纠结所购买的产品是否是真的，尤其是在真假难辨的网络市场。客服首先要掌握辨别自家产品真伪的办法，所谓口说无凭，不妨让顾客按照这些辨别真伪的方法直接检验你的产品，往往比客服一个劲地强调产品真伪来得方便得多。掌握了辨别产品真伪的知识，不仅可以增加顾客对这类产品的认知，还能让客服的专业性获得认可。

2）产品的附加信息

产品的附加信息是指产品在生产和销售中并没有这方面的信息包装，但由于一些知名人物的使用，使这些产品焕发了新的生命，例如×××明星推荐产品、×××明星珍藏、×××同款等产品，这在无形中给产品寻找了一个代言人。顾客在选购产品时难免会受其影响，认为连×××明星都在用，那我为什么不试试呢？客服要把握顾客的求名心理，有目的性地搜集知名人物的使用情况，并将这些信息告知顾客，使顾客坚定购买。

3. 同类产品的知识

电子商务的快速发展使这个市场的同质化现象越发严重，很多时候，客服都会受到顾客这样的疑问："为什么××家的××和你们家的款式是一样的，但你们家的价格却要贵一些？"面对这样的疑问，客服应该怎么回答呢？一味地贬低和怀疑他人是万万不可的，客服需要熟悉自己的竞争对手（同类产品），所谓知己知彼，百战百胜，客服要了解自己的产品，就需要对同类产品作出一个比较，突出自己的优势，明白自己的劣势，这样才能客观公正地回答顾客的疑问。

1）比较质量

产品的质量是顾客作出选择的最稳定的因素，客服要对自己的产品质量有最为全面的认识，产品的面料、填充物、版型、厚度、舒适度等都应该有所掌握，而同样的，对于同款式的产品质量也要了解，仿版的面料、版型有何区别，这既可以作为解除顾客忧虑的直接有力的证据，也能让客服更加清楚自身产品所存在的不足与优势，突出自己的优势所在，赢得更多顾客的支持。

2）比较货源

客服除了了解自家产品的质量外，还要了解产品的进货渠道和生产渠道，比较货源也能成为影响顾客选择的因素之一。"自家工厂制作""大工厂定做""从韩国亲自拿货""品牌直供"等货源字样常常会让消费者觉得更加可靠、放心。货源的途径明确不仅对产品的质量有所保证，还能让消费者感受到店铺经营的正规化、流程化，可以更加放心地购买产品。那么，客服如何向顾客展示自己的货源渠道呢？最直接简单的方式便是以图说明。

二、网站交易规则

卖家（商家）应该把自己放在买家的立场来了解淘宝的交易规则，来更好地把握自己的交易尺度。有时候，顾客可能第一次在淘宝交易，不知道该如何进行，这时候，卖家除了要指点顾客去查看淘宝的交易规则外，有些细节上还需要指导顾客如何操作。

此外，卖家还要学会查看交易详情，了解如何付款、修改价格、关闭交易、申请退款等。

还要了解支付宝的原则和时间规则，可以指导顾客通过支付宝完成交易、查看支付宝交易的状况、更改现在的交易状况等。

三、付款知识

现在网上交易一般是通过支付宝或微信交易。就淘宝网而言，支付宝网上交易是安全的，可以申请数字证书，有电话提醒，还有许多安全保证。如果顾客因为各种原因拒绝使用支付宝交易，需要判断顾客确实是不方便还是有其他顾虑，如果顾客有其他顾虑，应该尽可能打消顾客的顾虑，促成支付宝交易。

四、物流知识

了解不同物流公司的运作方式，一般物流为邮寄，邮寄分为平邮（国内普通包裹）、快邮（国内快递包裹）、EMS，最好还应了解国际邮包（包括空运）。

快递又分为航空快递包裹和汽运快递包裹。货运分汽运和铁路运输等。

了解不同物流方式的价格：如何计价、价格的还价余地等。

了解不同物流公司的速度，联系方式，手头准备一份各个物流公司的电话，以便查询各个物流公司的网点情况。

了解不同物流方式应如何办理查询。

了解不同物流方式的包裹撤回、地址更改、状态查询、保价、问题件退回、代收货款、索赔的处理等。

【思政任务】

想一想

电商：诚信是命根子

自天猫商城首创全民购物节以来，"双11"已成为商家年末冲刺销售业绩、消费者低价购物的一场共赢的交易活动。"低价""优惠"是这场购物狂欢发生的关键因素，然而现实中有些商家虚构优惠幅度、以次充好、倾卖滞销品、售后服务难兑现等有违诚信的促销问题屡见不鲜。

诚信是电商的通行证，是电商平台健康成长的承诺书。随着电子商务的不断发展，方便、快捷的网络购物已被越来越多的人所接受，但诚信问题已成为约束电子商务健康发展的瓶颈问题。

与线下交易不同，消费者无法第一时间接触商品实物，买卖交易的达成建立在彼此信任的基础上。现实生活中，消费者只能依靠平台展示的图片、对商品的评价等来判断一个产品的好坏。网络的虚拟性为造假售假提供了可能，电商平台的低准入门槛也让不良电商有机可乘，而相关法规不健全又导致消费者维权难。

诚信经营需多方联动，营造风清气正的网络市场氛围。作为提供服务的电商平台及商家，应坚守诚信经营的服务理念，不能唯利是图，应当将诚信经营作为立店之本、经营之道，抛开投机取巧、以打折取胜的想法。以质优价廉的产品、周到细致的服务、敢于担责的态度来赢得消费者的信任，这才是真正的成功经营之道。作为平台监管者，应完善监管机制，落实监管责任，畅通监管投诉渠道，加大对失信交易行为的打击力度，营造良好的网上销售环境。作为消费者，要坚持正确的消费观念，提高辨明真伪的能力，不盲目跟风，对于侵权行为要敢于维权。

为促进电商市场的健康发展，国家接连出台政策，推动电子商务领域诚信体系建设。2016年，国家发改委等九部门发布《关于全面加强电子商务领域诚信建设的指导意见》。2018年，商务部印发《2018年商务信用建设工作要点》，部署了包括电子商务在内的四个重点领域的信用工作。

2021年2月，商务部发布了《电子商务企业诚信档案评价规范》，于2021年5月1日正式实施。该标准提出了电子商务企业诚信档案的信息来源和内容、评价指标、评价方法等，将指导电子商务企业、信用服务机构、行业协会及相关社会组织等依照统一的标准，建立、评价并不断完善电子商务企业诚信档案，为推动多方共建电子商务诚信体系，促进信用信息共享应用提供技术支撑。

那么，商家应怎样做到诚信经营呢？

【实训任务】

做一做

学生分小组扮演买家和客服,买家咨询店铺产品,考察客服的专业性,根据客服的表现提出改进建议。之后角色互换,再次模拟。

(1) 搜索网址 https://work.taobao.com,下载电脑版千牛工作台,如图 10-1-2 所示。

(2) 登录淘宝卖家账户、密码,如图 10-1-3 所示。

图 10-1-2　电脑版千牛工作台

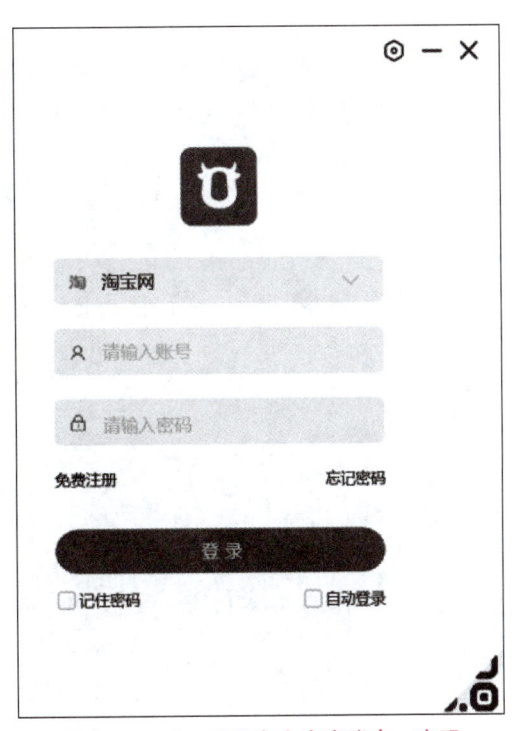

图 10-1-3　登录淘宝卖家账户、密码

(3) 点击卖家头像,点击"接待中心",即可查看买家留言,如图 10-1-4 所示。

图 10-1-4　接待中心

(4) 针对买家提问的内容进行专业回复。在输入框中输入信息,点击"发送"按钮,即可发送信息,如图 10-1-5 所示。

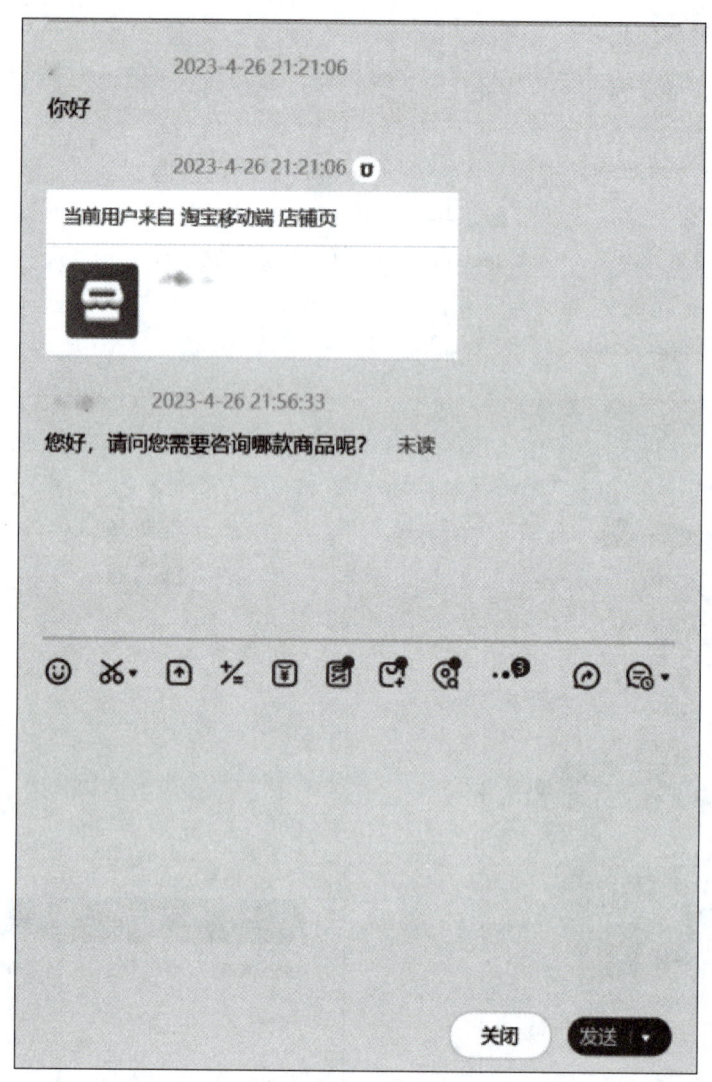

图 10-1-5　发送信息

（5）小组互评，对客服的专业性表现进行点评。

【重难点总结】

答一答

重点总结：客服的专业性是指客服对于自己所从事的行业较为精通，需要掌握的工作技能较为完善，达到了网店设置岗位所预期的要求，具有让人满意的工作能力。

难点总结：客服的专业性知识储备具体表现在对产品专业知识的了解、网站交易规则的认识、付款知识的熟悉、物流知识的掌握上。其中产品专业知识包含了产品自身知识、产品周边知识、同类产品的知识。

任务二 客服标准化流程

【学习目标】

1. 熟悉客户服务售前、售中、售后的整体工作流程；
2. 了解买家的不同特征，并能采取有针对性的服务方式；
3. 学会处理客户反映问题的常见方法。

客服服务流程

【建议学时】

2 学时。

【情境导入】

融一融

小刘被调配到客服岗位接受为期一个月的岗位培训。小刘明白客服的工作主要是围绕交易过程展开的，需要做好以下工作：迎接问好、介绍商品、疑问解答、产品推荐、促成订单、确认订单、正面评价引导、礼貌告别、应对投诉、引导好评、解决差评、完成退换货。

【内容讲解】

学一学

客户服务是网店必须设置的一个岗位，大中型网店由于订单繁多、咨询量大、售后内容多，对客服的分工要求更加严格，因此通常有一个专门的流程化的客服系统和模式。一般来说，客户服务可以分为售前服务、售中服务和售后服务 3 种类型。

一、售前服务

网店客服的售前服务主要是一种引导性的服务，当买家对商品抱有疑虑时，就需要客服人员提供售前服务。从买家进店到付款的整个过程都属于售前服务的范畴，具体包括买家咨询、客服应答、了解和解决问题、达成订单、确定订单并引导买家付款、引导买家收藏店铺和感谢买家光顾等内容。在售前沟通的过程中，网店的客服人员通常需要掌握的客服知识包括介绍产品、推荐产品以及与不同买家的沟通方式等。

1. 介绍产品

一名专业的网店客服人员必须具有基本的专业性，即必须掌握产品自身知识和产品周边知识，了解同类产品的知识和网店促销方案。

1）产品自身知识

产品自身知识主要包括产品质量、产品性能、产品寿命、产品安全性、产品尺寸规格、产品使用注意事项等内容。

2）产品周边知识

产品周边知识主要是指与产品相关的其他信息，如与同类产品进行分辨的方式、产品的附加值和附加信息等，这类信息有利于提高产品的价值，使买家更加认可产品。

3）同类产品的知识

同类产品是指市场上性质相同、外观相似的产品。由于市场同质化现象十分严重，买家会面临很多相同的选择，但质量是顾客选择的最稳定的因素，因此客服人员需要了解自己的劣势，突出自己的优势，以质量比较、货源比价、价格比较等方式吸引买家。

4）网店促销方案

网店通常会推出很多促销方案，客服人员需要熟悉自己店内的各种促销方案，了解每种促销方案所针对的顾客群体，再根据买家的类型有针对性地推荐。

2. 推荐产品

当客服人员了解了产品信息后，就可游刃有余地对产品进行推荐。对于网店而言，产品推荐主要包括产品本身推荐和产品搭配推荐两个方面。

1）产品本身推荐

产品本身推荐需要因人而异，买家的需求、使用对象、性格特点等不同，推荐的方式和类型就不一样，比如买家购买自用产品，则实用性、美观性和适用性等就是首要推荐点；如果买家购买产品是为了赠送他人，则产品的包装、产品的品牌、实用性和美观性等都需要同时考虑。

2）产品搭配推荐

产品搭配主要包括色彩搭配、风格搭配和效果搭配等。在推荐搭配产品时，客服人员可以以店内模特、流行元素等举例。

3. 与不同买家的沟通方式

一般来说，常见的买家主要有以下几种类型：

1）便利型

这类买家的网上购物行为多以省时、快捷和方便为主，特别是没有充足的时间逛街购物的人更愿意选择网上购物平台满足自己的需求，同时他们也是网络消费的一大群体。这部分买家一般对网上购物的流程比较熟悉，且购物行为比较果断、快速，目的性较强。与这类买家交谈时，客服人员只需提供优质的产品和良好的服务态度，注意倾听他们的需求并尽可能地提供帮助即可。

2）求廉型

这类买家大都喜欢价格便宜的产品，同时对质量的要求也不低，他们在购物时比较喜欢讨价还价，在应对他们时，客服人员首先应该以亲切热情的用语表达自己的态度，在语言上委婉地透露出产品的价格已足够低廉，若买家不依不饶，卖家可在不造成自己损失的前提下，适当迎合买家的心理，如略微降低价格或赠送其他赠品等，以促进交易的成功。

3）随和型

这类买家一般性格较为开朗，容易相处，与他们交谈时要保留足够的亲和和诚意，他们一般很好交流，只要站在他们的角度尽可能地满足他们的需求，即可促成交易的达成。

4）犹豫不决型

这类买家一般会在店铺浏览很长时间，花较长的时间选购产品，并且在客服人员的详细解说下，仍然犹豫不决，迟迟不会下单。与这类买家交谈时，耐心非常重要，就算买家一再询问重复的，或者已经解释多遍的问题，客服人员也要耐心详细地说明，做到有理、有据，用事实说服买家购买。

5）心直口快型

这类买家下单比较果断，看好了想要购买的产品后就会立刻下单，对于不喜欢的则直接拒绝。在与这类买家交谈时，客服人员尽量快速而准确地回复买家的问题，表现出自己的专业性，尽量用语亲切，从买家的立场来说服，这样可增加交易的成功率。

6）沉稳型

这类买家较为精明，做决定时一般会仔细考量，缜密应对，他们的个性沉稳且不急躁。要说服这类买家，客服人员需要迎合他们的思路来沟通，让他们自己说服自己。

7）慢性子型

这类买家一般会花较多的时间来查看产品，还可能会同时查看很多同类产品，并重复查看和比较，与他们沟通时，客服人员一定要有耐心，并详细回答他们提出的问题。

8）挑剔型

这类买家大多都会对网上购物持不信任和怀疑的态度，认为产品描述的情况都言过其实，并会针对产品提出各种各样的刁钻问题。与这类买家沟通时，客服人员首先要仔细说明产品的详细情况，消除他们的不信任，积极解决他们提出的各种问题，适当给予一些优惠和赠品等，促进其购买。

二、售中服务

售中服务是指产品交易过程中为买家提供的服务，主要集中在顾客付款到订单签收这个阶段，包括订单处理、装配打包、物流配送、订单跟踪等内容。

1. 订单处理

订单处理主要是指对订单进行修改，如修改价格、修改买家的地址和联系方式等。

2. 装配打包

商品在寄出之前，需要对其打包，如果买家提出了特殊的包装要求，也要根据情况予以满足。

3. 物流配送

物流配送是指联系物流公司揽件并开始配送，注意物流信息要填写正确和完整。

4. 订单跟踪

订单跟踪是指随时跟踪订单的情况，并告知买家。

三、售后服务

售后服务是指买家在签收商品之后，客服人员针对商品的使用、维护等进行的服务。

售后服务的质量是店铺服务质量中很重要的一个方面，好的售后服务不仅可以提高店铺的动态评分，还能吸引更多新顾客，留住老顾客。

1. 售后客服注意事项

售后服务是交易过程中的重点环节之一，好的售后服务会给买家带来非常好的购物体验，因此客服人员在处理售后问题时要特别注意。

1）态度端正

热情、耐心、礼貌和尊重是客服人员应该具备的最基本的素质，这在售后服务中也体现得非常明显。客服人员要耐心温和地处理各种售后问题，满足买家的合理要求。

2）回应买家的投诉与抱怨

买家收到商品后，如果对商品的质量、性能或服务感到不满，就会有各种各样的投诉与抱怨，此时，客服人员要积极面对买家的投诉或抱怨，不能回避问题或消极处理。

3）避免与买家发生争执

少部分买家如果对商品不满意，态度会十分恶劣，客服人员在遇到这类买家时，一定要避免与其发生争执，防止事态恶化，应该尽快提出切实可行的解决方法，安抚买家并解决问题。

4）留住回头客

当买家在使用了商品并有比较积极的反应时，客服人员要抓住机会，将其发展为老客户。

5）引导买家的好评和收藏

好评和收藏店铺对于店铺的发展非常重要，一个优秀的客服人员应该善于引导买家给出好评和收藏店铺。

2. 售后服务包含的内容

网店售后服务所包含的内容非常多，如商品使用解答、商品维护解答、退换货处理和中差评处理等，其中中差评处理和退换货处理是问题比较集中的两个方面。此外，完善的售后服务还包括主动问询买家的使用情况，根据买家的反馈信息及时调整、引导买家好评、好评回复和引导买家收藏店铺等。

1）中差评处理

当店铺的信用和规模不断扩大之后，成交量也会随之增加，随之而来的中差评也可能会不断增加。中差评对店铺的影响非常大，因此客服人员需要对中差评进行处理。

（1）应对投诉的原则和方法。

买家投诉是可能经常会遇到的一种问题，在应对买家投诉时，客服人员应该在遵循一定准则的基础上对投诉进行处理。

①及时道歉。

当买家所投诉内容属实时，客服人员首先应该主动道歉，表达出卖家诚恳的态度。若是买家投诉不属实，客服人员应该委婉温和地详细解释，解除误解。

②耐心倾听。

当买家抱怨发泄时，客服人员要耐心倾听，态度良好，理解买家的抱怨，认真对待和判断买家的问题。

③及时处理。

当买家投诉时，一般都是要求尽快解决问题，因此客服人员在处理投诉时要迅速及时，切忌拖延。

④提出完善的解决方案。

买家投诉基本都是为了解决问题，挽回损失，客服人员应该针对买家的这种心理迅速提出让买家满意的解决方案，如更换商品、退货或赠送礼品等。

（2）正确对待买家的中评和差评。

卖家在经营网店的过程中会遇到各种各样的买家，当遇到比较挑剔的买家时，很小的一个失误都可能造成中差评的出现。网店的客服人员不能对买家的中差评表达不满，而应该将中差评看作提升商品和服务质量的机会，认真对待，及时解决。

一般来说，造成中差评的原因主要有以下几种：

①不满意物流速度，等待收货的时间较长。

②卖家未及时回答买家的问题，或服务态度不够好，买家对售后服务不满意。

③对商品的颜色、质量、大小、外观、价格等不满意。

④收到的商品有损坏。

卖家遇到不同的问题，需要提出不同的解决方式，比如对商品本身不满意的，可以为买家提供退货或换货服务。

（3）避免买家的中评和差评。

好评率是网店非常重要的一个因素，会对买家的购买行为产生直接影响，差评不仅会影响好评率，还会扣掉网店信用，因此卖家要尽量避免买家的中差评。而在避免中差评之前，应该先分析产生中差评的原因，并有针对性地解决。下面对一些常见的避免中差评的方法进行介绍。

①做好售前、售中的商品介绍。

客服人员在进行售前、售中的商品介绍时，要注意主动对一些重要问题和细节问题进行提醒，如商品尺码、颜色偏差等，并说明原因，有特别需要注意的问题，也要进行标识和说明。

②质量把关。

质量是买家购买商品的首要因素，因此质量问题一定不能忽视。卖家在进货时要注意亲自对质量进行甄选和对比，发货前也要仔细检查商品是否破损或存在缺陷。

③解释色差。

色差是网上商品很难避免的一个问题，色差存在的原因有很多，光线、显示器分辨率等都可能形成色差，因此卖家可以对色差问题作出适当的提醒。

④包装。

包装也是商品的卖点之一，好的包装可以让买家感觉更超值，卖家可以在包装上做一点小创新，博取买家的好感。

⑤完善的售后。

售后是避免中差评的一个关键，完善的售后服务甚至能弥补商品质量上的细小缺陷。

⑥热情的服务。

服务质量在很大程度上决定着买家对整个店铺的评价,如果买家对店铺的印象好,中差评的概率就会很低。

⑦面对买家评价。

收到买家的中差评后,客服人员应该诚恳地面对评价,虚心接受买家的批评,表达自己立即更改的态度,从而说服买家更改评论。

(4) 引导买家修改中差评。

中差评是网店不可避免的情况,很多中差评产生的原因都不算严重,都可以在与买家沟通之后得到修改,一名合格的客服人员应该合理地引导买家修改中差评,其过程一般如下:

①及时联系买家。

当收到买家的中差评之后,客服人员首先要及时联系买家,了解产生中差评的原因,并分析原因。

②进行沟通。

了解了中差评的原因之后,客服人员要耐心与买家沟通,恳请买家修改中差评。如果中差评的原因在于卖家,则要主动承认错误,为买家换货,进行补偿。如果中差评的原因在于买家,也可通过一定的补偿措施恳请买家修改中差评。

2) 退换货处理

退换货处理在网店中十分常见。当买家对物品不满意或者商品的尺码不合适时,买家就会申请退换货服务,客服人员应该根据实际情况快速作出处理。退换货流程如图10-2-1所示。

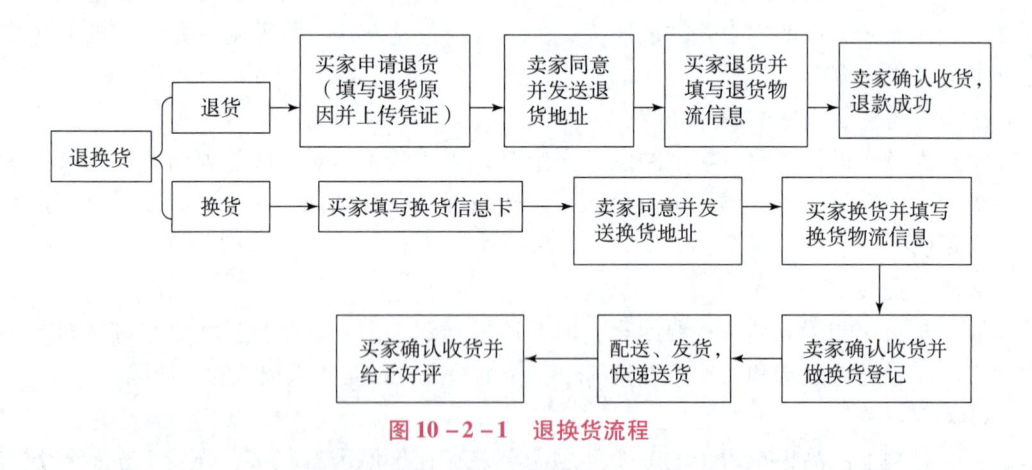

图10-2-1 退换货流程

一般来说,在买家申请退换货时主要有退换、折价和换货3种处理方式。

1) 退货

当买家对收到的商品不满意时,即可申请退货。在买家申请退货时,卖家应该先了解退货原因,以及是否符合退货要求,确认之后再将卖家的退货地址告知买家并请买家告知物流凭证,收到货物后尽快给买家退款。目前买家在淘宝申请退货时,淘宝网会根据买家的信用等级直接退还货款。

2) 折价

当买家对商品不满意或商品存在细微瑕疵时，会向卖家反映，此时客服人员可以要求买家以拍照的方式反馈商品问题，再根据商品的具体情况判断是否折价、折价多少等，选择折价后再退还相应款项即可。

3）换货

当买家觉得尺码、颜色等不合适时，即会申请换货。卖家首先需要判断商品是否符合换货要求，如果符合换货要求，则告知换货地址并请买家告知物流凭证，收到货物后再换货发回。

【思政任务】

想一想

一个好的客服人员可以成就一个网店，反之，一个差的客服人员则会毁掉一个网店甚至一个品牌。客服人员在面对客户时，实际代表的并不是自己的形象，而是网店甚至整个品牌的形象。在处理客户投诉问题时，要学会用一分为二的观点来看待客户投诉。客户投诉就像企业遇到的小型危机，若能正确对待，并根据投诉原因及时、合理地处理，就可以迅速化解客户的抱怨和不满，变"危机"为"良机"，再度赢得客户信任，提高客户对企业的美誉度和忠诚度。反之，则会扩大企业的负面效应，极大影响企业的信誉和口碑。作为客服人员，要深刻认知客户投诉对企业的意义，树立正确积极对待客户投诉的态度。那么，作为客服人员，你应该怎么做呢？

【实训任务】

做一做

分小组讨论，在国内"双11"和"双12"这些购物热潮中，作为消费者，你都遇到过什么售后问题？店铺客服人员处理的方式是否令人满意？在网购中和客服人员打交道带给你哪些经验和教训？

【重难点总结】

答一答

重点总结：客户服务可以分为售前服务、售中服务和售后服务3种类型。网店客服的售前服务包括买家咨询、客服应答、了解和解决问题、达成订单、确定订单并引导买家付款、引导买家收藏店铺和感谢买家光顾等内容。售中服务包括订单处理、装配打包、物流配送、订单跟踪等内容。售后服务包括商品使用解答、商品维护解答、中差评处理和退换货处理等。

难点总结：买家投诉是可能经常会遇到的一种问题，在应对买家投诉时，客服人员应该在遵循一定准则的基础上对投诉进行处理。正确的处理方式是及时道歉、耐心倾听、及时处理、提出完善的解决方案。

任务三　客服沟通技巧

【学习目标】

1. 了解客服人员与客户交流的正确态度；
2. 掌握良好的沟通技巧。

【建议学时】

2 学时。

【情境导入】

融一融

小王同学在某网店做实习客服时，总被买家投诉态度不好、回答问题不专业，你能为小王提一些有利于提高客服水平的建议吗？

【内容讲解】

学一学

虽然买家的类型多种多样，但卖家在与不同类型的买家沟通时，需要遵循的一些基本沟通原则是类似的，一般都以避免与买家发生冲突、不消极对待交易对象和交易过程为最基本的准则。下面针对客服人员应该掌握的基本沟通原则进行介绍。

一、谦和的服务态度

在与买家的沟通中，对买家保持谦和友好的态度非常重要。一名合格的客服人员，应具备严谨的工作作风、热情的服务态度、熟练的业务知识、积极的学习态度，耐心地向客户解释，虚心地听取买家的意见。

1. 微笑是对顾客最好的欢迎

微笑是生命的一种呈现，也是工作成功的象征。所以当迎接顾客时，哪怕只是一声轻轻的问候也要送上一个真诚微笑的表情，虽然说在网上与客户交流是看不见对方的，但买家在言语之间可以感受到你的诚意与服务。多用些旺旺表情，无论哪一种旺旺表情都会将自己的情感信号传达给对方，即便说"欢迎光临!""感谢您的惠顾"都要轻轻地送上一个微笑，加与不加给人的感受完全是不同的，不要让冰冷的字体遮住你的微笑。

2. 保持积极态度，树立顾客永远是对的理念

当售出的商品有了问题的时候，不管是顾客的错还是快递公司出的问题，都应该及时解决，而不应回避、推脱。要积极主动地与客户沟通。对顾客的不满要反应敏感积极；尽量让顾客觉得自己是备受重视的；尽快处理顾客的反馈意见，让顾客感受到尊重与重视；能补最好尽快给顾客补发货过去；除了与顾客之间的金钱交易之外，还应该让顾客感觉到购物的乐趣和满足。

3. 礼貌对客，多说"谢谢"

礼貌对客，让顾客真正感受到对"上帝"的尊重。顾客进门先来一句"欢迎光临，请多多关照"或者"欢迎光临，请问有什么可以帮忙吗"，诚心致意，会让人有一种亲切感。并且可以先培养一下感情，这样顾客心理抵抗力就会减弱或消失。有时顾客只是随便到店里看看，客服人员也要诚心地感谢，说声"感谢光临本店"。对于彬彬有礼、礼貌非凡的店主，谁都不会把他拒之门外的。诚心致谢是一种心理投资，不需要付出什么，就可以收到好的效果。

4. 坚守诚信

网络购物虽然方便快捷，但唯一的缺陷就是摸不着。顾客面对网上商品难免会有疑虑和戒心，所以对顾客必须用一颗诚挚的心，像对待朋友一样对待。包括诚实地解答顾客的疑问，诚实地告诉顾客商品的优缺点，诚实地向顾客推荐适合他的商品。

坚守诚信还表现在一旦答应顾客的要求，就应该切实履行自己的承诺。哪怕自己吃点亏，也不能出尔反尔。

5. 凡事留有余地

在与顾客交流中，不要用"肯定、保证、绝对"等字样，这不等于你售出的产品是次品，也不表示你对买家不负责任的行为，而是不让顾客有失望的感觉。因为我们每个人在购买商品的时候都会有一种期望，如果你保证不了顾客的期望最后就会变成顾客的失望。比如卖化妆品的，本身每个人的肤质就不同，你敢百分百保证你售出的产品在几天或一个月能达到顾客期望吗？另外，售出去的货品在路程中，你能保证快递公司不误期吗？不会被丢失吗？不会被损坏吗？为了不让顾客失望，最好不要轻易说保证。如果用"尽量、努力、争取"等效果会更好，多给顾客一点真诚，也给自己留有一点余地。

6. 处处为顾客着想，用诚心打动顾客

让顾客满意，重要一点体现在真正为顾客着想。处处站在顾客的立场考虑，把自己变成一个买家助手。与网络购物不同的是，顾客还要另外多付一份邮费。卖家就要尽量为对方争取到最低运费，顾客在购买时，可以帮助顾客把所购的商品化整为零，建议顾客多样化采购来节省运费。以诚感人，以心引导人，这是最成功的引导"上帝"的方法。

7. 多虚心请教，多听听顾客的声音

当顾客上门的时候，卖家并不能马上判断顾客的来意与所需求的物品。所以需要先问清楚顾客的意图，具体需要什么样的商品，是送人还是自用，是送给什么样的人等。了解清楚顾客的情况，才能仔细对顾客定位，了解客户属于哪一类消费者，比如学生、白领等。尽量了解顾客的需求与期待，努力做到只介绍对的不介绍贵的商品给顾客。做到以客为尊，满足顾客需求，才能走向成功。

当顾客表现出犹豫不决或者不明白的时候，应该先问清楚顾客困惑的内容是什么，是哪个问题不清楚，如果顾客表述也不清楚，就可以把自己的理解告诉顾客，问问是不是理解对了，然后针对顾客的疑惑给予解答。

8. 要有足够的耐心与热情

卖家常常会遇到一些顾客，喜欢打破砂锅问到底。这时就需要耐心热情地细心回复，给顾客信任感。要知道，爱挑剔的买家才是好买家。有些顾客在所有问题问完了后也不一定会立刻购买，但卖家不能表现出不耐烦。就算买家不买，也要说声"欢迎下次光临"。如果你服务得好，这次达不成交易，下次有可能他还会回头找你购买的。砍价的客户也是常会遇到的，砍价是买家的天性，可以理解。在彼此能够接受的范围可以适当让一点利，如果确实不行，也应该婉转地回绝。比如说"真的很抱歉，没能让您满意，我会争取努力改进"，或者引导买家换个角度来看这件商品，让他感觉货有所值，就不会太在意价格了；也可以建议顾客先货比三家。总之，要让顾客感觉你是热情真诚的。千万不可以说"我这里不还价"等伤害顾客自尊的话语。

9. 做个专业卖家，给顾客准确的推介

不是所有顾客对你的商品都是了解和熟悉的。当有的顾客对你的商品不了解的时候，在咨询过程中，卖家就要了解自己商品的专业知识。这样才可以更好地为顾客解答。帮助顾客找到适合他们的商品。不能顾客一问三不知，这样会让顾客感觉没有信任感，很少有人会在这样的店里买东西的。

10. 坦诚介绍商品的优点与缺点

卖家在介绍商品的时候，必须针对商品本身的特点。虽然商品的缺点本来是应该尽量避免触及的，但造成事后客户的抱怨，反而会失去信用，得到差评。在淘宝里能看到其他卖家因为商品质量问题得到差评，有些是特价商品造成的。所以，在卖这类商品时首先要坦诚地让顾客了解到商品的缺点，努力让顾客知道商品的其他优点，先说缺点，再说优点，这样会更容易被顾客接受。在介绍商品时切莫夸大其词，若介绍与事实不符，最后会失去信用，也失去顾客。

二、良好的沟通能力

沟通与交流是一种社会行为，是每时每刻发生在人们生活和工作中的事情。客户服务是一种技巧性较强的工作，作为网店客服人员，更需要掌握和不断完善与客户沟通的技巧。

1. 使用礼貌有活力的沟通语言

态度是非常有力的武器，当你真诚地把客户的最佳利益放在心上时，他自然会以积极的购买决定来回应你的行动和态度。良好的沟通能力是非常重要的。沟通过程中最关键的不是你说的话，而是你如何说话。

让我们看下面的例子，来感受一下不同说法的效果。

（1）"您"和"亲亲"比较，前者正规客气，后者比较亲切。

（2）"不行"和"真的不好意思哦"；"嗯"和"好的，没问题"都是前者生硬，后者比较有人情味。

（3）"不接受见面交易"和"不好意思，我平时很忙，可能没有时间和你见面交易，请您理解哦"，相信大家都会认为后一种语气更能让人接受。

多采用礼貌的态度、谦和的语气，就能顺利地与顾客建立起良好的沟通。

2. 遇到问题多检讨自己，少责怪对方

遇到问题的时候，先想想自己有什么做得不到的地方，诚恳地向顾客检讨自己的不足，不要一上来就指责顾客。比如有些内容明明写了，可是顾客没有看到，这时候不要只指责顾客不好好看商品说明，而是应该反省自己没有及时提醒顾客。

3. 多换位思考有利于理解顾客的意愿

当遇到不理解顾客想法的时候，不妨多问问顾客是怎么想的，然后把自己放在顾客的角度去体会他的心情。

少用"我"字，多使用"您"或者"咱们"这样的字眼，让顾客感觉商家在全心地为他考虑问题。

4. 表达不同意见时尊重对方立场

当顾客表达不同的意见时，要力求体谅和理解顾客，用"我理解您现在的心情，目前……"或者"我也是这么想的，不过……"来表达，这样顾客觉得你在体会他的想法，能够站在他的角度思考问题，同样，他也会试图站在你的角度来考虑。

5. 认真倾听，先了解客户的情况和想法，再做判断和推荐

有时候顾客常常会用一个没头没尾的问题来开头，比如"我送朋友哪个好"或者"这个好不好"，不要着急去回复他的问题，而是先问问顾客是什么情况，需要什么样的东西，如果他自己也不是很清楚，这就需要你来帮他分析他的情况，然后站在他的角度来帮他推荐。

6. 保持相同的谈话方式

对于不同的顾客，客服人员应该尽量用和他们相同的谈话方式来交谈。如果对方是个年轻的妈妈给孩子选商品，客服人员应该站在母亲的立场，考虑孩子的需要，用比较成熟的语气来表述，这样更能得到顾客的信赖。如果你自己表现得更像个孩子，顾客会对你的推荐表示怀疑。

如果你常常使用网络语言，但是在和顾客交流的时候，有可能他对你使用的网络语言不理解，会感觉和你有交流的障碍，有的人也不太喜欢太年轻态的语言。所以建议客服人员在和顾客交流的时候，尽量不要使用太多的网络语言。

7. 经常对顾客表示感谢

当顾客及时完成付款，或者很痛快地达成交易时，应该衷心地对顾客表示感谢，谢谢他这么配合工作，谢谢他为你节约了时间，谢谢他给你一个愉快的交易过程。

8. 坚持自己的原则

在销售过程中，客服人员经常会遇到讨价还价的顾客，这时候应当坚持自己的原则。

如果作为商家在制定价格的时候已经决定不再议价，那么就应该向要求议价的顾客明确表示这个原则。

比如说邮费，如果顾客没有符合包邮优惠，而给某位顾客包邮了，钱是小事，但后果严重：

（1）其他顾客会觉得不公平，使店铺失去纪律性。

（2）给顾客留下经营管理不正规的印象，从而小看你的店铺。

（3）给顾客留下价格产品不成正比的感觉，否则为什么你还有包邮的利润空间呢？

（4）顾客下次来购物还会要求和上次一样的特殊待遇，或进行更多的议价，这样你需要投入更多的时间成本来应对。在现在快节奏的社会，时间就是金钱，珍惜顾客的时间，也珍惜自己的时间，才是负责的态度。

【思政任务】

想一想

普普通通的草鞋对于大部分湘西人来说并不陌生，但就是这样一双普通的草鞋，却让一名"90后"女孩找到了生财之道，这让很多人意想不到。同时也让更多的人了解了草鞋的传统工艺。

1. "90后"女孩将草鞋摆上网

她叫婷婷，今年22岁，是一个8个月大孩子的妈妈。

在吉首乾州纱厂这套100多平方米的房子里，记者见到了婷婷，站在眼前的她和很多"90后"女孩有着不同之处，在她身上感觉不到"90后"女孩的稚气，相反，她举手投足间透露着几分成熟。

婷婷的老家在凤凰县的一个小山村，农闲之余，村里的老人有在家打草鞋到集市上去卖的习惯，而婷婷的奶奶也经常打草鞋卖。2014年，刚从吉大师院毕业的婷婷正在找工作，看到奶奶正在家里打草鞋，她突然有了一个想法，为何不将奶奶打的草鞋摆上淘宝卖呢？说干就干，她尝试着将奶奶的草鞋摆上了淘宝，没过多久，就卖出了第一双，这也增加了她的信心，于是她便走上了电商之路。

2. 持之以恒，年收入10多万元

婷婷也是第一次到淘宝上卖东西，不懂就自己查百度，慢慢地，学会了网上开店的知识，为了寻找货源，婷婷走遍了大部分苗寨去收草鞋，回到家后，对于每双收来的草鞋还要进行打理，量尺寸、做记录。婷婷的服务态度特别好，耐心解答顾客的问题，得到了顾客的好评，积攒了一大批回头客。店铺的信誉度也越来越高，在她店里买草鞋的人也越来越多，在没有任何推广的情况下，她每天平均可卖出50单左右，一年下来，可实现纯收入10多万元。

3. 喜忧参半，打草鞋的手工工艺在逐渐消失

在聊到目前的困难和担忧时，她说目前由于没有仓库，自己的这套100多平方米的房子既是办公室又是仓库，她便在这100多平方米的房子里完成了接单、打包、发货的整个流程。在房间里摆满了草鞋，客厅里、柜子里、书房里，装的都是草鞋，10多个各式各样的鞋型足足有5 000多双。

另外，她还担忧由于草鞋都是手工制作的，没有机器，一双草鞋赚不了多少钱，年轻人都不愿去学，只是一些老年人在做。因此，这行手工业很有可能会在未来的某一天消失。婷婷希望有更多的年轻人来学习编织草鞋的工艺。

婷婷凭借自己的努力获得了成功，那么，你认为其他传统手工艺制品可以借鉴传统手工艺＋电商的思路来传承、发扬吗？谈谈你的想法。

【实训任务】

做一做

将学生分成两个小组，分别扮演顾客和客服，模拟买家咨询客服的过程。请买家根据客服的态度、话术、整体表现来点评并提出建议。

【重难点总结】

答一答

重点总结：客服人员与客户交流时要保持谦和的态度，主要体现在保持微笑、态度积极、使用礼貌用语、坚守诚信、做事留有余地、为顾客着想、热情与耐心、坦诚介绍，等等。

难点总结：为客户服务是一种技巧性较强的工作，作为网店客服人员，更需要掌握和不断完善与客户沟通的技巧。良好的沟通技巧体现在使用礼貌有活力的沟通语言，站在顾客的立场理解顾客意愿，认真倾听顾客的想法，再做判断和推荐，经常性对顾客表示感谢，等等。

任务四　客服激励与考核

【学习目标】

1. 了解客服人员的素质；
2. 掌握激励客服人员的方法；
3. 理解客服人员的绩效考核方式。

【建议学时】

2学时。

【情境导入】

融一融

小王同学在客服实习工作中出现了消极怠工的现象，经调查，小王认为自己和小李同为实习生，但每月薪酬却不同，感到不公平。经理坚称自己是严格按照绩效考核表来评分的，并提供了相应的考核表。小王看了评分表后感到难为情，并表示今后一定端正态度，提高自己的业务水平。如果你是经理，你将如何设计绩效考核表保证考核的公平性呢？

【内容讲解】

学一学

客服人员对网店非常重要，网店想要获得良好的发展，对客服人员的数量和质量都要有一定的要求，因此卖家需要了解客服人员的招聘要求和管理方法。

一、客服人员的素质

客服是网店职能部门中非常重要的一个组成部分，一名合格的客服人员必须在心理素质和技能素质方面都能均衡达标。

1. 心理素质

由于买家的类型多种多样，在为客户服务的过程中，客服人员会承受各种压力，因此必须具备良好的心理素质，具体内容如下：

1）处变不惊

不管遇到任何问题，客服人员都要稳定沉着地安抚买家的情绪，不能自乱阵脚。

2）承受能力

当面对买家的责问和埋怨时，客服人员要有良好的心态，虚心接受并积极处理买家的问题，不与买家发生争执和争吵。

3）情绪的自我调节

当客服人员在与买家的沟通中产生负面情绪时，要学会情绪的自我调整，提高抗挫折打击的能力。

4）真诚付出的心态

客服人员在对待买家时，要热情真诚；客服人员在对待店铺时，要敬业负责。

5）积极进取

客服人员的能力直接与店铺的销售额产生联系，为了提高店铺的销售额，客服人员应该积极进取，努力提高自己的业务能力。

2. 技能素质

技能素质即客服人员的专业素质，主要包括商品熟悉度、交流能力、消费者心理分析能力、网站规则熟悉度以及计算机和网络知识等。

1）商品熟悉度

商品熟悉度是客服人员必须具备的基本知识。一名合格的客服人员必须了解商品的用途、功能、颜色、款式、尺码、销量、库存和评价等多个方面的知识，当买家询问时，可以做到游刃有余地回答，这样不仅可以节约销售时间，还能体现客服人员的专业性。

2）交流能力

对于销售客服而言，交流即是一种话术，在销售的过程中，需要通过语言中的销售技巧来说服买家。对于售后客服而言，需要通过语言拉近与买家的距离，安抚买家的情绪，赢得买家的好感。

3）消费者心理分析能力

在网店销售中，买家的需求一般都是通过文字反映出来的，因此客服人员必须在文字中寻找和分析买家的需求，才能投其所好。

4）网站规则熟悉度

每个电子商务平台都制定规则，对买卖双方的交易行为、交易程序等进行了规范，客服人员需要站在商家的立场上详细了解这些规则，把握交易尺度。除此之外，当买家不了解规则时，客服人员需要进行一定的指导。

5）计算机和网络知识

电子商务建立于网络之上，依靠网络开始和发展，因此客服人员必须了解基本的计算机和网络操作知识、了解收发文件、资料的上传和下载、浏览器的使用以及办公软件的使用等知识，且应具备一定的打字速度。此外，客服人员还需熟练淘宝的基本操作。

二、激励客服人员的方法

为了使客服人员保持积极向上的工作态度，使客服团队获得良性的可持续发展，卖家必须对客服人员进行必要的激励。常用的客服人员激励方法主要有奖惩激励、晋升激励、竞争激励和监督激励等。

1. 奖惩激励

奖惩激励是指通过制定奖励和惩罚条款对客服团队进行激励，鞭策和鼓励整个团队向更好的方向发展。

1）奖励机制

网店一般可以采取精神奖励和物质奖励两种方式来激励客服人员，通过奖励机制，可以有效地调动客服人员的积极性，优化整个团队的风气。

（1）精神奖励。

精神奖励是一种以满足精神需要为主的奖励形式，精神奖励可以激发员工的荣誉感、进取心和责任心。网店可以根据自己的实际情况来制定精神奖励的标准，将奖项设置为新人奖、季度优秀服务奖、年度优秀服务奖，或C级服务奖、B级服务奖、A级服务奖等，并对不同等级的客服人员颁发相应的荣誉勋章等。

（2）物质奖励。

物质奖励主要表现为薪资福利奖励，对调动客服人员的积极性非常有效，网店可以根据实际的要求和标准制定不同的奖励等级，为满足标准的员工发放相应奖励。

2）惩罚机制

惩罚机制是指网店制定专门的惩罚条例，对表现不好、不合格或犯错违规的客服人员进行相应的惩罚，主要目的是鞭策员工积极向上，保持团队的专业性和责任感，也是对员工行为的一种规范。惩罚形式一般以警告、批评、扣除奖金为主，情节严重者也可淘汰。

2. 晋升激励

晋升激励是指为客服部门划分不同的层级职位，对员工的工作能力进行考察，能力优秀者则可获得晋升的平台和空间。晋升激励可以充分调动员工的主动性和积极性，打造和谐、卓越的客服团队，同时为每位客服人员实现自我价值提供机会。

一般来说，客服部门可以划分为客服人员、客服组长、客服主管和客服经理等层级，但在使用晋升机制激励员工的同时，网店必须为客服人员制定相应的培训计划，制定相应的选拔和任用制度，树立员工的学习标杆，引导其他员工不断学习和改进，才可使晋升机制真正发挥出良好的效果。

3. 竞争激励

营造积极良性的竞争氛围是卖家科学管理客服团队的有效手段，良性竞争不仅可以促使员工之间互相学习，发现并弥补自身的不足，还可以使整个团队在一种积极向上的环境里持续提高。

科学良性的竞争激励机制一般可以借助数据作为支撑，清晰明确的数据可以让员工清楚地看到自身的不足以及对手的优点，从而不断督促自己作出更好的成绩。

4. 监督激励

监督激励是指管理者对客服人员的工作态度、工作成绩、客户满意度和员工认可度等进行跟踪、督察、管理，使其工作效果达到预期目标。此外，通过对客服工作进行监督，管理者还可以评估出客服人员的工作效率，并将其作为客服考核的指标之一。监督方法主要包括管理者评价、问卷调查等方式。

三、客服人员绩效考核方式

客服的工作情况是参差不齐的，那么客服工作应该以怎样的方式进行检验呢？数据始终是诚实的，它能为卖家提供科学化的考核标准，也让客服工作充满竞争，卖家需要用数据来衡量客服的工作优劣。

网店的客服考核一般以关键绩效指标考核法（KPI）为主，即将员工需要完成的工作标准以指标的形式罗列出来，根据指标对员工进行评价，引导员工关注公司整体绩效指标和主要考核方向，不断完善和提升自己。表10-4-1是店铺普遍采用的客服绩效考核表。表10-4-2与表10-4-3为某店铺的客服绩效考核表。

下面介绍询单转化率、响应时间（速度）、客单价和商品退款率这四项客服工作的检验指标，以及提高这些指标的切实可行的方法，让客服的工作更上一层楼。

1. 询单转化率

询单转化率是指顾客进入网店后，通过咨询客服人员后完成商品交易的情况，达到了咨询后购买的目的。即经过咨询客服人员后下单成交的客户数与询问的总客户数的比例，计算公式为：

$$询单转化率 = 咨询付款人数/咨询人数$$

例如有100个顾客向某位客服人员咨询商品的相关信息，其中有40个顾客下单购买，那么这位客服人员的询单转化率就为40%，这里的咨询总人数是指除去小广告、恶意骚扰等内容，真正咨询商品本身的聊天人数。一般而言，客服人员的询单转化率要达到60%左右才算合格。

表 10-4-1 客服绩效考核表

工号：　　　　　姓名：　　　　　部门/岗位：　　　　　考核时间：　　年　　月度绩效考核表　　R

项目	具体指标	指标权重/%	评分原则	指标定义/计算公式	数据来源方式	数据来源岗位	数据来源表单	备注	实际达成	自评	领导评分	考评人
关键KPI（85%）销售额（55%）	日常询盘转换率	25	百分比计分制	个人转化率/目标×100%	系统抓取	客服组长	赤免数据	1. 按照店铺的不同分别制定目标；2. 目标于每月底定出次月整体目标；3. 平均转化率=（去年同期+本月前3期）；4. 如果店铺有活动，活动当天数据可以不参考；5. 转换率与销售额超过目标者可视情况予以另外加分				
	店铺销售总额	20	百分比计分制	实际完成额/目标销售额×100%	系统抓取	客服组长	赤免数据					
	产品连带	20	百分比计分制	实际完成额/目标销售额×100%	系统抓取	客服组长	赤免数据	目标于每月底定出次月整体目标；超过目标者可视情况予以另外加分				
服务质量（30%）	服务态度	10	单项否决制	对客户的询问，表达模糊不清或者置之不理者每次2分，3次以上者该项目0分	手工统计	客服组长	聊天记录抽查					
	评价回复	10	百分比计分制	客服中差评率	系统抓取	客服组长	赤免数据					
		5	单项否决制	对有问题的评价给出解释，发现延迟、错误、遗漏每次处扣0.5分	日常	客服组长	评价回复问题表					
	反应时间	5	百分比计分制	100-（反应时间-15）×4	系统抓取	客服组长	赤免数据					

续表

项目	具体指标	指标权重/%	评分原则	指标定义/计算公式	数据来源方式	数据来源岗位	数据来源表单	备注	实际达成	自评	领导评分	考评人
综合能力（15%）	部门协作	5	—	1. 十分积极主动，参与部门内外配合协作，遇事主动参与付出不计较，5分；2. 能主动积极配合部门工作，并取得部门满意，4分；3. 团结协作性一般，但能配合部门工作要求，2~3分；4. 不注重团结协作，部门工作勉强配合，0分		客服组长	主观考核					
	工作主动性	5	—	1. 工作积极主动，能分清轻重缓急，岗位相关专业水平不断提升，办事效率明显提高，5分；2. 工作上不能分清轻重缓急，按部就班，按自己的节奏工作，2~3分；3. 工作被动，交办的工作或事项不闻不问，没有结果，该项0分		客服组长	工作报告					
	学习能力	5	—	1. 进步速度块，岗位相关专业水平不断提升，办事效率明显提高，5分；2. 进步明显，能随着公司的发展需要，逐步提升岗位能力，办事正确率提高，4分；3. 进步一般，在领导指导下，能胜任岗位要求，3分；4. 进步不明显，安于现状，不思进取，2分		客服组长	主观考核					

表 10-4-2 售前客服绩效考核表

	岗位名称：		姓名：		考核时间：		
序号	考核内容	权重/%	详细描述	标准	分值	得分
1	询单转化率（X）	30	最终付款人数/询单人数	$X \geq 65\%$	100	
				$65\% > X \geq 60\%$	90	
				$60\% > X \geq 55\%$	80	
				$55\% > X \geq 45\%$	75	
				$X < 45\%$	65	
2	支付率（F）	25	支付成交笔数/拍下笔数	$F \geq 95\%$	100	
				$95\% > F \geq 90\%$	90	
				$90\% > F \geq 85\%$	80	
				$85\% > F \geq 80\%$	60	
				$X < 80\%$	0	
3	落实客单价	5	客服落实客单价/店销客单价	$Y \geq 1.18$	100	
				$1.18 > Y \geq 1.14$	90	
				$1.14 > Y \geq 1.12$	80	
				$1.12 > Y \geq 1.1$	60	
				$Y < 1.1$	0	
4	首次响应时间（ST）	15	首次响应时间（秒）	$ST \leq 15$	100	
				$15 > ST \geq 20$	90	
				$20 > ST \geq 25$	80	
				$25 > ST \geq 30$	60	
				$ST > 30$	0	
5	平均响应时间（PT）	10	平均响应时间（秒）	$PT \leq 30$	100	
				$30 > PT \geq 35$	90	
				$35 > PT \geq 45$	80	
				$45 > PT \geq 55$	60	
				$PT > 55$	0	
6	售后处理	5	退款数量/客服订单数	$\leq 5\%$	100	
7	日常管理工作	10	处事能力25% 纪律性50% 团队合作25%		100	
8	总得分	100				
客服经理审批：							
被考核人签字：							

表 10-4-3 售后客服绩效考核表

工号： 姓名： 部门/岗位： 考核时间： 年 月度绩效考核表 RS201331

项目	具体指标	指标权重	评分原则	指标定义/计算公式	数据来源方式	数据来源岗位	数据来源表单	备注	实际达成	自评	领导评分	考评人
关键KPI（80%）	退款速度	5%	百分比计分制	（本店退款速度/行业退款速度）× 100%	系统抓取	客服主管	店铺动态评分					
	退款纠纷率	5%	百分比计分制	0＝100 0.01%＝70 0.02%＝60 0.03%＝50 0.04%＝0	系统抓取	客服主管	商家中心					
	退款原因正确归类	10%	单项否决制	分类不正确，按情节一次扣 2～5 分	手工统计	客服主管	聊天记录					
	服务态度	40%		所有店铺客服中差评率	系统抓取	客服主管	赤兔数据					
	问题处理及时率	15%		对于各类售后问题，及时处理，如有延迟扣 2 分	日常	客服主管	工作报告					
	独立处理能力	10%	单项否决制	1. 该月能独立处理 90% 以上（包含90%）售后问题，该项满分； 2. 独立处理售后问题达到 80% 以上，该项 8～9 分； 3. 独立处理售后问题达到 70% 以上，该项 6～7 分； 4. 独立处理售后问题达到 60% 以上，该项 0 分； 对于咨询已经处理过的事情，再次发生时不知道怎么解决或者需要再次询问的，直接扣 5 分/次。	日常	客服主管		旺旺沟通，电话沟通				

续表

项目	具体指标	指标权重	评分原则	指标定义/计算公式	数据来源方式	数据来源岗位	数据来源表单	备注	实际达成	自评	领导评分	考评人
综合能力（15%）	部门协作	5	—	1. 十分积极主动，参与部门内外配合协作，遇事主动参与付出不计较，5分； 2. 能主动积极配合部门工作，并取得部门满意，4分； 3. 团结协作性一般，但能配合部门间工作要求，2～3分； 4. 不注重团结协作，部门工作勉强配合，0分		客服主管	主观考核					
	工作主动性	5	—	1. 工作积极主动，能分清轻重缓急，遇到问题及时解决处理，4～5分； 2. 工作上不能分清轻重缓急，按部就班，按自己的节奏工作，2～3分； 3. 工作被动，交办的工作或事项不闻不问，没有结果，该项0分		客服主管	工作报告					
	学习与分享	5	—	1. 进步速度快，办事效率明显提高，岗位相关专业水平不断提升，5分； 2. 进步提升明显，能随着公司的发展需要，逐步提升岗位能力，办事正确率提高，4分； 3. 进步一般，在领导指导下，能胜任岗位要求，3分； 4. 进步不明显，安于现状，不思进取，2分		客服主管	主观考核					

2. 响应时间

在很多网店的运营中，卖家会想出很多提升销售额的方法，甚至通过付费推广的方法让更多的人了解自己的产品，但卖家们往往忽略了客服在速度和效率上的提高能够在很大程度上为卖家节约不少成本，而更快的回复速度和更短的回复时间能够促成咨询顾客的成交。客服旺旺响应速度分为首次响应时间和平均响应时间。

（1）客服的首次响应时间是客服收到顾客的咨询信息后第一次回复顾客其中的间隔时间，10秒以内的首次响应时间是比较合理的。

（2）客服的平均响应时间是指客服在与顾客的整个聊天中，回复顾客咨询时间的平均值，16秒以内的平均响应时间是较为理想的标准。

3. 客单价

略。

4. 商品退款率

略。

【思政任务】

想一想

电子商务师的职业道德修养

职业道德是人们在一定的职业活动范围内所遵守的行为规范的总和。电子商务师职业道德修养（规范）是其在职业活动中的行为规范。

电子商务师的职业道德修养，主要是指其职业责任、职业纪律、职业情感以及职业能力的修养。

具备优良的职业道德，是新时期电子商务师高效率从事电子商务工作的前提条件，是电子商务师职业活动的指南，也是电子商务师自我完善的必要条件。

电子商务师的职业道德修养主要体现在以下四个方面：

（1）忠于职守，坚持原则。

各行各业的工作人员都要忠于职守，热爱本职工作。这是职业道德的一条主要规范。作为电子商务师，忠于职守就是要忠于电子商务师这个特定的工作岗位，自觉履行电子商务师的各项职责，认真做好各项工作。电子商务师要有强烈的事业心和责任感，坚持原则，注重社会主义精神文明建设，反对不良思想和作风。

（2）兢兢业业，吃苦耐劳。

电子商务师的工作性质决定了其不仅要在理论上有一定的造诣，还要具有实干精神。即能够脚踏实地、埋头苦干、任劳任怨；能够围绕电子商务开展各项活动，招之即来，来之能干。电子商务师在具体而紧张的工作中，要能够不计个人得失，有吃苦耐劳甚至委曲求全的精神。

（3）谦虚谨慎，办事公道。

电子商务师对领导、对他人要一视同仁，秉公办事。平等相待。切忌因人而异，亲疏有别，更不能趋附权势。只有谦虚谨慎、公道正派的电子商务师，才能做到胸襟宽阔，在工作中充满朝气和活力。

（4）遵纪守法，廉洁奉公。

这是电子商务师职业活动能够正常进行的重要保证。遵纪守法指的是电子商务师要遵守职业纪律和与职业活动相关的法律、法规，遵守商业道德。廉洁奉公是高尚道德情操在职业活动中的重要体现，是电子商务师应有的思想道德品质和行为准则。它要求电子商务师在职业活动中坚持原则，不利用职务之便或假借领导名义谋取私利。要以国家、人民和本单位整体利益为重，不为名利所动，以自己的实际行动抵制和反对不正之风。

【实训任务】

做一做

登录千牛工作台，查看客服数据，参考客服绩效考核表来为自己的店铺客服评分考核。

（1）打开电脑端千牛工作台，登录淘宝卖家账号密码。

（2）点击"客服总览"—"服务数据"—"指标"—"添加指标"，选取需要考核的指标，如图10－4－1和图10－4－2所示。

（3）在服务数据板块即可展示相应的客服数据。

（4）根据服务数据，结合绩效考核表打分。

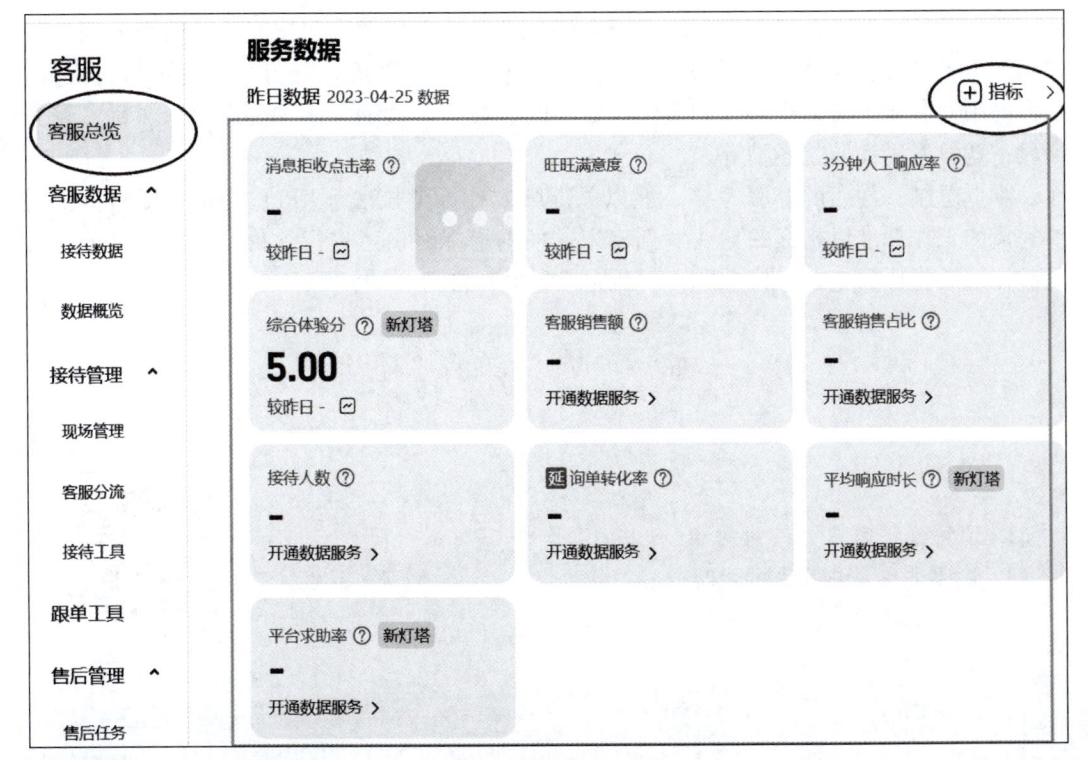

图10－4－1 客服数据

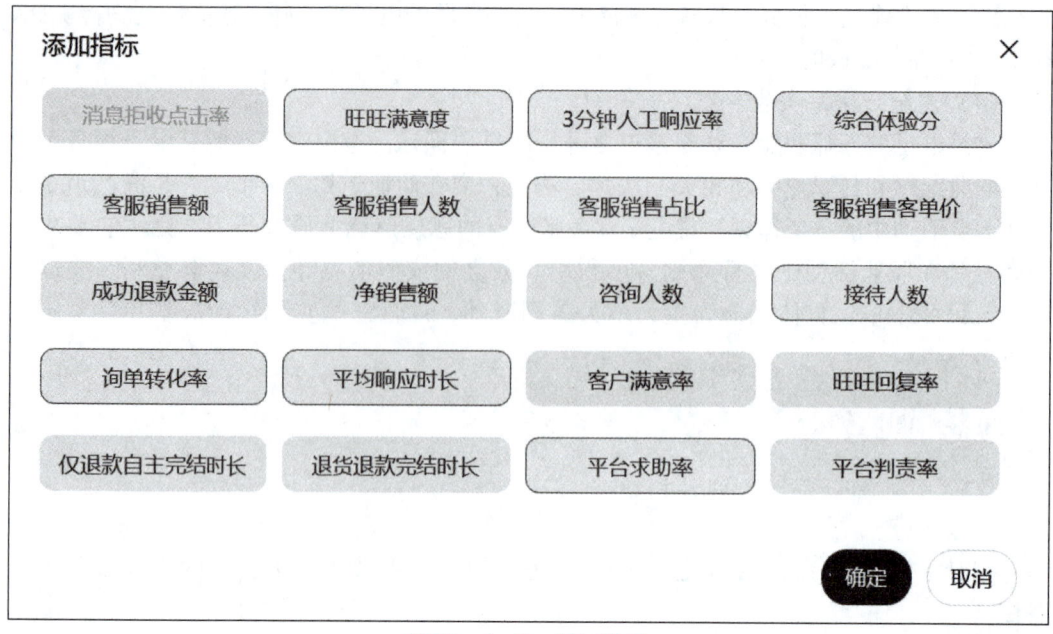

图 10-4-2　添加指标

【重难点总结】

答一答

重点总结：衡量一名客服人员是否合格，可以从心理素质和技能素质两个方面进行考量。为了使客服人员保持积极向上的工作态度，使客服团队获得良性的可持续发展，卖家必须对客服人员进行必要的激励。常用的客服人员激励方法主要有奖惩激励、晋升激励、竞争激励和监督激励等。

难点总结：网店的客服考核一般以关键绩效指标考核法（KPI）为主，即将员工需要完成的工作标准以指标的形式罗列出来，根据指标对员工进行评价，引导员工关注公司整体绩效指标和主要考核方向，不断完善和提升自己。

任务五　客户关系管理

【学习目标】

1. 了解维护客户关系的内涵；
2. 掌握维护客户关系的重要性；
3. 学会搭建客户互动平台；
4. 学会区分客户等级。

如何维护客户关系

【建议学时】

2学时。

【情境导入】

融一融

客服在顺利完成了商品的销售和售后的维护之后,维护客户关系也是客服工作的一项十分重要的内容,经营客户关系就是一个维护顾客购买忠诚度的过程,在这样的一个过程中,客服起着至关重要的作用。下面介绍客服如何维护客户关系,从经营客户关系的心态、方法技巧等方面进行全面分析,帮助客服与顾客之间建立良好的关系。

【内容讲解】

学一学

一、维护客户关系

维护客户关系是指客服对已经建立的客户关系的维护,使顾客不断重复购买网店的产品或享受网店服务的过程。在竞争日益激烈的电子商务大环境下,客户已成为网店发展所必备的重要资源,对客户关系的维护也已成为客服工作的重要内容。

1. 维护客户关系的重要性

维护客户关系对于网店的发展有着十分重要的意义,以下具体从四个方面进行分析:

1) 有效节约成本

网店若是想为顾客所熟知,必要的推广费用是难免的。但如果网店的立足点在于维护客户关系,以维护客户关系为主,以适当推广为辅,所投入的成本开支就会大大减少。由于老客户对网店较为了解,所以不需要花太多的精力去赢得对方的信任,老顾客的再次消费,是降低销售成本和节省时间的最好方法。网店销售收入与客户开发成本之间的比较如图10-5-1所示。

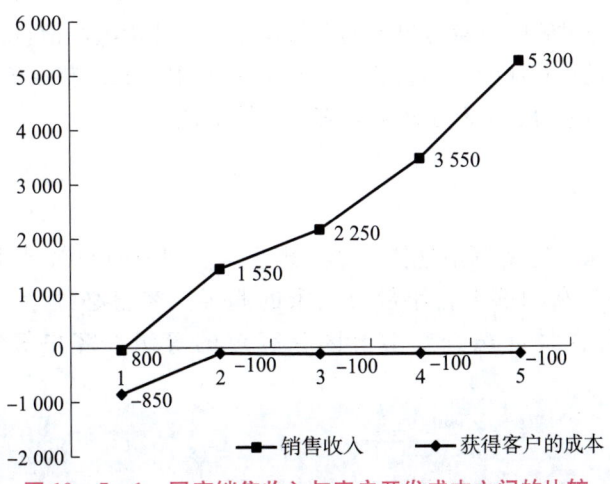

图10-5-1 网店销售收入与客户开发成本之间的比较

2）保持网店的竞争优势

比质量、拼速度、低价格，这些电子商务常用的竞争招式的目的只有一个，那就是留住客人，争取客户。卖家意识到能为网店创造收益的只有顾客，所以客户资源的优劣、多少已成为网店竞争最为长久的优势。

3）获取更多的客户份额

客户份额是指一家网店的产品或者服务在一个客户的该类消费中所占的比重，例如顾客的20件衣服里面有15件都是在一家网店购买的，那么这家网店就获取了这位客户极高的份额，越多的客户份额会让客户对网店产生强烈的依赖感。

4）有利于发展新客户

人们都明白口碑营销的道理，但这个口碑要经过谁的"口"才更具有说服力，当然是顾客。

2. 维护客户关系的注意事项

1）学会主动营销

客服工作不是你问我答的被动形式，对于商品的宣传信息一定要做到主动出击，向顾客及时准确地传达有效信息，学会主动营销。包括上新信息的及时传达和对活动信息的有效解读。

2）不要把服务做成骚扰

凡事过犹不及，客服服务也同样要牢记这样一个道理。客服人员需要尽可能多地为顾客提供服务、帮助，但这些服务、帮助一定要在顾客需要且不打扰顾客工作和生活的前提下进行。要注意信息传递的一次性原则以及信息发送的时间选择。

二、搭建客户互动平台

在维护客户关系的过程中，客服要为顾客创造条件，使顾客之间、顾客与卖家之间的信息互动性增强，将网店的信息有效推送出去，达到客服维护客户的最终目的。

阿里旺旺是顾客与客服交流的主要聊天平台，也是客服工作的主要平台。卖家版的阿里旺旺升级为千牛卖家工作台，其功能类似于人们常用的QQ、MSN等聊天工具，但阿里旺旺的使用更具有指向性，是淘宝网和阿里巴巴为商人量身定做的免费网上商务沟通软件。客服可以通过旺旺群宣传自己的上新消息、店铺优惠等信息，让顾客及时获取，而顾客也可以在这里与其他的顾客讨论分享商品的使用情况，获取信息的平台也更加宽阔。这个及时互动的平台，有利于培养顾客对店铺的依赖。

三、区分客户等级

经营电商的卖家一定要深谙这样一个道理：网店利润的80%来源于20%顾客的购买。即网店的大部分利润都来自小部分买家的购买。客服必须学会抓住最有价值的20%的客户，那么客服首先就要学会区分客户的等级，客户等级如表10-5-1所示。

表 10-5-1　客户等级

客户等级	客户特征	客服可以做的事情
沉睡客户	在你的网店至少有过一次购买经历，但由于一些原因不再光顾你的店铺或选择暂时性的沉睡	通过优惠券的发送、上新的提醒等制造机会，唤起顾客对你的店铺的记忆，争取再次赢得购买
潜在客户	这类顾客访问过店铺或咨询过客服，但还没有产生实质性的购买交易	激起顾客的购买兴趣，让他们产生购买欲望，成为你的新客户
新客户	与你的网店刚产生第一笔交易，第一次在你的店铺购买消费的顾客，是网店成长的新生力量	重点介绍自己的店铺和产品，对商品给予一定的优惠，促成顾客的第二次、第三次购买
老客户	在你的店铺中有多次购买经历	巩固这类顾客对店铺的信任感，并及时让他们知晓店铺动态，以便使其形成一种固有的消费习惯
大客户	购买的次数不算太多，但每次购买的数量和消费的金额都是巨大的	深度了解顾客的需求，改变一定的服务方式，尽可能节约顾客的时间成本
忠诚客户	很清楚你的店铺的上新时间、产品性能，与客服人员非常熟悉	用心维护与这类客户的关系，倾注更多的私人情感

四、记录客户信息

对于客服而言，客户的资料可是最为宝贵的财富，客服一旦掌握了客户的信息，就找到了销售的门道，客户资料越多，客服可销售的渠道也越多。

人们根据客服掌握客户信息的难度及实用性，将客户的资料分为基本信息、高级信息、有价值信息、高价值信息以及保留信息五个级别。客服在工作过程中，对于客户基本信息的掌握可以通过客户的订单信息来搜集，顾客的 ID、姓名、手机号码等基本信息都会在订单里出现；客户的高级信息则是指客户在购买商品的过程中没有必要向客服透露的隐私信息，但由于与客服很聊得来，或愿意与店铺保持长期的联系，愿意建立私人情感而留下的联系方式，例如 QQ 号、微信号、微博号等信息；客户的有价值信息则是指有利于维护客户关系、分析客户等级的信息，例如客户的生日、购买的次数等；客户的高价值信息则是需要客服在长期的统计搜集中才能获得的，例如顾客的购买金额、购买单价、购买周期等信息；客服能掌握的最高级别的信息便是对信息进行综合分析之后，得出的顾客购买行为。

【思政任务】

想一想

浙江小也网络科技有限公司

浙江小也网络科技有限公司（以下简称小也）成立于 2003 年 12 月，是业内领先的化妆品在线零售商。主营全球一线品牌化妆品，包括香水、护肤品、彩妆以及个人护理品等。

经过多年的专注经营,今天的小也已成为中国最大的化妆品在线零售商,经营的化妆品品牌超过 600 个,日发货包裹数峰值超过 8 000 个,发货订单峰值超过 12 000 笔。

小也涉足多个电商平台。2003 年进驻淘宝平台,先后创立小也化妆品淘宝店和小也香水淘宝店;2010 年 10 月进驻天猫平台,创立小也化妆品官方旗舰店;2011 年 10 月进驻 QQ 网购,创立小也化妆品 QQ 网购店;2011 年 10 月 10 日,小也化妆品 B2C 商城正式上线;2012 年 5 月,进驻京东商城,创立小也化妆品京东店。

小也采用 30 天无理由退换货等人性化服务,注重客户关怀、客户体验等,赢得了客户的好评。小也培训了客服专员,为优质客户提供量身定制的深度服务,取得了较好的销售业绩。

小也在开展客户服务的基础上,根据客户交易的大数据分析,对优质的客户进行个性化营销,符合现代营销中的 4R 营销理论,值得相关电子商务企业学习。

那么,假如你要开一家网店,你如何维护客户关系呢?

【实训任务】

做一做

创建旺旺群维护客户关系,并在群内发布商品宣传信息。

(1)登录千牛工作台,点击"接待中心",点击"我的群"标志,点击"+"创建群,选择"创建淘宝群",点击"开始创建",填写群名、群介绍,最后点击"创建"即可。如图 10-5-2 和图 10-5-3 所示。

(2)在群内编辑一条营销信息,告知顾客新品上架。

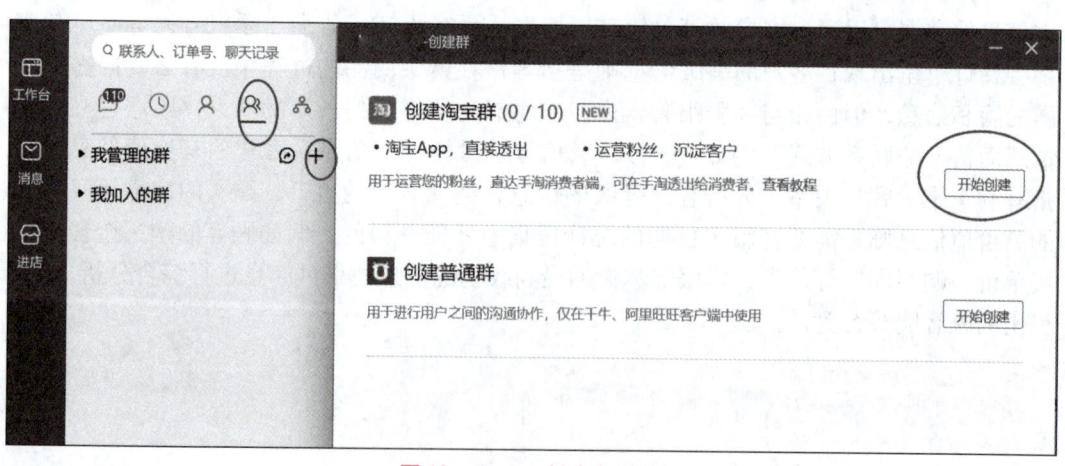

图 10-5-2 创建淘宝群

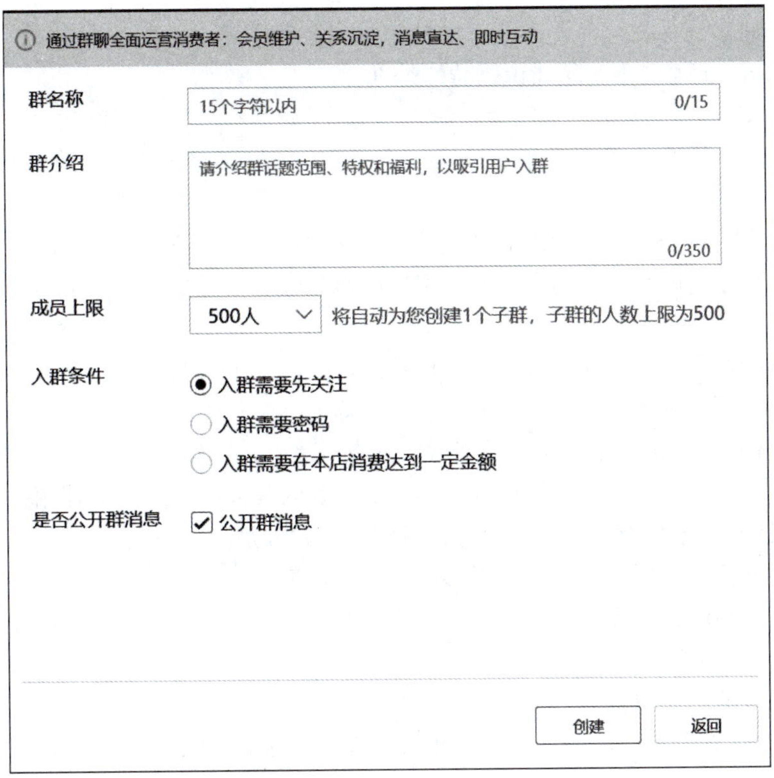

图 10-5-3　设置群信息

【重难点总结】

答一答

重点总结：维护客户关系的重要性体现在可以有效节约成本、保持网店的竞争优势、获取更多的客户份额、有利于发展新客户。

难点总结：客户等级可以分为沉睡客户、潜在客户、新客户、老客户、大客户、忠诚客户六大类型，不同类型的顾客拥有不同的特征，客服需要采取不同的行动来维系客户关系。

【练习题】

一、选择题

1. （单选）售后工作是一次交易的最后过程，也是（　　）的开始。
A. 保修　　　　　　B. 安装　　　　　　C. 再销售　　　　　　D. 关怀

2. （单选）顾客收到货后觉得衣服颜色不喜欢，要求退货，客服此时的处理方式是（　　）。
A. 以无质量问题回绝顾客
B. 要求顾客承担寄出运费

C. 要求顾客承担寄回运费

D. 告知顾客需保证产品不影响二次销售才能办理退货

3. （多选）下面属于产品知识范畴的是（　　）。

　A. 规格型号　　　B. 风格潮流　　　C. 材质面料　　　D. 功效功用

4. （单选）顾客对商品价格有异议时，想让客服优惠一些，客服的正确做法是（　　）。

　A. 满足顾客的需求，答应顾客的提议，爽快地给顾客优惠

　B. 婉转地拒绝顾客，用商品的卖点引导顾客，突出商品的价值，转移顾客对价格的关注度

　C. 直接拒绝顾客，告知顾客店铺一概不议价，这样不浪费时间

　D. 直接告诉顾客不可以优惠，并向客户致歉

5. （单选）下列选项不属于维护老客户的方式是（　　）。

　A. 发货关怀　　　B. 讨价还价　　　C. 签收关怀　　　D. 使用关怀

6. （单选）对于恶意评价，要做好评价解释的原因是（　　）。

　A. 证明此评价为恶意评价，避免影响该产品销售

　B. 可以提高店铺好评率

　C. 可以让顾客知道是非黑白

　D. 可以屏蔽恶意评价

7. （单选）在处理售后纠纷时，话术技巧是很重要的，在与顾客交流时，客服不能说的话有（　　）。

　A. 这个不属于我们的问题，我们不能负责

　B. 亲的货被快递公司遗失了，请找快递公司索赔

　C. 退的货你没填单号，导致退款速度慢，这不是我们的错

　D. 以上全部都是

二、判断题

1. 客服不需要事先了解仓储物流，顾客买了以后再说。　　　　　　　　　　　（　　）

2. 售后客服只需要了解退款/退换货流程和纠纷维权规则，对产品相关知识不需要掌握。　　　　　　　　　　　　　　　　　　　　　　　　　　　　　　　　（　　）

3. 在与顾客沟通时，应注意不要有意打断顾客，在不打断顾客的前提下，适时地表达自己的意见。　　　　　　　　　　　　　　　　　　　　　　　　　　　（　　）

三、简答题

1. 简述网店客服沟通的技巧。

2. 简述售后工作的重要性。

3. 客户关怀的工具有哪些？每种工具的优缺点及适合情景是什么？

4. 谈一谈你所理解的客户关系管理。

参考文献

[1] 林敏晖. 淘宝网店运营的推广手段和运营攻略探析 [J]. 中外企业家, 2019 (36): 68.

[2] 梁旭楷, 姜坤. "1+X"证书制度背景下高职网店运营课程项目教学研究 [J]. 中国管理信息化, 2020, 23 (21): 201-202.

[3] 陈雨泓. 课程思政视域下高职网店运营课程改革探索与实践研究——以福建林业职业技术学院为例 [J]. 物流工程与管理, 2023, 45 (03): 153-155+167.

[4] 郭炬, 贾林平. 高职院校课程思政融入"1+X"证书制度建设路径探索——以"网店运营与推广"课程为例 [J]. 北京农业职业学院学报, 2021, 35 (06): 5-11. DOI: 10.19444/j.cnki.1671-7252.2021.06.001.

[5] 张玉姬. 电子商务实训教学中网上开店教学方式的应用 [J]. 科技创新导报, 2020, 17 (18): 202-203. DOI: 10.16660/j.cnki.1674-098X.2020.18.202.

[6] 薛瑞昌, 汪琪. 电商平台商品信息可视化营销标准研究 [J]. 现代商业, 2021 (26): 36-38. DOI: 10.14097/j.cnki.5392/2021.26.010.

[7] 周燕琼. 色彩在网店美工设计中的创新运用探讨 [J]. 流行色, 2021 (08): 23-24.

[8] 耿宁伟, 韦森. 基于用户点击行为的关键词优化分析 [J]. 产业与科技论坛, 2022, 21 (13): 82-85.

[9] 林昆, 郑霖娟. 搜索引擎优化与营销课程混合式教学实践探索 [J]. 福建电脑, 2020, 36 (10): 153-156. DOI: 10.16707/j.cnki.fjpc.2020.10.052.

[10] 冯绍娜, 符于江. 《搜索引擎营销》课程思政教学设计与实践探究——以"搜索引擎客户服务"模块为例 [J]. 电子元器件与信息技术, 2022, 6 (03): 204-205. DOI: 10.19772/j.cnki.2096-4455.2022.3.072.

[11] 窦晓涵. 搜索平台营销推广策略的转型路径研究——以百度营销为例 [J]. 中国市场, 2022 (10): 189-193. DOI: 10.13939/j.cnki.zgsc.2022.10.189.

[12] 曾芸芸. 网店运营中客户数据分析与应用刍议 [J]. 中国储运, 2021 (11): 105-106. DOI: 10.16301/j.cnki.cn12-1204/f.2021.11.054.

［13］傅燕. 基于职业岗位能力的客户服务课程教学内容和方法研究［J］. 现代职业教育, 2020, 216 (42): 92-93.

［14］陈少妮. 论客服在电商平台的应用策略研究［J］. 商场现代化, 2018 (10): 30-31. DOI: 10.14013/j.cnki.scxdh.2018.10.017.

［15］蓝莹. 以岗位需求为导向的电商客服培养探索［J］. 商场现代化, 2018, No.868 (07): 50-51. DOI: 10.14013/j.cnki.scxdh.2018.07.027.